TEORÍA GENERAL
DE LOS DERECHOS FUNDAMENTALES
EN LA CONSTITUCIÓN ESPAÑOLA DE 1978

FRANCISCO J. BASTIDA FREIJEDO
Catedrático de Derecho Constitucional. Universidad de Oviedo
IGNACIO VILLAVERDE MENÉNDEZ
PALOMA REQUEJO RODRÍGUEZ
MIGUEL ÁNGEL PRESNO LINERA
BENITO ALÁEZ CORRAL
IGNACIO FERNÁNDEZ SARASOLA
Profesores titulares de Derecho Constitucional. Universidad de Oviedo

TEORÍA GENERAL DE LOS DERECHOS FUNDAMENTALES EN LA CONSTITUCIÓN ESPAÑOLA DE 1978

tecnos

Diseño de cubierta:
J. M. Domínguez y J. Sánchez Cuenca

1.ª edición, 2004
Reimpresión, 2005
Reimpresión, 2012

Juan Ignacio Luca de Tena, 15 - 28027 Madrid
ISBN: 978-84-309-4106-3
Depósito Legal: M. 3.131-2012
Maquetación: Grupo Anaya

Printed in Spain. Impreso en España por Lavel

A Ignacio de Otto.
A los veinticinco años de la Constitución Española de 1978.

ÍNDICE

PRESENTACIÓN

En estos veinticinco años de su existencia la Constitución Española ha sido objeto de numerosos estudios doctrinales. Como no podía ser de otro modo, muchos de ellos están dedicados al análisis de los derechos fundamentales y sus garantías. Sin embargo, este alto interés suscitado por las concretas libertades públicas contrasta con la escasa atención prestada al estudio de una teoría general de los derechos fundamentales referida a nuestra Constitución. Esta laguna se ve confirmada en los programas de la asignatura de Derecho Constitucional de la licenciatura de Derecho y en los manuales al uso, que pasan de puntillas sobre dicha teoría general, o prescinden sin más de ella, para entrar de inmediato en el examen de los rasgos más importantes de los singulares derechos fundamentales.

El reciente libro de Luis María Díez-Picazo *Sistema de derechos fundamentales*, Thomson/Cívitas, Madrid, 2003, es el primero en España que aborda esta materia de manera global y sistemática desde una perspectiva jurídico-constitucional. Con anterioridad ha habido aportaciones clave en la doctrina española, como el estudio de Ignacio de Otto en la década de los ochenta incluido en el libro de Lorenzo Martín-Retortillo y él mismo *Derechos fundamentales y Constitución*, Cívitas, Madrid, 1985, o el de Javier Jiménez Campo en la década de los noventa del pasado siglo *Derechos fundamentales. Concepto y garantías*, Trotta, Madrid, 1999. La obra que ahora se presenta pretende contribuir a colmar aquella laguna.

Hace dos años profesores del Área de Derecho Constitucional de la Universidad de Oviedo decidimos afrontar esta tarea de manera colectiva. Y éste fue el primer reto, la obra colectiva, porque sería un contrasentido elaborar una teoría general fragmentada en partes autónomas y sin engarce. Quiere ello decir que, aunque los capítulos tienen una autoría individual, forman parte de un diseño y debate colectivo, y el resultado final, fruto de largas y casi siempre apasionadas discusiones, es por todos compartido. En este sentido, el libro más que colectivo es colegiado. No obstante, es preciso dejar constancia de quién ha sido el ponente de cada parte del libro a los efectos del debido reconocimiento intelectual e investigador:

— Capítulos 1 y 3: F. Bastida Freijedo, excepto el epígrafe II del Capítulo 1, redactado por I. Fernández Sarasola.
— Capítulo 2: M. A. Presno Linera.
— Capítulos 4 y 8: B. Aláez Corral.
— Capítulos 5, 6 y 7: I. Villaverde Menéndez.
— Capítulos 9 y 10: P. Requejo Rodríguez.

El que la obra sea una teoría general de los derechos fundamentales constitucionalmente adecuada a la CE informa no sólo del objeto, sino también del método. Participamos de la idea de Böckenförde de que en cada Constitución hay una teoría general inferible de su texto y que expresa las grandes decisiones que el Constituyente ha querido regular en la máxima norma del sistema jurídico (estructura y relación entre los poderes públicos, relación entre el Estado y la sociedad, posición del individuo frente al Estado y ante los demás miembros de la sociedad, etc.). Una parte esencial de esta teoría general es la teoría relativa a los derechos fundamentales que, por esta razón, ha de ser constitucionalmente adecuada a la CE y no a ninguna Constitución en abstracto. El concepto de derecho fundamental, la delimitación y limitación de su objeto y contenido, su titularidad y eficacia, su suspensión, así como su interpretación y garantías han de tener esta referencia teórica, si no se quiere desvirtuar la fuerza normativa de la CE y de sus normas iusfundamentales. A tal propósito se han dedicado los diferentes capítulos del libro.

La obra es original en un triple sentido: se ha hecho específicamente para el caso, no es una colección de artículos previos; trata un tema que, como queda dicho, apenas ha sido objeto de estudio sistemático, y, además, pretende aportar en muchos aspectos una novedosa elaboración conceptual que, sin duda, a nadie dejará indiferente. Lo que en principio iba destinado fundamentalmente a los alumnos de Derecho Constitucional, huérfanos de un texto por el que estudiar esta materia, poco a poco se fue transformando en algo más, de manera que nos asalta la duda de si nos hemos quedado a medio camino. Por eso, por ejemplo, aunque cada capítulo concluya con una breve recomendación bibliográfica únicamente en castellano, puede que para los estudiantes sea una obra demasiado compleja en algunos puntos. Pero también es posible que los profesores echen en falta en determinadas materias una teorización más acabada o un tratamiento más exhaustivo de los problemas. Buscar el equilibrio siempre entraña riesgos y puede ser fuente de desilusiones, pero para nosotros la mayor decepción hubiera sido caer en la indecisión del asno de Buridán y no publicar esta obra.

Desde este mismo momento estamos pensando ya en una segunda edición corregida y aumentada, partiendo de la base de que nosotros somos los primeros críticos.

Este libro está dedicado a la Constitución Española en su XXV aniversario, que a través de su carácter normativo ha dado fundamentalidad y su máxima garantía a los derechos fundamentales en ella establecidos. En el plano personal está dedicado también a Ignacio de Otto, pionero en la materia aquí tratada y ya un clásico en la doctrina constitucional española. Para nosotros, además, un maestro que, como decía Kelsen de Jellinek, si podemos ver más allá que él es porque estamos subidos sobre sus hombros.

LOS AUTORES

Oviedo, 14 de enero de 2004

ABREVIATURAS

ATC	Auto del Tribunal Constitucional
CBRERJ	Convenio de Bruselas sobre reconocimiento y ejecución de resoluciones judiciales, de 26 de mayo de 1989
CC	Código Civil
CCAA	Comunidades Autónomas
CE	Constitución Española de 1978
CEDH	Convenio Europeo de Derechos Humanos celebrado en Roma el 4 de noviembre de 1950
CER	Convención sobre el Estatuto de los refugiados, hecha en Ginebra el 28 de julio de 1951
CNUDN	Convención de 20 de noviembre de 1989, adoptada por la Asamblea General de las Naciones Unidas, sobre los Derechos del Niño
CP	Código Penal
CPM	Ley Orgánica 13/1985, de 9 de diciembre, del Código Penal Militar
CVISP	Convenio Europeo número 70 sobre el Valor Internacional de las Sentencias Penales.
DDHC	Declaración francesa de Derechos del Hombre y del Ciudadano, de 1789
DTC	Declaración del Tribunal Constitucional
ET	Estatuto de los Trabajadores
FFJJ	Fundamentos Jurídicos
FJ	Fundamento Jurídico
LDA	Ley 5/1984, de 26 de marzo, reguladora del derecho de asilo y de la condición de refugiado, modificada por la Ley 9/1994
LEC	Ley 1/2000, de 7 de enero, de Enjuiciamiento Civil
LEC de 1881	Ley de Enjuiciamiento Civil de 2 de marzo de 1881
LECrim	Ley de Enjuiciamiento Criminal
LEF	Ley de 16 de diciembre de 1954, de expropiación forzosa
LEOMF	Ley 50/1981, de 30 de diciembre, por la que se regula el Estatuto orgánico del Ministerio Fiscal
LEP	Ley 4/1985, de 21 de marzo, de extradición pasiva
LFB	Ley Fundamental de Bonn, de 1949
LJCA	Ley 29/1998, de 13 de julio, reguladora de la jurisdicción contencioso-administrativa
LODA	Ley Orgánica 1/2002, de 22 de marzo, reguladora del derecho de asociación
LODEPE	Ley Orgánica 4/2001, de 12 de noviembre, reguladora del derecho de petición
LODLE	Ley Orgánica 4/2000, de 11 de enero, sobre derechos y libertades de los extranjeros en España y su integración social
LODP	Ley Orgánica 3/1981, de 6 de abril, del Defensor del Pueblo
LODR	Ley Orgánica 9/1983, de 15 de julio, reguladora del derecho de reunión
LOEAES	Ley Orgánica 4/1981, de 1 de junio, de los estados de alarma, excepción y sitio
LOFAGE	Ley 6/1997, de 14 de abril, de organización y funcionamiento de la administración general del Estado
LOLS	Ley Orgánica 11/1985, de 2 de agosto, de Libertad Sindical
LOPJ	Ley Orgánica 6/1985, de 1 de julio, del Poder Judicial
LOPJM	Ley Orgánica 1/1996, de 15 de enero, de protección jurídica del menor
LOPM	Ley Orgánica 2/1989, de 13 de abril, procesal militar
LORDR	Ley Orgánica 2/1984, de 26 de marzo, reguladora del derecho de rectificación
LOREG	Ley Orgánica 5/1985, de 19 de junio, de Régimen Electoral General
LORHC	Ley Orgánica 6/1984, de 24 de mayo, reguladora del procedimiento de *Habeas Corpus*
LORPM	Ley Orgánica 5/2000, de 12 de enero, reguladora de la responsabilidad penal de los menores
LOTC	Ley Orgánica 2/1979, de 3 de octubre, del Tribunal Constitucional

LPDCP	Ley 15/1999, de 13 de diciembre, de protección de datos de carácter personal
LPJDF	Ley 62/1978, de 26 de diciembre, de protección jurisdiccional de los derechos fundamentales de la persona
LPL	Real Decreto Legislativo 2/1995, de 7 de abril, por el que se aprueba el texto refundido de la Ley de Procedimiento Laboral
LRJAPyPAC	Ley 30/1992, de 26 de noviembre, de régimen jurídico de las administraciones públicas y procedimiento administrativo común
RC	Reglamento del Congreso de los Diputados
REDC	*Revista Española de Derecho Constitucional*
RROOFFAA	Ley 85/1978, de 28 de diciembre, Reales Ordenanzas para las Fuerzas Armadas
STC	Sentencia del Tribunal Constitucional
STEDH	Sentencia del Tribunal Europeo de Derechos Humanos
TC	Tribunal Constitucional
TCE	Tratado Constitutivo de la Comunidad Europea
TCFA	Tribunal Constitucional Federal alemán
TEDH	Tribunal Europeo de Derechos Humanos
TJ	Tribunal de Justicia de la Unión Europea
TUE	Tratado de la Unión Europea, en la redacción dada por el Tratado de Niza, de 26 de febrero de 2001

CAPÍTULO 1

CONCEPTO Y MODELOS HISTÓRICOS DE LOS DERECHOS FUNDAMENTALES

I. DERECHOS HUMANOS Y DERECHOS FUNDAMENTALES

El estudio de los derechos fundamentales tiene como referencia ineludible los derechos humanos, aunque conviene dejar claro que unos y otros no son exactamente lo mismo. Desde siempre el ser humano ha buscado la manera de resistirse al poder de dominación y a lo largo de la historia ha ido creando fórmulas filosófico-jurídicas para frenar ese poder. De un lado, ideando principios de fundamentación, organización y modos de ejercicio del poder que sirvieran a esa finalidad limitadora; de otro, afirmando espacios de libertad y medios de reacción jurídicos frente a las injerencias del poder. Antes que en la antigua Grecia, en China se hablaba ya del «gobierno de las leyes frente al gobierno de los hombres» como forma de organizar el poder en garantía de los gobernados, y Confucio escribía sobre la dignidad del individuo y su respeto como deber del buen gobierno. Sin embargo, la idea de derechos humanos tal cual la conocemos hoy es relativamente reciente y se ubica en el pensamiento liberal revolucionario de finales del siglo XVIII.

Como se verá en el siguiente epígrafe, y desde una perspectiva occidental, se pueden sintetizar en tres los modelos históricos de fundamentación de los derechos, aunque en puridad sólo el modelo *iusracionalista* (iusnaturalista) y el modelo *positivista* tienen un engarce inmediato. En ambos el punto filosófico de partida es el ser humano *a secas*, como sujeto libre e igual a los demás seres humanos. En la fundamentación historicista, si bien hay reconocimiento de derechos, su titular no es el hombre, el ser humano, sino unos individuos integrados en un *status* determinado (pertenencia a una *gens* o grupos sociales concretos, a un estamento, a un pueblo, etc.). En la antigua Grecia o en la Roma clásica —y lo mismo se podría decir del pensamiento clásico oriental— el «hombre libre» no era el «hombre libre» del iusracionalismo plasmado en la Declaración francesa de Derechos del Hombre y del Ciudadano, de 1789 (DDHC) o, unos pocos años antes, en la Declaración de Derechos de Virginia, de 1776. En aquella lejana época el acento se ponía —como hacía Aristóteles— en la «naturaleza libre» como *status* atribuido a determinados sujetos, de manera que en la sociedad antigua convivían hombres libres con individuos sometidos a esclavitud o a una situación de semilibertad. Sin embargo, en la filosofía iusracionalista el acento se pone en el «hombre» en cuanto individuo de la especie humana. El *status* jurídico lo marca la propia condición humana, no la situación de libertad. Ésta es una circunstancia inherente y consubstancial a esa condición. De ahí la pretensión de universalidad de las declaraciones de derechos humanos. Debe señalarse, no obstante, que en las realizaciones prácticas de la filosofía iusracionalista casi nunca se mantuvo esta idea abstracta del ser humano como sujeto igual en derechos. La condición de mujer, de menor de edad o de pertenencia a otra raza fue una circunstancia de exclusión o aminoración de derechos, pese a la proclamación oficial de los derechos como «de los seres humanos». La propia distinción entre nacional y extranjero, casi irrelevante en la DDHC, se transformó con posterioridad en una separación radical en el acceso a la titularidad de algunos derechos fundamentales. Sólo el constitucionalismo democrático más reciente ha progresado —aunque no plenamente— en la dirección del reconocimiento jurídico del ser humano como ciudadano, bastando para ello su residencia habitual en el país al margen de cuál sea su nacionalidad de origen.

La idea básica del hombre sujeto y no objeto, del ser humano que por el hecho de nacer es portador de derechos inalienables e inviolables, se sintetiza en el concepto de dignidad humana, como valor consustancial a la persona, del que Kant ha hecho una de las más vigorosas teorizaciones. Las constituciones modernas son deudoras de esas declaraciones de derechos, integradas de una u otra forma en su texto. No obstante, como al principio se adelantaba, no cabe identificar sin más derechos humanos y derechos fundamentales, porque el iusracionalismo y el positivismo, aun pudiendo coincidir en una idea común (el individuo y su dignidad), son modelos que se construyen de manera muy diferente.

Puede decirse en una primera aproximación y en términos harto generales que el modelo positivista transforma los derechos humanos en derechos fundamentales. Los incorpora como un elemento esencial del sistema jurídico, que los reconoce y garantiza con la fuerza irresistible del único derecho válido, el derecho positivo, es decir, los respalda con el uso lícito de la fuerza física que ostenta en monopolio el Estado. Reclamar un derecho fundamental no consistirá en apelar sin más al respeto a un derecho natural de la persona. La apelación no tendrá virtualidad ante los poderes públicos si ese derecho no está previamente positivado, o sea, incorporado y garantizado como derecho positivo, único alegable ante los tribunales. De ahí que las declaraciones de derechos, hechas inicialmente al margen de las constituciones, aparezcan hoy en día integradas de una u otra manera en ellas, ya como adhesión a su texto (Preámbulo de la Constitución Francesa de 1958), ya como elenco de derechos fundamentales explícitamente reconocidos (la mayoría de las constituciones, incluida la nuestra, Caps. I y II del Título I CE), ya como instrumento para la interpretación de éstos (art. 10.2 CE).

II. MODELOS HISTÓRICOS DE FUNDAMENTACIÓN DE LOS DERECHOS

El emergente individualismo que surge a partir del siglo XVII se traduce en términos constitucionales en las primeras teorizaciones profundas sobre el origen, titularidad, contenido y límites de los derechos subjetivos. Lejos de proporcionar una única respuesta a estas cuestiones, tres son las teorías que van a sustentarse: la *historicista*, la *iusracionalista* y la *positivista*. El análisis que cada una de ellas realiza de los derechos subjetivos es el resultado de su particular forma de entender el Derecho y de explicar el origen del Estado y la sociedad.

1. Modelo de fundamentación historicista

Gran parte del movimiento ilustrado de los siglos XVII y XVIII perteneció a una corriente historicista, caracterizada por buscar una reforma de las instituciones del Antiguo Régimen que no supusiese, al mismo tiempo, una quiebra radical con ellas. El movimiento historicista, por tanto, combinaba pretensiones y elementos propios del nuevo pensamiento liberal-ilustrado emergente (así, el individualismo y la idea de progreso), con el respeto a elementos de los ordenamientos jurídicos preestatales (mantenimiento de distinciones de clases e idea de la antigüedad como fuente de validez jurídica). Aunque la sociedad y el Estado debieran reformarse para dar cabida a las nuevas pretensiones individualistas propias de la burguesía, tal cambio debía realizarse de forma gradual, y respetando, en todo caso, ciertos aspectos nucleares, asentados históricamente y exentos de cualquier hipotética enmienda.

De este modo, según esta corriente los elementos sustanciales del Estado y de la sociedad se habían ido formando con el devenir del tiempo, hasta petrificarse y resultar imposible cualquier cambio. Tal sucedía, en la esfera estatal, con la Monarquía: la Nación no podía elegir libremente una forma republicana, porque el gobierno estatal era históricamente monárquico y el respeto a la historia, lejos de ser potestativo, se convertía en obligatorio. Idéntica «petrificación histórica» se apreciaba en elementos de la esfera social, donde se ubicaban los derechos. El fundamento de éstos se hallaba, también, en normas nacionales históricas; unas normas cuya validez venía determinada por su antigüedad (elemento propio de los ordenamientos preestatales).

El historicismo acuñó el término «Constitución histórica» para referirse a aquellas normas antiguas, cuyo núcleo sustancial era intangible, y que modelaban el Estado y la sociedad. La «Constitución histórica» (que en España tuvo como principal teórico a Jovellanos) se hallaba formada por costumbres y por determinadas leyes pactadas entre el Monarca y los representantes de la Comunidad (leyes que en Francia y España recibían el nombre de «Leyes Fundamentales»). Precisamente ambas fuentes normativas contenían los derechos: así, gran parte de éstos se hallarían en normas no escritas, consuetudinarias, que, a través de un uso constante, habrían ido consolidando libertades concretas. En igual medida, otros derechos eran el resultado de un pacto bilateral celebrado entre los dos sujetos de poder público —el Rey y los representantes de los ciudadanos, reunidos en el Parlamento—, en virtud del cual el primero reconocía determinados ámbitos de libertad a los miembros de la Comunidad. En realidad, estas Leyes Fundamentales también poseerían a menudo un contenido consuetudinario, puesto que muchos de los derechos que reconocían ya se hallaban recogidos en normas no escritas.

Esta particular forma de fundamentar los derechos explica, además, tanto su *titularidad* como su *contenido*. En efecto, si el origen de los derechos se hallaba en costumbres concretas de una comunidad, y en las Leyes Fundamentales pactadas entre el Rey y los representantes de esa comunidad, los titulares de los derechos no podían definirse de forma abstracta. Dicho en otros términos: los derechos no pertenecerían a todo hombre, en cuanto tal, sino sólo a los miembros concretos de esa comunidad a la que se aplicaban las costumbres y las Leyes Fundamentales. Así, en Inglaterra, donde la concepción historicista alcanzó su máximo desarrollo, se teorizaba sobre los «derechos de los ingleses», y no sobre los «derechos del hombre». Por otra parte, puesto que la corriente historicista mantenía la vigencia de la historia, también era frecuente que tomase en consideración características sociales arraigadas de esa comunidad que afectaban a la titularidad de los derechos. De este modo, frente a la titularidad igual de los derechos, el historicismo solía admitir las distinciones estamentales sancionadas por la historia y, por consiguiente, la existencia de determinados derechos correspondientes sólo a grupos sociales concretos (así, los derechos hereditarios que habilitaban a formar parte de la Cámara Alta, determinados fueros jurisdiccionales...).

Por lo que se refiere al *contenido* de los derechos, éstos se concebían, ante todo, como límites a la acción del poder regio, dirigidos a proteger la persona (derecho de *habeas corpus*, prohibición de tormentos...) y los bienes (no privación arbitraria de la propiedad) de los miembros de la comunidad. La protección de los bienes propios, por otra parte, no sólo suponía una libertad negativa (construida para evitar usurpaciones del poder público), sino que fundamentaba, a la vez, los derechos de participación política: el derecho de los miembros de la comunidad a participar en la elección de sus representantes traería causa, precisamente, en la idea de que los grupos e individuos debían seleccionar a aquellos sujetos que iban a decidir los tributos y, por tanto, podían privarles de parte de sus bienes (según las fórmulas *quod omnes tangit ad omnibus aprobari debent* y *no taxation without representation*).

La historia no sólo fundamentaba la titularidad y el contenido de los derechos, sino también el propio *sistema de garantías* de éstos, que se buscaba en instituciones antiguas. Las propuestas del modelo historicista fueron básicamente dos: por una parte, la creación de un *iudex medius*, o institución intermedia entre el Rey y la Comunidad, con capacidad para sancionar al primero o anular sus actos cuando fuesen subversivos de los derechos de los súbditos. Bajo esta perspectiva, se pretendía el restablecimiento de órganos remedo de instituciones medievales, tales como, en España, el Justicia Mayor de Aragón o los Jueces de *Greuges* (Agravios) catalanes. La otra propuesta consistió en acudir al «derecho de resistencia» como un «derecho de garantía de los derechos». Ante la infracción regia de las libertades, la Comunidad se reservaba un derecho de resistencia y, por tanto, de no obediencia o, incluso, una capacidad para derrocar al Rey, tal y como se expresaba en el *Bill of Rights* de 1689, en virtud del cual se decretó la destitución del rey inglés Jacobo II por haber tratado de «extirpar [...] las leyes y libertades de este reino».

Este modelo de fundamentación histórica de los derechos, surgido, como se ha dicho, de la ilustración historicista (Montesquieu, Vico, Hume, Burke...), será después retomado por el pensamiento conservador (Chateaubriand, en Francia, o Balmes, en España) y lo aprovecharán, además, aquellas teorías codificadoras que —en la línea de la escuela historicista de Savigny— se mostraron partidarias de formar Códigos que recogiesen las especificidades forales, esto es, los derechos consuetudinarios propios de determinadas localidades.

2. Modelo de fundamentación iusracionalista

Si para el historicismo el Derecho era válido por su antigüedad, para el iusracionalismo es el Derecho natural, aprehensible a través de la razón humana, el que confiere validez a las normas. A pesar de que el iusracionalismo promueve un mayor dinamismo al ordenamiento jurídico, al introducir también la decisión como criterio de validez, lo cierto es que esa decisión se reputa válida sólo en cuanto sea congruente con el Derecho natural, con lo que se pone freno a esa incipiente mutabilidad del ordenamiento.

Habiendo renunciado a la historia, el fundamento de los derechos no puede hallarse en ésta, sino, por el contrario, en el mismo Derecho natural; un Derecho suprapositivo, reconducible a la esencia misma de la naturaleza humana. En este derecho hallarían su origen todas las libertades del hombre que, por tanto, serían inherentes a su persona, y que cualquier individuo podría llegar a conocer a través de una reflexión sobre su propio ser (concepción cartesiana).

Partiendo de que el Derecho natural otorgaba iguales libertades a todos los sujetos, el iusracionalismo entendía que el estado originario del hombre —derivado del Derecho natural— tendría que ser, necesariamente, una situación de igualdad absoluta. Para referirse a esta situación originaria, previa a la formación de la sociedad y el Estado, el iusracionalismo acuñó el concepto de estado de naturaleza. En él sólo existirían individuos iguales, carentes de ligamen social y estatal alguno, y plenos titulares de todos los derechos y libertades absolutos que la Naturaleza habría grabado en el hombre para su autorrealización (derecho a la vida, a la libertad, a la propiedad...). Ahora bien, esta titularidad igual de todos los derechos en su más lata extensión supondría una potencial fuente de conflictos que pondría en peligro un aspecto que la propia Naturaleza habría impreso también en el espíritu humano: el instinto de conservación. Por tal motivo, aun cuando en el estado de naturaleza todos fuesen titulares de derechos, su ejercicio resultaría incierto e imperfecto, y es esta última circunstancia la que acabaría por obligar a los individuos a abandonar ese estado de naturaleza en búsqueda de una situación más segura.

Para lograrlo, el iusracionalismo acude a la idea de «pacto social», un pacto multilateral, esto es, celebrado entre todos los individuos comprendidos en estado de naturaleza (frente al pacto meramente bilateral entre Rey y Comunidad que postulaba el historicismo), en virtud del cual cada individuo renuncia a parte de cada uno de sus derechos naturales absolutos, cediéndolo a la voluntad general. Con el pacto social los individuos abandonan el estado de naturaleza y dan origen, a la vez, a la sociedad y al Estado. De resultas, sus derechos, antes absolutos, devienen ahora limitados horizontalmente (por la existencia de otros miembros de la sociedad, que poseen también sus derechos, que deben ser respetados) y verticalmente (por el Estado, que garantiza los derechos de cada miembro de la sociedad).

La renuncia de derechos naturales que implica el pacto social supone una serie de transformaciones esenciales que afectan no ya a la titularidad, sino al objeto de esos derechos. En efecto, los derechos naturales, antes absolutos, tras el pacto social resultan recortados, esto es limitados. Los que antes se denominaba «derechos naturales», celebrado el pacto social pasan a designarse como «derechos civiles»; un derecho civil no sería, por tanto, más que un derecho natural limitado. Es preciso tener en cuenta, sin embargo, que esa limitación no afecta ni al origen del derecho, ni a su titularidad, sino a su objeto: los derechos civiles siguen teniendo su fundamento último en los derechos naturales previos, es decir, preexisten al Estado que, por tanto, los limita, pero no los fundamenta (de ahí que el iusracionalismo acudiese a «*Declaraciones* de derechos» que, como dice la francesa de 1789, no crean esos derechos sino que se encargan de «recordarlos» a sus titulares); además, los derechos civiles, al tener su fundamento en derechos naturales, les corresponden a todos los hombres (titularidad universal). Por tanto, resulta evidente que la transformación de un «derecho natural» en un «derecho civil» sólo supone un cambio en el *objeto* del derecho: éste era antes ilimitado, pero tras el pacto social pasa a ser *limitado*. Un límite que resulta de la existencia de la Sociedad y, por tanto, de la presencia de los derechos de otros sujetos que obligan a que cada individuo disponga sólo de derechos limitados para evitar la colisión de derechos. Tal es el sentido del artículo 4 de la Declaración francesa de Derechos del Hombre y del Ciudadano, de 1789, cuando afirmaba que *«la libertad consiste en poder hacer todo lo que no perjudica a los demás: así, el ejercicio de los derechos naturales de cada hombre no tiene más límites que los que aseguran a los demás miembros de la sociedad el goce de esos mismos derechos»*.

Si la presencia de la sociedad justifica que se limiten los derechos antes naturales, el Estado —también creado con el pacto social— actúa, precisamente, como *garante de los límites de los derechos*. Con la parte de derecho a la que cada individuo renuncia, se forman los poderes estatales; de esta forma, los poderes legislativo, ejecutivo y judicial no son más que la suma de aquellas porciones de derecho a la que cada individuo ha renunciado: así, por ejemplo, cada sujeto renuncia a su autotutela (parte del derecho a la vida), y esa renuncia crea el poder ejecutivo; cada sujeto renuncia a parte de su derecho de propiedad, y ese desprendimiento se convierte en el poder impositivo del Estado. Ahora bien, si el Estado ha recibido esa «porción de derechos» no es para su propio beneficio, sino para garantizar, con ello, que cada individuo ejerza su derecho dentro de los límites trazados por la existencia de los derechos de otros individuos. De esta forma, la ley dispondrá cuándo se sobrepasan los límites de los derechos, en tanto que el juez determinará cuándo existe efectivamente una infracción de los límites e impondrá la sanción estipulada.

Conviene señalar que para el iusracionalismo es la ley, y sólo la ley, la que puede establecer el límite que corresponde a cada derecho, puesto que la ley emana de la voluntad general, por lo que, teóricamente, es el conjunto de la sociedad la que estipula el alcance de los derechos de sus miembros. En este sentido, la ley *concreta la renuncia de derechos que realiza, en abstracto, el pacto social*. En efecto, tal y como se ha señalado, el pacto social supone una renuncia, en abstracto, de parte del contenido subjetivo de cada derecho, pero después es la ley la que, al señalar los límites concretos de las libertades, especifica y detalla el contenido exacto de éstas. Dicho con un ejemplo: mediante el pacto social, los individuos renuncian a parte de su derecho de propiedad, admitiendo que el Estado pueda limitar ese derecho a través de un impuesto; *a posteriori*, la ley concreta el tributo y determina, por tanto, el alcance específico de esa limitación del derecho de propiedad.

Para el iusracionalismo ese contenido subjetivo del derecho natural —limitado, tras el pacto social, y convertido en «derecho civil», cuyo límite específico determina la ley— aparece definido como un *derecho de libertad* o como una *libertad negativa*, esto es, como un derecho *del individuo frente al Estado*. El pacto social ha dado origen a la sociedad (donde se hallan los derechos y libertades) y al Estado (donde se encuentran los poderes públicos) y las libertades son expresión de la separación entre ambas esferas: allí donde existe un derecho hay «ausencia de poder público»; el Estado, por tanto, no debe interferir nunca en los derechos, puesto que forman parte de la esfera social, que le es ajena.

Ahora bien, el modelo iusracionalista también teorizó sobre derechos con un contenido específico distinto: los *derechos de participación política* o *libertades positivas*. Se trataría de derechos de que dispondrían los sujetos para participar en el Estado (así, por ejemplo, el derecho de sufragio o el derecho de petición). Sin embargo, el fundamento y la titularidad de estos derechos son distintos al de los derechos civiles. Si los derechos políticos sirven para participar en el Estado, no pueden hallar su fundamento en derechos naturales, esto es, no pueden traer causa en derechos derivados de la Ley natural que todo hombre poseería en el estado de naturaleza. Y ello, por la simple razón de que, no existiendo en el estado de naturaleza el Estado, los individuos no podrían ser titulares de un derecho cuyo objeto es, precisamente, participar en el poder público. Así pues, y a diferencia de los derechos civiles (que, recordémoslo una vez más, no son más que derechos naturales limitados por el pacto social), los derechos de participación *nacen con el pacto social*; son creados *ex novo*. Ya que los individuos renuncian a parte de sus derechos naturales (para dar lugar a los derechos civiles), se les compensa creando unos nuevos derechos, los de participación política, que les van a permitir tomar parte en la creación de la ley, o, lo que es lo mismo, en la norma que, precisamente, va a concretar los límites de sus derechos civiles. Ahora bien, si los derechos de participación política son *creados*, y no traen causa en el Derecho natural, *su titularidad tampoco corresponde a todo hombre*. Al ser derechos nuevos, será el propio pacto social, que los ha creado, el que determine quiénes van a ser titulares de tales derechos. Y la respuesta a esta cuestión en el iusracionalismo es clara: sólo los *ciudadanos* serán titulares de los derechos de participación política.

De este modo, el iusracionalismo diferenciaba entre los derechos del hombre (derechos civiles, de titularidad universal) y los derechos del ciudadano (derechos de participación política, de titularidad exclusiva de los ciudadanos). Más allá de esta distinción, el problema se hallaba en determinar quién era el sujeto «ciudadano»: para los defensores de la idea de soberanía popular, todo miembro de la sociedad tendría tal calificación (sufragio universal), en tanto que los partidarios de la soberanía nacional circunscribían la condición de ciudadano a los más capacitados para expresar la voluntad de la Nación y, por ende, para determinar los límites más racionales de los derechos (sufragio restringido). Ello no obstante, conviene no perder de vista que, a igual que sucedía con el historicismo, en realidad para el iusracionalismo —como movimiento típicamente liberal y, por tanto, al menos inicialmente, no democrático— los derechos de participación política se hallan al servicio de los derechos de libertad, que son los realmente relevantes: si un sujeto puede votar en las elecciones al Parlamento es, exclusivamente, para garantizar sus derechos civiles, ya que, al ejercer el sufragio, podrá designar a los futuros diputados que, mediante ley, podrán limitar sus derechos civiles.

Aunque hoy la concepción iusracionalista deba considerarse descartada, puesto que sólo cabe hablar de Derecho positivo, y nunca de Derecho natural, lo cierto es que todavía esta concepción ha dejado ciertas reminiscencias en los ordenamientos jurídicos. El hecho de que hoy se hable de «derechos humanos» (como lo hace incluso nuestra Constitución en el Preámbulo) o, sobre todo, de una «Declaración Universal de Derechos Humanos», de 1948, que, como parece indicar su título «declara» (y, por tanto, no «estatuye» o «crea») los derechos, parece ser herencia de las teorías iusracionalistas de fundamentación de los derechos.

3. Modelo de fundamentación positivista

Según se ha estudiado en las páginas precedentes, el modelo historicista fundamentaba los derechos en la *antigüedad*, en tanto que el iusracionalista lo hacía en el Derecho natural. Para el modelo positivista, sin embargo, los derechos traen causa en la *decisión* adoptada por el órgano estatal competente. No existen derechos previos al Estado (ni previos en cuanto a anteriores en la historia, ni previos en cuanto fundamentados en un «supraderecho» como sería el Derecho natural, que precedería al Derecho positivo); sólo existe el Derecho positivo, producido por los órganos estatales, que son los que *crean* (no declaran) los derechos.

En realidad, el modelo positivista puede partir incluso de algunas premisas idénticas al iusracionalismo, pero interpretadas en una clave distinta. En concreto, dos fueron las maneras de reinterpretar las premisas iusracionalistas: la primera utiliza una idea de estado de naturaleza idéntica a la del iusracionalismo, pero difiere en el contenido y resultado del pacto social; la segunda disiente en la valoración misma de los individuos en el estado de naturaleza.

La primera de estas posturas utilizó la idea iusracionalista de un estado de naturaleza; una situación en la que, efectivamente, los individuos dispondrían de todos los derechos naturales posibles, derivados de la Ley natural. Sin embargo, el pacto social no habría supuesto una renuncia parcial de dichos derechos (como sostenía el movimiento iusracionalista), sino una *renuncia total* a favor del

Estado. Por tal motivo, constituidos la sociedad y el Estado, los sujetos sólo podían disponer de aquellos derechos civiles y políticos que les concediera el poder público.

La segunda interpretación en clave positivista de los presupuestos iusracionalistas difiere en la propia valoración del estado de naturaleza, al entender que en éste no podría hablarse realmente de «derechos naturales», sino más bien de «capacidades naturales» de los sujetos. Y ello porque la Ley natural, en el estado de naturaleza, no tiene un valor jurídico; no es un «deber ser», sino un «ser», carente de sanción jurídica al no existir poder público (Hobbes). En el estado de naturaleza lo único que existen, por tanto, son capacidades humanas no sujetas a restricciones (capacidad de vivir, de expresarse, de moverse, de poseer bienes...). Las libertades, por tanto, sólo son posibles tras el pacto social, porque existe un Estado que garantiza los derechos subjetivos.

Por esta razón las primeras posturas positivistas establecen un nexo indisoluble entre derecho y garantía, hasta el punto de que el primero no puede concebirse sin la segunda. Sólo cuando un ámbito de autodeterminación cuenta con protección jurídica —tanto normativa como jurisdiccional— puede hablarse, con propiedad, de un auténtico derecho subjetivo (Constant, Daunou). La garantía frente a la infracción aparecía, por tanto, como el fundamento jurídico del derecho y como diferencia entre una verdadera libertad y una mera capacidad natural (por ejemplo, la diferencia entre la «libertad de expresión» y la mera capacidad humana de expresarse). La regulación normativa del derecho no resultaba igual de imprescindible; de hecho, en las teorías hobbesianas, por ejemplo, las libertades individuales suponían ausencia de regulación jurídica: existiría una libertad allí donde el Estado no pueda normar (por no estar legitimado por el pacto social) o donde decide no hacerlo y, por tanto, existe un silencio del poder público. Dicho en otros términos: las libertades aparecerían como autolimitación del Estado y como «vinculación negativa general»; el Estado otorga a los individuos esferas de *agere licere* (autodeterminación de su conducta) autolimitando su poder, esto es, renunciando a intervenir en esas esferas. Pero no debe perderse de vista que, aunque el Estado renuncie a regular normativamente esos ámbitos de libertad, a lo que no renuncia es a garantizar la autodeterminación en que consiste esa libertad: allí donde no interviene el Estado existe un derecho que él mismo se encarga de garantizar; y es esa garantía —esa presencia del poder público— la que permite identificar la existencia de un derecho, y no de una mera capacidad natural.

La concepción positivista permitió que el Estado fuese libre a la hora de determinar la titularidad y contenido de los derechos, desprendiéndose de las ataduras de la historia y del Derecho natural; un buen ejemplo son las aceradas críticas de Bentham a las ideas «abstractas y metafísicas» de las Declaraciones de derechos francesas. El Estado de Derecho formal se superpone al Estado de Derecho material, de modo que no es obligatorio que el Estado reconozca una serie de derechos (como postula una concepción material del Estado de Derecho), basta con que, si decide establecerlos, respete luego las autolimitaciones que se ha impuesto. Los derechos, pues, no se entienden sin el Estado, y de ahí que la iuspublicística alemana de finales del XIX llegase incluso a utilizar la categoría de *derechos públicos subjetivos*, para significar que las libertades se construían a partir de las relaciones jurídicas entre el Estado y los individuos. Por tal motivo, Jellinek acabaría por identificar los derechos con *status* o situaciones jurídicas del individuo en relación con el Estado: así, un *status subjectionis* (individuo como mero sujeto de obligaciones), *status libertatis* (reconocimiento de un ámbito de autonomía de voluntad en el que no puede interferir el Estado), *status civitatis* (permite a los ciudadanos solicitar una determinada prestación del poder público) y *status activae civitatis* (participación directa en la formación de la voluntad estatal).

Por lo que se refiere al *contenido* de los derechos, estos dejan de ser exclusivamente (o principalmente) derechos de libertad, para pasar a tener el contenido que el Estado estime en cada ocasión como más oportuno. Así, en ocasiones, los derechos sí serán, en efecto, *derechos de libertad*, cuando el Estado pretenda construirse con arreglo a principios liberales y decida dejar al individuo determinadas esferas de *agere licere* en las que no intervenir (separación Estado-sociedad). En otras ocasiones, sin embargo, el Estado puede conceder a los sujetos derechos para que tomen parte en las decisiones del poder público (participación de la sociedad en el Estado), creando *derechos de participación política*; algo que hará, fundamentalmente, cuando desee estructurarse conforme al principio democrático. Es más, en este caso es posible incluso que algunos de los derechos de participación tiendan a «funcionalizarse», cuando el Estado los concede a los individuos con el objeto de que a través del ejercicio del derecho cumplan una función estatal. Finalmente, el Estado puede conceder a los individuos la facultad de exigir del Estado determinadas prestaciones, esto es, puede establecer *derechos prestacionales*, lo cual hará, sobre todo, cuando se estructure como un Estado social (intervención del Estado en la sociedad).

En la determinación de los límites del derecho que permiten concretar el contenido de éste, el positivismo también parte de premisas muy distintas al iusracionalismo. No olvidemos que este último presuponía que sólo la ley —expresión de la voluntad general— podía limitar el derecho, garantizando, así, que en realidad se trate de una «autolimitación» que realiza la sociedad a través de sus representantes. El positivismo no tiene por qué llegar a esta misma conclusión. Si el Estado crea por sí las libertades, cualquiera de las fuentes del Derecho válidas en el Estado puede ser, en principio, capaz de regular y limitar los derechos. Las normas estatales serán necesarias para la existencia misma de la libertad, pero será el Estado el que determine qué fuentes concretas van a crear y regular esa libertad. En realidad, la construcción de Paul Laband, diferenciando entre ley en sentido formal y ley en sentido material, parte de este presupuesto: la Administración también podrá, mediante un reglamento, limitar un derecho subjetivo, en cuyo caso la norma sería, en cuanto a su forma, un reglamento (por proceder de la Administración) y en cuanto a su contenido una ley (por regular una materia que corresponde a las leyes).

Ahora bien, al convertirse la decisión en el único criterio de validez, los derechos individuales pierden la condición de «indisponibilidad por el poder público» que tenían en los anteriores modelos. Bajo el modelo historicista, las libertades poseían una indisponibilidad derivada de la historia que, según se ha visto, no podía alterarse; en la concepción iusracionalista, era el Derecho natural racionalista y suprapositivo el que concedía a las libertades su indisponibilidad: un vaciamiento del contenido de las libertades naturales suponía una violación del pacto social y una vuelta al estado de naturaleza. Sin embargo, si el Estado es plenamente competente para decidir el contenido que han de tener los derechos, sin límite, éstos pueden cambiar constantemente, y el contenido de las libertades acaba quedando a disposición de los poderes constituidos. Ésta es la razón por la que trataron de introducirse factores que dotaran a los derechos de cierta indisponibilidad, como, por ejemplo, la idea de «garantía institucional», entendida como protección de un instituto social que, dotado de unas características definitorias, el Estado no podía alterar.

Sin embargo, el intento más fructífero de lograr esta indisponibilidad se lograría por una vía distinta: la constitucionalización de los derechos. Y es que, fundamentados positivamente los derechos, se hace más necesaria que nunca su *fundamentalización*, y ésta se logrará al incluir los derechos en una Constitución que adquiera el rango de norma jurídica suprema (y no sólo ni necesariamente rígida) y, por tanto, de obligado respeto por cualquier otra norma estatal. A partir de entonces, los poderes constituidos se ven obligados a respetar el contenido de los derechos, que sólo pueden modificarse a través del poder constituyente-constituido.

En realidad, la primera constitucionalización de los derechos y libertades la llevó a cabo el constitucionalismo iusracionalista norteamericano del siglo XVIII, al incluirlos primero en las Constituciones de los Estados recién independizados y, más tarde, en la Constitución de 1787 (tras su reforma en 1791). Unas Constituciones que, en Estados Unidos, se concebían como normas supremas y, por tanto, vinculantes para todos los poderes, incluido el legislativo que, por tanto, no podía limitar libremente las libertades constitucionales, sino que debía atenerse al contenido constitucional.

Ahora bien, conviene no perder de vista que esta primera «fundamentalización» norteamericana de los derechos individuales respondió a una concepción iusracionalista. En Estados Unidos, frente a lo que sucedió en la Europa del XVIII, se afirmó la *soberanía popular*, lo que suponía entender que el pueblo —compuesto por sujetos copartícipes de la soberanía— precedía y se superponía a cualquier órgano estatal, incluido el legislativo. La ley, por tanto, no podía disponer de los derechos y libertades en un doble sentido: no podía vulnerar los derechos contenidos en las disposiciones constitucionales, puesto que la Constitución era la primera y principal emanación de la voluntad del pueblo, que la había dictado en el ejercicio de su poder constituyente al que todos los poderes constituidos del Estado se sometían; pero, además, tampoco podía conculcar derechos y libertades que, aunque no se hubiesen recogido en la Constitución, se entendían reservados por el pueblo, es decir, derechos naturales que el pueblo soberano no había cedido a los órganos estatales. Ello explica que algunas Constituciones coloniales careciesen de declaraciones de derechos (New Hampshire, Nueva York, Rhode Island, Carolina del Sur), algo que también sucedió con la propia Constitución federal de 1787, hasta que resultó enmendada en 1791. La ausencia de constitucionalización expresa de derechos en dichos textos no significaba renunciar a la supremacía de las libertades, ni admitir su disponibilidad por el legislador; antes bien, se consideraba que el pueblo soberano retenía implícitamente ciertos derechos naturales que ningún órgano constituido podía conculcar.

Sólo cuando se abandone definitivamente la concepción iusracionalista puede decirse que, en efecto, los derechos resultan exclusivamente *fundamentalizados* por el Derecho positivo y, más en concreto, por la Constitución, en cuanto norma suprema del ordenamiento jurídico soberano.

III. CONCEPCIÓN NORMATIVA DE LA FUNDAMENTALIDAD DE LOS DERECHOS FUNDAMENTALES

Las Constituciones utilizan una terminología diversa para referirse al reconocimiento de derechos: libertades públicas, libertades civiles, derechos y libertades, derechos fundamentales, etc. Incluso la CE emplea diferentes denominaciones y no siempre con el debido rigor, pero su Título I, el que da cobertura a esas diversas denominaciones, lleva el significativo rótulo «De los derechos y deberes fundamentales», siguiendo en este caso la estela marcada por la Ley Fundamental de Bonn. La expresión «derechos fundamentales» tiene la virtud de plantear dos preguntas claves: ¿hay derechos constitucionales no fundamentales?, ¿cuál es el sentido de su fundamentalidad? Y estas preguntas, que sirven para cualquier Constitución al margen de cuál sea la terminología usada en ella, exponen un asunto de capital importancia no sólo para la teoría de los derechos fundamentales, sino también para la teoría de la Constitución.

1. *Fundamentalidad externa (metajurídica)*

Como se ha visto en el epígrafe II anterior, el constitucionalismo hunde sus raíces en el modelo iusracionalista, aunque progresivamente fue afirmando su sentido plenamente positivo al formalizarse en un Estado constitucional. Se acabó traduciendo en términos de derecho positivo lo que originariamente se entendía como derecho natural, previo al Estado y condición para la existencia de una Constitución. Ello significa que la formación de los derechos fundamentales, como la formación del concepto de Constitución, no responde desde su inicio a un modelo propiamente positivista.

En efecto, la evolución entraña una mixtura de modelos, iusracionalista y positivista. A lo largo de los siglos XIX y XX el sistema jurídico-constitucional se fue haciendo más autorreferencial (validez autónoma del derecho positivo, al margen de si su contenido coincide o no con los postulados de un supuesto derecho natural) y se dotó de mayor positividad (capacidad jurídica para regular cualquier materia sin condicionamientos externos, iusracionales o de otro tipo). Pero este proceso fue gradual, sobre todo en Europa, y no siempre sostenido en una misma dirección. La crítica contra el positivismo jurídico en los años treinta del pasado siglo se tradujo en parte en una vuelta al iusracionalismo, a la idea de una suprapositividad que condiciona la positividad del ordenamiento constitucional. La LFB y su interpretación por el Tribunal Constitucional Federal Alemán reflejan esa tendencia. Para Benda, «los inviolables e inalienables derechos humanos *no han sido creados por la LFB*, sino que ésta los contempla como parte integrante de un ordenamiento jurídico *preexistente y suprapositivo*. [...] se trata de proteger la dignidad como derecho *originario* de todo ser humano».

Esta concepción es, sin embargo, la propia del Estado liberal de Derecho del siglo XIX y la que da vida a la DDHC. El Estado liberal se caracteriza por la radical separación entre Estado y sociedad. La Constitución aparece como una norma que materializa el contrato social, en virtud del cual los individuos, libres e iguales por naturaleza (relación horizontal), se asocian en una sociedad civil. El poder público (Estado) creado por ese contrato sujeta a los individuos (relación vertical) al objeto de organizar la convivencia social en una situación de libertad en la mayor medida posible. En un planteamiento tal el poder no puede ser absoluto, lo cual requiere diferenciar entre el poder constituyente y los poderes constituidos, y éstos, a su vez, deben estar separados entre sí (legislativo, ejecutivo y judicial). Esta limitación *estructural* y *formal* del poder se superpone a la limitación *sustancial* que deriva de la idea de que hay unos derechos *naturales* del individuo que, como tales, *preexisten* al Estado. Son derechos que están en la exclusiva esfera de la sociedad y en ella se hace una proclamación solemne de los mismos. En su seno se *declaran* los derechos inherentes a los seres humanos. El Estado liberal los *re-conoce* en su Constitución como anteriores a él, y la función para la que es creado es justamente la de respetar su existencia, y darles amparo legal. Todo ello explica por qué el artículo 16 DDHC establece un concepto material de Constitución basado en esos dos elementos: «Toda sociedad en la que la *garantía de los derechos* no está asegurada ni la *separación de poderes* establecida, no tiene Constitución.»

En el Estado liberal de Derecho la diferencia entre un derecho fundamental y un derecho simplemente constitucional reside precisamente en esta posición externa y previa de los derechos fundamentales. Subraya C. Schmitt que «en el Estado burgués (liberal) de derecho son Derechos fundamentales sólo aquellos que pueden valer como *anteriores* y *superiores* al Estado, aquellos que el Estado, no es que otorgue con arreglo a las leyes, sino que reconoce y protege como dados antes que él, y en los que sólo cabe penetrar en una cuantía mensurable en principio y sólo dentro de un procedimiento regulado».

De aquí se desprenden varias conclusiones de singular importancia para entender la concepción liberal y su influencia, todavía presente, en la caracterización doctrinal de los derechos fundamentales:

a) La fundamentalidad de los derechos tiene un sentido que podría calificarse de antropocéntrico. Serán «fundamentales» los derechos que se entiendan como más básicos o esenciales del ser humano. Aquellos que se consideren inherentes al desarrollo de su personalidad.

b) La fundamentalidad de los derechos emana del *ser* del individuo, del ser humano, no del *deber ser* de la norma constitucional. La fundamentalidad de los derechos fundamentales está desvinculada del derecho positivo. No tiene que ver con la posición de supremacía de la Constitución, como norma fundamentadora del ordenamiento jurídico. Aunque la Constitución no los reconozca, existen. Para la doctrina liberal (art. 16 DDHC), si ese reconocimiento no se da, la que no existirá como tal será la Constitución (concepto material de Constitución), aunque se le llame así a la norma fundamental del Estado.

c) En la tajante separación entre Estado y sociedad, los derechos fundamentales están radicados exclusivamente en la esfera social. Se conciben como derechos *absolutos*, en el sentido de espacios de una libertad en principio ilimitada. Ninguna norma positiva los crea y sólo la ley —de manera excepcional y si está constitucionalmente habilitada para ello— los limita. De ahí su calificación de derechos «inalienables, inviolables, imprescriptibles» e incluso «sagrados» (Preámbulo de la DDHC).

d) Al tratarse de una fundamentalidad derivada del nexo de las libertades con la esfera individual y, todo lo más, social (entre individuos), los derechos fundamentales son libertades privadas, sin dimensión política de relación con el poder público. Los llamados derechos de participación (sufragio) o de prestación no son fundamentales. La única relación con el poder es de defensa frente a injerencias que no tengan apoyo legal. Por eso en la doctrina liberal los derechos fundamentales reciben el nombre de *libertades negativas, libertades civiles o derechos de libertad* y se articulan jurídicamente como *derechos reaccionales o de defensa.*

e) La positividad de los derechos fundamentales queda circunscrita al campo de la limitación de los derechos, a la forma que ha de tener la norma limitadora (ley general) y a los procedimientos reaccionales de tutela frente a aquellas injerencias. Pero es una positividad debilitada, restringida, porque el sistema constitucional liberal renuncia a fundamentar jurídicamente los derechos. La validez de éstos, su existencia jurídica, queda situada fuera y por encima de la Constitución.

f) La merma de positividad —y, por tanto, de capacidad jurídica para configurar los derechos fundamentales desde y por la Constitución— mantiene a estos derechos en la esfera social y los preserva de injerencias estatales. En principio esto parece favorable a los derechos, pero es también un freno e incluso una barrera a la posibilidad de intervenir desde la esfera jurídico-estatal para garantizar los derechos fundamentales; por ejemplo, cuando los obstáculos que impidan el ejercicio de esas libertades se generen en el seno de la propia sociedad, como consecuencias de las relaciones sociales.

2. *Fundamentalidad interna (jurídica)*

Las Constituciones democráticas son históricamente una evolución de las Constituciones liberales y, en apariencia, los derechos fundamentales contenidos en ellas son básicamente los mismos. Sin embargo, las normas de derecho fundamental que subyacen bajo un enunciado similar pueden ser muy diferentes y, sobre todo —y es lo que ahora importa— tienen un fundamento jurídico completamente distinto, porque, en general, las Constituciones democráticas se enmarcan en una concepción positivista del ordenamiento jurídica en el que la Constitución es la norma jurídica suprema y, como tal, fuente de producción de las demás normas del ordenamiento.

A pesar de este cambio radical, gran parte de la doctrina científica sigue anclada en la fundamentación antropocéntrica y iusracional de los derechos humanos; en el fondo, no se ha asimilado plenamente la idea de que la positivación constitucional de los derechos les priva de su supuesto carácter preestatal, de su pretendida condición *natural* de derechos *inviolables, inalienables e imprescriptibles.* Como decía Jellinek, no todos los que niegan el derecho natural están libres de sus cadenas.

Este erróneo punto de partida dificulta el encontrar respuestas coherentes en asuntos relativos a la titularidad de derechos fundamentales (*nasciturus,* personas fallecidas, personas jurídicas, minorías sociales, etc.), o a su eficacia (nuevas posiciones de los poderes públicos ante los derechos, eficacia horizontal de éstos, etc.), por no hablar de su estructura, objeto y contenido.

Cuando la Constitución se erige en norma jurídica suprema y fuente única de la validez o de la aplicabilidad de todas las demás normas que componen el ordenamiento jurídico, el sistema constitucional se hace autónomo y organiza internamente su validez. Por tanto, si la Constitución reconoce derechos fundamentales no puede ser como aceptación de una legalidad iusracional previa, externa e intangible. Una Constitución no lo es por contener una declaración de derechos, como pretendía el artículo 16 de la DDHC. Lo es por su más alta posición jurídica respecto del resto de normas del ordenamiento, o sea, por su carácter de norma fundamentadora de todas las demás. Si esto es cierto, la explicación de por qué unos derechos son «fundamentales» es sencilla. Lo son, porque y en la medida en que participan de esa posición de supremacía que tiene la Constitución en la que están insertos; por el contrario, no son calificables como *fundamentales* si carecen de ese rango o quedan desprovistos de él y entran en el campo de la entera y libre decisión del legislador. El *ser* unos derechos que puedan considerarse inherentes a las personas no es la causa de su *deber ser* como normas iusfundamentales. Puede que ése sea el «motivo político» que impulsa al Constituyente a incluirlos en la norma fundamental del ordenamiento, pero la «causa jurídica» de su validez como derechos fundamentales está en la citada posición normativa suprema, que es la que los hace *inviolables* frente a cualquiera que no sea el órgano de reforma constitucional. El derecho a la vida (art. 15 CE) es *jurídicamente* un derecho fundamental, porque la CE así lo dispone, es decir, porque establece una pretensión subjetiva de eficacia directa y el legislador no la puede suprimir, y sólo la puede regular en los términos y con las condiciones predeterminadas por la Constitución; su validez jurídica no deriva del hecho de que la vida sea esencial para el ser humano; éste puede ser —como se dijo antes— el motivo que lleva al constituyente a darle relevancia jurídica a tal pretensión. Por la misma razón pero en sentido contrario, el derecho a la protección de la salud (art. 43.1 CE) no es un derecho fundamental, a pesar de que nadie dudará de que es *fundamental* para la persona tener garantizada la protección de la salud. Simplemente no es derecho fundamental porque la Constitución no lo sitúa en esa posición normativa suprema; su configuración jurídica la encomienda por completo al legislador y el individuo sólo podrá alegar ese derecho en los términos dispuestos en la ley (art. 53.3 CE).

Las dos características que tipifican a un derecho fundamental derivan de la doble dimensión de la Constitución en cuanto fuente jurídica: como *fuente sobre las demás fuentes* y como *fuente suprema de eficacia directa*. En la primera vertiente, la Constitución regula la producción de normas y sus destinatarios son el legislador y los demás poderes públicos, a los que les está vedada la libre disposición sobre los derechos constitucionalmente establecidos. En la otra vertiente, la Constitución actúa como fuente que crea directamente relaciones jurídicas. Dotada de eficacia inmediata, su destinatario puede ser cualquiera y su objeto cualquier ámbito vital. La doble participación en la condición de la Constitución como fuente hace que los derechos fundamentales sean inatacables y de eficacia potencialmente inmediata.

La primera caracterización (la *indisponibilidad de los derechos fundamentales por el legislador*) es quizá la más perceptible, sobre todo en los derechos que precisan para su pleno ejercicio de una previa interposición del legislador. Sin embargo, un entendimiento más hondo de la fundamentalidad de los derechos permite concluir que ésta consiste primariamente en la eficacia directa de tales derechos, o sea, en su *potencial disponibilidad inmediata por sus titulares*. La posición del legislador queda predeterminada por esta potencial eficacia inmediata de las normas iusfundamentales. Es lógico que así sea, porque, si un sistema jurídico sitúa en el núcleo de su estructura y de su funcionamiento la atribución de derechos a los individuos, procurará dotarlos de la mayor eficacia posible, sin interferencias de los poderes públicos o de otros sujetos; de su garantía y eficacia dependerá el funcionamiento del sistema constitucional. Por tanto, el legislador no podrá disponer de los derechos para negarlos. Es posible que algunos derechos fundamentales no los pueda ejercer su titular sin una previa intermediación del legislador (por ejemplo, el derecho a la tutela judicial efectiva o el derecho de sufragio), pero ello no impide afirmar que comportan una disponibilidad *potencialmente inmediata*, que se concreta en la posibilidad de exigir que los poderes públicos arbitren la organización y los procedimientos necesarios para dar efectividad a esos derechos. La omisión o desatención de esta obligada intervención del legislador hará emerger la eficacia directa de la norma iusfundamental, aunque sea en su contenido mínimo o esencial. (Véase el capítulo sobre el legislador de los derechos fundamentales.)

En suma, un derecho fundamental es ante todo un derecho subjetivo, es decir, un apoderamiento jurídico (contenido del derecho) que la Constitución, atribuye a un sujeto para que pueda defender, asegurar o ejercer determinadas expectativas (objeto del derecho). Ese apoderamiento consistirá en la posibilidad de, con la fuerza normativa de la Constitución, exigir a un tercero, sea un poder público o un particular, el cumplimiento de un deber (de actuar, en unos casos, o de abstenerse de actuar, en otros). Sólo son *fundamentales* los derechos que participan de la *fundamentalidad de la norma fundamental* del ordenamiento jurídico, la Constitución, lo cual significa que ésta, como fuente jurídica directamente aplicable, establece esos derechos y los dota de una disponibilidad por su titular potencialmente inmediata, y, como fuente de las demás fuentes del ordenamiento, preserva a los derechos fundamentales de su alteración o vulneración por normas infraconstitucionales (y en algunos casos incluso constitucionales) y los hace indisponibles por el legislador (e incluso por el órgano de reforma constitucional).

Desde esta perspectiva estrictamente jurídico-positiva, los derechos *fundamentales* tienen este carácter con independencia de quién sea su titular y de cuál sea la estructura en la que estén articulados. Como ya queda dicho, no cabe aquí una fundamentación antropocéntrica de los derechos fundamentales. Si la condición jurídica de *fundamentales* no la reciben tales derechos por ser inherentes a la persona, no es consustancial a esos derechos que su titular sea exclusivamente el ser humano. Puede que no todas las personas físicas sean titulares de esos derechos, y puede que el *nasciturus,* las personas fallecidas y las personas jurídicas, privadas e incluso públicas, sí lo sean. En teoría, podría atribuirse capacidad iusfundamental también a los animales. De igual modo, los derechos fundamentales no implican una determinada estructura normativa. Pueden ser derechos fundamentales tanto derechos de libertad o de defensa (derecho a la vida o al honor), como derechos con un alto contenido prestacional (derecho a la educación). Otro tanto cabe afirmar sobre la eficacia de tales derechos, que no sólo es frente al poder público, sino frente a todos, sean poder público (eficacia vertical) o particulares (eficacia horizontal). Los derechos fundamentales no son libertad natural retenida por el individuo frente al poder público, sino un haz de facultades de disposición atribuidas a sus titulares por la Constitución para hacer frente desde la supremacía constitucional a cualquier acción u omisión ilegítima contra el disfrute del objeto del derecho, provenga de quien provenga.

IV. FUNDAMENTALIDAD DE LOS DERECHOS Y SISTEMA CONSTITUCIONAL DEMOCRÁTICO

1. La selección de expectativas individuales y sociales por el constituyente y su transformación en derechos fundamentales

Si un ordenamiento jurídico no precisa para su existencia de derechos fundamentales y su norma suprema, la Constitución, no se define por el hecho de proclamar tales derechos, sino por su posición jurídica suprema, ¿por qué algunas Constituciones contienen un catálogo de derechos fundamentales, concebidos en el sentido exclusivamente jurídico dado aquí al concepto? La explicación está en la selección de expectativas individuales y sociales hecha por el constituyente. Cuando éste establece derechos fundamentales es porque considera que para el funcionamiento del sistema jurídico que desea implantar es esencial dar la máxima protección jurídica a determinadas pretensiones y expectativas de autodisposición de los individuos e incluso de los grupos en las que éstos se organizan. Para ello las inserta en la norma más alta del ordenamiento jurídico y las regula como ámbitos jurídicos cuya existencia es indisponible por el legislador, lo que las hace jurídicamente *fundamentales*. Además —y por esto son *derechos—,* las articula jurídicamente no sólo como bienes constitucionalmente protegibles, sino también como apoderamientos a los sujetos de tales expectativas para que puedan hacer valer frente a todos esos ámbitos protegidos, cuando menos su núcleo esencial; se garantiza así una potencial disponibilidad inmediata de los derechos fundamentales por su titular.

La selección y preferencia por el constituyente de unas expectativas individuales y sociales frente a otras tiene su reflejo jurídico no sólo en la determinación de cuáles quedan configuradas como derechos fundamentales, sino también en el distinto grado de protección normativa que la Constitución puede dispensar a estos derechos. En este sentido, dentro de los derechos fundamentales podría hablarse de una mayor o menor fundamentalidad de ellos, en función de ese grado de preservación normativa contemplado en la Constitución. Piénsese que no es lo mismo la posibilidad de regular el desarrollo de un derecho fundamental mediante una *reserva de limitación* (art. 16.1 CE) que a través de una *reserva de delimitación* (art. 23.2 CE). En la primera la Constitución deja más margen de actuación al legislador porque le permite establecer límites que de otro modo no podría. La intensidad del carácter fundamental se acrecienta cuando las normas iusfundamentales impiden de plano al legislador especular con determinadas expectativas (prohibición de la pena de muerte en relación con el derecho a la vida, o prohibición de torturas y de penas o tratos inhumanos o degradantes en relación con el derecho a la integridad física y moral, art. 15 CE). Como recuerda el TC, «La distinción entre poder constituyente y poderes constituidos no opera tan sólo en el momento de establecerse la Constitución; la voluntad y racionalidad del poder constituyente objetivadas en la Constitución no sólo fundan en su origen, sino que fundamentan permanentemente el orden jurídico y estatal y suponen un límite a la potestad del legislador» (STC 76/1983, FJ 4.º).

La fundamentalidad de algunos derechos se intensifica cuando su especial salvaguardia no es sólo respecto del legislador, sino también respecto del órgano de reforma constitucional, mediante la fijación de un procedimiento más agravado para modificar tales derechos (art. 168 CE) e incluso a través de cláusulas de intangibilidad que prohíben al poder de reforma constitucional su supresión (art. 79.3 LFB). (Obsérvese que se habla de mayor o menor fundamentalidad de los derechos en función de su mayor o menor *preservación normativa*, lo cual no implica necesariamente una mayor o menor garantía jurisdiccional de los derechos. El que unos derechos fundamentales sean protegibles ante el TC mediante el recurso de amparo no los hace más fundamentales que otros que no cuentan con esta garantía adicional. Tampoco implica una jerarquización de los derechos fundamentales, porque todos son derechos de rango constitucional.)

La fundamentalidad de los derechos tiene así, desde la perspectiva del constituyente (y del propio ordenamiento jurídico como sistema) una explicación *funcional*; ciertos derechos se articularán como *fundamentales* en el texto constitucional porque las pretensiones y expectativas que forman su objeto se estiman claves para la organización y el funcionamiento del sistema constitucional que se trata de establecer. Depende de cuál sea la sociedad que se piensa ordenar jurídicamente, la Constitución articulará como fundamentales unos u otros derechos, los asignará a unos o a otros sujetos y configurará su estructura iusfundamental de uno u otro modo. Por ejemplo, un sistema jurídico socialista no regulará como fundamentales los mismos derechos que un sistema liberal-democrático. Un sistema constitucional democrático considerará el sufragio universal como uno de sus derechos más fundamentales; un sistema liberal, no. Éste, en cambio, establecerá la propiedad privada como un derecho fundamental con una estructura de derecho subjetivo, mientras que una Constitución democrática posiblemente organice la propiedad como un derecho fundamental desde la perspectiva de una garantía institucional y una Constitución socialista no concebirá ese derecho como fundamental e incluso impedirá que la expectativa de propiedad privada de los medios de producción tenga cabida en el ordenamiento jurídico.

2. Derechos fundamentales y organización jurídica de la democracia

Una Constitución democrática establece derechos y libertades individuales y los regula en normas iusfundamentales porque considera imprescindible que la expectativa de individuos libres e iguales, con posibilidad de autonomía individual y colectiva, quede garantizada jurídicamente como núcleo del sistema jurídico que implanta, o sea, como normas de reconocimiento del sistema como «democrático». Sin ellos no podría identificarse una Constitución y un sistema jurídico como democráticos, por más proclamas (hueras) de democracia que hubiese en sus enunciados.

Lo dicho no significa que sólo pueda calificarse de democrática la Constitución que incorpore expresamente un catálogo de derechos fundamentales. Esto sería tanto como caer en el puro nominalismo de entender que, por contener sin más el enunciado de un elenco de derechos, una Constitución es democrática y que no lo es si sólo consagra la democracia como uno de sus principios básicos, sin una mención explícita de concretos derechos. Si el principio democrático no es dentro de esa Constitución un *flatus vocis,* los derechos fundamentales existirán normativamente en abstracto, como contenido jurídico imprescindible de dicho principio constitucional. El problema es que su concreción quedaría diferida a una incierta interpretación deductiva de cuáles son esos derechos, su ámbito y su contenido. De ahí que en general el constituyente democrático, además de proclamar en la norma suprema los principios y valores superiores que informan el ordenamiento jurídico, establezca expresamente un catálogo de derechos fundamentales. De este modo, no sólo aleja aquella incertidumbre sobre cuáles son estos derechos, sino que materializa también cuál es el contenido iusfundamental que ha de atribuirse a los principios y valores constitucionales consagrados en la Constitución y, muy en especial, al principio democrático. Se crea así un efecto recíproco entre principio democrático y derechos. Los derechos fundamentales dan contenido a esos principios y valores y éstos, rellenados por aquéllos, ilustran el sentido de cada derecho en relación con el conjunto. Por tanto, los derechos fundamentales establecidos por la Constitución orientan la interpretación de los principios y valores constitucionales, y éstos, en cuanto abstracción de tales derechos, facilitan una interpretación sistemática y constitucionalmente adecuada de los derechos fundamentales en su relación con los demás derechos y bienes constitucionalmente protegidos.

Pudiera pensarse que un sistema democrático gozaría de mayor garantía si la protección de su núcleo esencial, los derechos fundamentales, no se confía a una norma positiva, creada por el hombre, por más supremacía que tenga dentro del ordenamiento jurídico. Un renaciente iusracionalismo estimará más adecuado situar ese núcleo en una ley natural inmutable, indisponible no sólo para el legislador, sino también para el constituyente. Sin embargo, los propios principios del sistema democrático conducen a que su garantía jurídica se organice en un sistema jurídico *autorreferencial* y plenamente *positivo,* sin lastres iusnaturalistas.

En efecto, la democracia como mejor se articula jurídicamente es a través de un sistema constitucional autorreferencial (la Constitución como norma jurídica suprema y parámetro de reconocimiento de todas las demás normas) y dotado de positividad (sin límites materiales a su capacidad reguladora), es decir, como un sistema jurídico soberano. La razón estriba en que la democracia concentra en su esencia esas mismas cualidades que el ordenamiento jurídico precisa para ser soberano. La democracia implica, de un lado, autorreferencialidad individual (autonomía o libertad de seres iguales), y colectiva (identificación o correspondencia entre gobernantes y gobernados) y, de otro, positividad (libertad para decidir; todo es posible y mudable si se decide por el procedimiento establecido).

La organización en sociedad de esa autonomía individual y colectiva ha de hacerse a través de un sistema jurídico en el que una y otra estén garantizadas de manera incondicionada. Ello significa trasladar *por completo* dicho principio filosófico-político de autonomía al sistema jurídico, o sea, traducirlo en términos jurídicos, para que informen y rellenen de contenido su estructura y su funcionamiento, lo cual necesariamente conduce por lógica a que el ordenamiento jurídico se articule como sistema autorreferencial, sin dependencias jurídicas externas. De lo contrario no podría darse esa garantía incondicionada.

El mito de la soberanía popular, que late tras la idea de democracia, su fuerza legitimadora, radica precisamente en la idea reflexiva, de autogobierno individual (libertad) y colectivo (participación en las decisiones que afectan a todos), que pretende poner de manifiesto. El mito es pernicioso en cuanto esa idea no aparezca integrada en el sistema jurídico, es decir, en cuanto la autorreferencialidad de la soberanía popular no se transmita por completo al ordenamiento para organizar su estructura y funcionamiento de manera democrática. El Estado de Derecho y más aún el Estado democrático de Derecho, nacen precisamente para neutralizar la hipótesis de un poder soberano cuya omnipotencia se impone sin sujeción a regla alguna. Fuera de esa incardinación en una estructura democrática del ordenamiento, la idea de soberanía popular puede ser un peligro, porque pierde de vista el punto de partida filosófico que le da vida, el individuo y su libertad, igual a la de los demás. En nombre del pueblo soberano podrían quedar sacrificadas la libertad e igualdad individuales.

La doctrina liberal —en la que se basa también una determinada concepción democrática— argumenta que este mismo punto de partida entraña la idea de que los individuos no renuncian a todos sus derechos naturales al constituirse la sociedad civil. No se produciría aquella transmisión plena de poder y, por tanto, el sistema jurídico debería ser heterorreferencial, dependiente en última instancia del derecho natural que supuestamente da validez a esos derechos retenidos.

Es necesario —se afirma— separar la legalidad positiva de la legitimidad natural (de un pueblo o nación preexistente). Se trataría, así, de contrarrestar los peligros de un absolutismo legalista e impedir la cautividad del poder originario del pueblo. La conclusión a la que se llega es que no puede convertirse al ordenamiento jurídico positivo en una normatividad incondicionada.

Sin embargo, este planteamiento no es coherente con la esencia de la democracia como principio informador de un sistema constitucional. En una democracia la idea de pueblo soberano no puede tener como función privar al ordenamiento jurídico positivo de su carácter incondicionado. En la positividad del derecho está la fuerza creadora capaz de establecer las condiciones jurídicas para la realización de ese ideal de autogobierno de una sociedad de individuos libres e iguales. Limitar externamente esa capacidad en nombre de dicho ideal es un contrasentido. La solución no está en frenar la positividad del ordenamiento jurídico resucitando de uno u otro modo el derecho natural, sino en orientarla organizando la estructura del ordenamiento de tal modo que aquel ideal sea realizable.

En eso consiste precisamente el sistema constitucional democrático. Asigna al absoluto político que entraña la idea de una sociedad de individuos libres e iguales (base de la idea de soberanía popular) la función de programar el ordenamiento jurídico para garantizar la autonomía individual y colectiva. La concreción constitucional de esa función son los derechos fundamentales, y su corolario organizativo, el Estado democrático y social Derecho. Por eso, como ya se dijo antes, los derechos fundamentales son *derechos*; porque articulan jurídicamente en su objeto y contenido esas expectativas de autonomía individual y colectiva, y son *fundamentales,* porque, dado el carácter esencial que tienen tales expectativas para una organización democrática de la sociedad, los derechos en que se traducen los sitúa la Constitución en una posición de supremacía jurídica. En el Estado constitucional democrático no hay soberano; soberana es la Constitución (no hay otra norma por encima de ella y todas las demás le están subordinadas: STC 84/1989, FJ 4.º). La idea nuclear de la soberanía popular se traduce normativamente en el principio constitucional democrático y se concreta sobre todo en los derechos fundamentales que, en cuanto partícipes de esa supremacía jurídica de la Constitución podrían calificarse como *fragmentos de soberanía.* De ahí que los derechos más esenciales para el sistema democrático aparezcan positivados en algunos ordenamientos como núcleo intangible de sus Constituciones democráticas, fuera del alcance del poder de reforma constitucional. La continuidad y reproducción del sistema democrático no es posible sin la existencia de tantos derechos, y el sistema se protege no sólo situando a éstos en la posición de supremacía de la Constitución (fundamentalidad), sino también blindando esa posición en el tiempo (intangibilidad).

En suma, si el único derecho valido es el derecho positivo, el sistema jurídico se configura como un sistema con identidad propia (soberanía del ordenamiento jurídico a través de su autorreferencialidad y positividad). Su característica es la regulación del *uso irresistible* de la fuerza física para estabilizar determinadas expectativas sociales. La forma de impedir que ese uso se vuelva contra los individuos no es apelando a un inexistente derecho natural de resistencia a la opresión, tal como proclamaba el artículo 2 DDHC. Por el contrario, se consigue si se hace de la Constitución la norma jurídica suprema, soberana, y si se convierte aquella idea primigenia de libertad e igualdad en contenido de pretensiones jurídicas garantizadas por la Constitución. En este sentido los derechos fundamentales, al participar de la máxima fuerza normativa de la Constitución, de su fuerza irresistible suprema, pueden ser definidos como *derechos resistentes* frente a todos; resistentes también frente al ejercicio de supuestos «derechos naturales» y frente a voluntades colectivas preestatales (la supuesta «voluntad nacional» expresada fuera de los cauces constitucionales del poder de reforma constitucional).

V. LOS DERECHOS FUNDAMENTALES EN LA CONSTITUCIÓN ESPAÑOLA

1. Dignidad humana y derechos fundamentales. Su función programadora en una Constitución democrática

Nuestro sistema constitucional responde a una concepción democrática que adopta como valores superiores «la libertad, la justicia, la igualdad y pluralismo político» (art. 1.1 CE). Este norte constitucional tiene su punto de partida en el postulado de que «la dignidad de la persona, los derechos inviolables que le son inherentes, el libre desarrollo de la personalidad, el respeto a la ley y a los derechos de los demás son fundamento del orden político y de la paz social» (art. 10.1 CE). Esto no significa que la CE establezca un sistema jurídico heterorreferencial, dependiente de un derecho suprapositivo o de un orden político preexistente, tal como se interpreta la cláusula de intangibilidad de la dignidad humana reconocida en el artículo 1.1 LFB. Al contrario, es la dignidad humana la que «fundamenta el orden político y la paz social». Su configuración jurídica se erige en pieza básica del ordenamiento constitucional para cimentar ese orden político y la paz social. El concepto constitucional de dignidad humana expresa el reconocimiento jurídico de la *igualdad* y *libertad* de todos los seres humanos por el hecho de serlo (STC 181/2000, FJ 9.º), plasmadas en aquellos valores superiores del ordenamiento jurídico tal cual los establece el artículo 1.1 CE y que se materializan en los derechos fundamentales del Título I.

Proyectada sobre los derechos individuales, la regla del artículo 10.1 CE implica que, en cuanto «valor espiritual y moral inherente a la persona» (STC 53/1985, FJ 8.º), «la dignidad ha de permanecer inalterada cualquiera que sea la situación en que la persona se encuentre —también, qué duda cabe, durante el cumplimiento de una pena privativa de libertad— constituyendo, en consecuencia, un mínimum invulnerable que todo estatuto jurídico debe asegurar, de modo que, sean unas u otras las limitaciones que se impongan en el disfrute de derechos individuales, no conlleven menosprecio para la estima que, en cuanto ser humano, merece la persona. Pero sólo en la medida en que tales derechos sean tutelables en amparo y *únicamente con el fin de comprobar si se han respetado las exigencias que, no en abstracto, sino en el concreto ámbito de cada uno de aquéllos, deriven de la dignidad de la persona, habrá de ser ésta tomada en consideración por este Tribunal como referente*. No, en cambio, de modo autónomo para estimar o desestimar las pretensiones de amparo que ante él se deduzcan» (STC 120/1990, FJ 4.º).

Si la CE no estableciese explícitamente qué derechos o libertades son inherentes a la persona, qué derechos implica el reconocimiento constitucional de la dignidad humana, habría que deducirlos de esta referencia genérica del artículo 10.1 CE, lo cual crearía no pocas incertidumbres. Sin embargo, como el Título I concreta un catálogo de derechos, ha de entenderse que en él se hallan referenciados tales derechos y —como se acaba de ver en la STC 120/1990— «*no en abstracto, sino en el concreto ámbito de cada uno de ellos*». Se produce, así, una relación recíproca entre esos derechos y la dignidad humana reconocida en el artículo 10.1 CE. Ésta se irradia a los derechos fundamentales constitucionalmente reconocidos y que el intérprete de la CE estime inherentes a la persona, pero a su vez el concepto constitucional de dignidad queda circunscrito en la CE a los términos en los que dichos derechos están establecidos en su Título I.

Los derechos fundamentales forman el núcleo de la CE, son «los componentes estructurales básicos, tanto del conjunto del orden jurídico objetivo como de cada una de las ramas que lo integran en razón de que son la expresión jurídica de un sistema de valores, que, por decisión del constituyente ha de informar al conjunto de la organización jurídica y política» (STC 53/1985, FJ 4.º). Por tanto, condicionan y programan toda la estructura constitucional: la organización de España como Estado social y democrático de derecho (art. 1.1), la existencia de un parlamento representativo, las Cortes Generales, como representantes del pueblo español (arts. 66, 68.4 y 5 y 69.2 y 5), la regulación de un Poder judicial independiente (Título VI), y garante de los derechos (arts. 53.2 y 117.4) y de un Tribunal Constitucional como supremo intérprete de la Constitución y órgano extraordinario de amparo (Título IX), la delimitación de la potestad reglamentaria del Gobierno (art. 97) y de su intervención en la celebración de tratados internacionales (art. 94.1), la función de la Administración (art. 103) y de las Fuerzas y Cuerpos de seguridad del Estado (art. 104) las reservas de ley (art. 53.1) y de ley orgánica (art. 81). La limitación de la facultad legislativa del Gobierno, ya sea aprobando legislación de urgencia (art. 86.1) o legislación delegada (art. 82.1), las obligaciones de los poderes públicos de promover las condiciones para que la libertad y la igualdad del individuo y de los grupos en que se integra sean reales y efectivas; (la de) remover los obstáculos que impidan o dificulten su plenitud y facilitar la participación de todos los ciudadanos en la vida política, económica, cultural y social (art. 9.2) o la de inspirar su actuación en los principios rectores de la política social y económica (Cap. III del Título I), la distribución territorial del poder (arts. 81, 139 y 149.1.1.ª), la delimitación del ámbito de los estados de crisis y de la suspensión de derechos fundamentales (arts. 55 y 116), y, en fin, la delimitación de las vías procedimentales de actuación del poder de reforma constitucional (art. 168).

De esta función programadora de los derechos fundamentales en un ordenamiento constitucional democrático surge la *dimensión objetiva* de éstos (SSTC 25/1985, FJ 5.º; 249/1991, FJ 4.º). Los derechos fundamentales tienen un sentido propio expresado en su ámbito y contenido, pero también un sentido en su relación de conjunto con el sistema de derechos constitucionalmente establecido y que influye en la concreción de ese ámbito y contenido. Esto puede reforzar la fundamentalidad de los derechos en la medida en que se considera que también su dimensión objetiva queda amparada bajo la supremacía de la

Constitución, pero puede debilitarla si la protección de la dimensión objetiva se interpreta como una habilitación al legislador para delimitar los derechos desdibujando los contornos de aquel sentido propio del derecho, su dimensión subjetiva, o para interponerse en el ejercicio del derecho y diferir su eficacia directa.

2. El carácter fundamental de los derechos fundamentales y su manifestación en la Constitución Española

La explicación jurídica hasta aquí sostenida de en qué consiste la fundamentalidad de los derechos fundamentales no puede confundirse con una concepción puramente formalista o nominal de tales derechos. Éstos no son fundamentales por el mero hecho de que así los califique la Constitución. El Título I de la CE se denomina «*De los derechos y deberes fundamentales*», pero dentro de él conviven muy diferentes preceptos constitucionales y no todos contienen normas iusfundamentales. Dicho Título I no tiene una organización muy afortunada y el deseo del constituyente de hacer una amplia proclamación de derechos pudo más que el necesario rigor jurídico. La confusión es perceptible en el nombre de los cinco capítulos que componen ese Título; los términos «derechos» y «derechos fundamentales» se emplean sin un criterio definido: «I. De los españoles y los extranjeros». «II. *Derechos* y libertades», dividido en dos Secciones: «1.ª De los *derechos fundamentales* y libertades públicas»; «2.ª De los *derechos* y deberes de los ciudadanos». «III. De los principios rectores de la política social y económica», que aparecen desgranados algunos de ellos como «*derechos*» (a la protección de la salud, a la cultura, al disfrute de un medio ambiente adecuado, a una vivienda digna). «IV. De las garantías de las libertades y *derechos fundamentales*». «V. De la suspensión de los *derechos* y libertades».

Esta falta de rigor repercute en la referencia que en otras partes de la CE se hace a los derechos fundamentales. Por ejemplo, la reserva de ley orgánica prevista en el artículo 81.1 para el «desarrollo de los derechos fundamentales y libertades públicas» o la necesaria autorización de las Cortes para que el Estado se obligue por medio de tratados o convenios internacionales cuando éstos afecten «a los derechos y deberes fundamentales establecidos en el Título I». El TC ha intentado poner un poco de orden, pero acudiendo a un criterio nominalista que, si bien da certeza a la hora de deslindar la reserva de ley orgánica, no permite una definición coherente de qué es un derecho fundamental. Para el TC los derechos fundamentales y libertades públicas reservados a la ley orgánica son los que aparecen bajo la rúbrica de la Sección 1.ª del Capítulo II del Título I CE, «De los derechos fundamentales y libertades públicas», o sea, los reconocidos entre los artículos 15 y 29 CE (STC 76/1983, FJ 2.º). El deseo de una interpretación restrictiva del ámbito de la ley orgánica no puede conducir a negar el carácter de derechos fundamentales a otros derechos del Título I, porque la fundamentalidad de los derechos no descansa en su ubicación formal dentro de la Constitución, sino en su configuración constitucional como normas de potencial autodisposición por el titular del derecho y, a la vez, de existencia indisponible por el legislador. En la CE no sólo se encuentran en tal situación los derechos comprendidos entre los artículos 15 a 29, sino también todos los del Título I, Capítulos I y II.

Por la misma razón no son derechos fundamentales los derechos del Capítulo III del Título I, a pesar de establecerse como «derechos». Hubiera sido un contrasentido que la CE proclamase como *derecho fundamental* el «derecho a disfrutar de una vivienda digna y adecuada» (art. 47) cuando lo que hace es remitir al legislador la competencia para definir el objeto, contenido y límites de ese derecho (art. 53.3). Esto no significa que el derecho a la vivienda digna y adecuada no sea relevante para la CE, pero su posición constitucional se reduce a ser un *principio rector de la política social y económica* de los poderes públicos (art. 53.3); su dimensión constitucional no es la de un derecho fundamental.

Casi al principio de este capítulo se suscitaba si hay derechos constitucionales no fundamentales. Para la teoría liberal sí, porque establece una clara diferencia entre derechos fundamentales que son los derechos que la Constitución reconoce, pero cuyo fundamento jurídico es metapositivo (se considera que existen al margen y con anterioridad a la Constitución), y los derechos simplemente constitucionales, que son los que emanan de la Constitución y sin ella no tendrían existencia propia. Desde una perspectiva exclusivamente positivista, que considera la Constitución como norma jurídica suprema, puede afirmarse que en la Constitución española todos los derechos que en ella se reconocen o son derechos fundamentales o, como se acaba de ver en relación con el Capítulo III del Título I, son meros principios rectores aunque algunos se enuncien como derechos. Los derechos fundamentales son los recogidos en los Capítulos I y II en cuanto participan de las dos notas básicas del carácter fundamental de los derechos ya mencionadas, la disponibilidad del derecho por su titular y la indisponibilidad de su existencia por el legislador. En este sentido, la fundamentalidad de los derechos es una cuestión de grado; unos derechos son jurídicamente más fundamentales que otros en función de su mayor o menor preservación normativa a favor de su titular y frente al legislador.

Pudiera pensarse que fuera del Título I CE hay derechos constitucionales no fundamentales; por ejemplo, cuando se establece que una ley regulará la audiencia de los ciudadanos en el procedimiento de elaboración de las disposiciones administrativas que les afecten, o el acceso de los ciudadanos a los archivos y registros administrativos [art. 105.*a*) y *b*), respectivamente], o la gratuidad de la justicia en caso de insuficiencia de recursos para litigar (art. 119), etc. Sin embargo, si se les considera «derechos constitucionales» habrá que estimar que la ley llamada a regularlos está concretando un «derecho fundamental», pues es un contrasentido admitir derechos constitucionales sobre cuya existencia pueda decidir el legislador (cfr. STC 95/2003, FFJJ 3.º y 4.º y voto particular). Y, si se acepta esta plena disponibilidad por el legislador, entonces los preceptos constitucionales que regulan dichas situaciones son semejantes a los que establecen los principios rectores de la política social y económica (Capítulo III del Título I CE).

En un capítulo posterior se estudiará con más detalle la garantía del *contenido esencial* de los derechos fundamentales (art. 53.1 CE). No obstante, conviene hacer ahora una breve referencia a ella, en cuanto concreción de la fundamentalidad de los derechos fundamentales

Habitualmente esta garantía se estudia desde la perspectiva del ámbito de actuación del legislador en relación con los derechos fundamentales, lo cual es adecuado si se trata de examinar el contenido y límites de los derechos. Pero ello no puede hacer perder de vista que el contenido esencial de los derechos fundamentales *como límite* al legislador (art. 53.1 CE) es una consecuencia de expresar tal garantía un poder de disposición que la Constitución reserva al titular del derecho sobre determinados ámbitos vitales, enunciados en abstracto, pero reconocibles en su núcleo y, por tanto, directamente ejercibles al menos en ese mínimo. Si se concibe la garantía del contenido esencial de los derechos fundamentales exclusivamente desde la perspectiva del límite a los límites que pueda establecer el legislador, el acento se pone en la Constitución entendida como *fuente sobre las fuentes*, o sea, como norma cuyo objeto es regular y delimitar el ámbito de la ley; el contenido esencial como campo no disponible por el legislador. Pero esta perspectiva no ayuda a explicar la fundamentalidad de los derechos y puede concluir en una obviedad: cualquier derecho subjetivo y cualquier norma —sea constitucional o no— tiene un contenido esencial (STC 11/1981, FJ 1.º) y el legislador no puede reducir a un mero nominalismo el contenido de los preceptos constitucionales. Por el hecho de estar recogido en la Constitución, «el tipo abstracto de un derecho (subjetivo) preexiste conceptualmente al momento legislativo» (STC 11/1981, FJ 1.º). De este modo, la cláusula del contenido esencial tan sólo haría explícito que *también* tienen carácter constitucional vinculante las normas que reconocen los derechos fundamentales. Pero implícitamente ese carácter lo tienen todas las normas constitucionales y por eso está obligado el legislador a respetarlas.

La garantía del contenido esencial de los derechos fundamentales cobra pleno sentido si se inserta en la concepción de la Constitución como norma jurídica suprema, como máxima *fuente directa* que confiere a las normas iusfundamentales la fuerza jurídica irresistible que es capaz de desplegar en el tiempo, en el espacio y en relación con cualquier materia y sujeto y, por tanto, los articula con pretensión de eficacia inmediata y universal (o sea, frente a todos).

Sólo teniendo esto presente puede entenderse cabalmente la posición del legislador en relación con los derechos fundamentales y en qué sentido no puede disponer de ellos. Si la fundamentalidad de los derechos radicase en que son indisponibles por el legislador, no se podría explicar el papel que corresponde al legislador democrático en el desarrollo de los derechos fundamentales, ni los derechos fundamentales de configuración legal, ni la inconstitucionalidad por omisión.

Los derechos fundamentales no preexisten al ordenamiento constitucional, pero preexisten al legislador. Esto no significa que el legislador no pueda regularlos. El legislador de los derechos fundamentales no es un mero ejecutor de la Constitución; dada la formulación abstracta y lapidaria de los enunciados de las normas iusfundamentales, el legislador interviene en la concreción delimitadora del objeto y contenido de tales derechos y la Constitución le reserva un papel primordial. Sin embargo, la fuerza normativa de los derechos fundamentales y su pretensión de eficacia inmediata condicionan la posición y la actuación del legislador. Éste no puede desconocer ni los límites que la Constitución le marca ni ignorar que cuando es llamado a desarrollar el contenido de los derechos lo es con carácter imperativo, para dar *efectividad* a las normas iusfundamentales.

El contenido esencial de los derechos muestra su raíz cuando liga la fundamentalidad de los derechos a la fundamentalidad de la Constitución; por ejemplo, cuando, en ausencia de ley que dé efectividad al derecho fundamental, el contenido esencial de los derechos fundamentales se hace directamente presente. No funciona como límite al legislador ya que éste no ha actuado. Funciona como *fuente constitucional directa* de apoderamiento al titular del derecho para que pueda accionar preservando el ámbito de libertad garantizado. Así se consideró en la STC 15/1982, FJ 8.º, reconociendo, ante la inactividad del legislador, eficacia directa del contenido mínimo del derecho a la objeción de conciencia al servicio militar a pesar de que se trata de un derecho fundamental cuya regulación precisa de una previa intervención legislativa. Con mayor claridad aún se puede observar en la STC 31/1994 la función que cumple la garantía del contenido esencial de expresar la fundamentalidad de un derecho fundamental. La sentencia es interesante porque convierte lo que antes era considerado por el TC un derecho de rango legal en un derecho *fundamental*. Según la STC 12/1982 el derecho a crear una emisora de televisión, aunque podía ser una libertad instrumental incluida en el artículo 20.1 CE, no era una derivación necesaria y el legislador podía decidir sobre su implantación o no. En cambio, la STC 31/1994, FJ 7.º, afirma que «sin negar la conveniencia de una legislación ordenadora del medio, en tanto ésta no se produzca, no cabe porque subsista la laguna legal sujetar a concesión o autorización administrativa —de imposible consecución, por lo demás— el ejercicio de la actividad de emisión de televisión local por cable, pues ello implica el desconocimiento total o supresión del derecho fundamental a la libertad de expresión y de comunicación que garantiza el artículo 20.1.*a*) y *d*)».

> Como ha señalado reiteradamente este Tribunal, los principios constitucionales y los derechos y libertades fundamentales vinculan a todos los Poderes Públicos (arts. 9.1 y 53.1 CE) y son origen inmediato de derechos y obligaciones y no meros principios programáticos, no sufriendo este principio general de aplicabilidad inmediata más excepciones que las que imponga la propia Constitución expresamente o que la naturaleza misma de la norma impida considerarla inmediatamente aplicable (SSTC 15/1982, FJ 9.º; 254/1993, FJ 6.º). Cierto es que cuando se opera con la *interpositio legislatoris* es posible que el mandato constitucional no tenga, hasta que la regulación se produzca, más que un mínimo contenido que ha de verse desarrollado y completado por el legislador (SSTC 15/1982, FJ 8.º; 254/1993, FJ 6.º), pero de ahí no puede deducirse sin más que la libertad de comunicación ejercitada por las entidades demandantes de amparo no forma parte del contenido mínimo que consagra el artículo 20.1.*a*) y *d*) CE [STC 31/1994, FJ 7.º].

La fundamentalidad de los derechos fundamentales, su participación en la esencia de la Constitución como norma suprema, soberana, se manifiesta también en la pretensión de eficacia extraterritorial.

> La responsabilidad de los órganos judiciales españoles por acción u omisión en los procedimientos de extradición no se limita a las consecuencias de su propia conducta. En la medida en que con dicho procedimiento se concreta un estrecho complejo de actuaciones imbricadas, en el país requirente y en el requerido, el destino del extraditado en aquél no es ni puede ser indiferente para las autoridades de éste. Por ello, se encuentran obligadas a prevenir la vulneración de derechos fundamentales, que les vinculan como bases objetivas de nuestro ordenamiento, incluso si esa vulneración se espera de autoridades extranjeras, atrayéndose la competencia de los Tribunales españoles por el dominio de que disponen sobre la situación personal del extraditado, y, por tanto, por los medios con que cuentan para remediar los efectos de las irregularidades denunciadas [STC 13/1994, FJ 4.º].

Otra consecuencia de la fundamentalidad de los derechos fundamentales es la presunción de ilegitimidad de los límites que el legislador imponga a los derechos. La ley no sólo debe mostrar su habilitación para interponerse entre la Constitución y los titulares de los derechos. También ha de justificar, como sostiene reiterada jurisprudencia, que esos límites sean idóneos, necesarios y proporcionados.

Desde esta concepción de la fundamentalidad de los derechos fundamentales cobra sentido jurídico-constitucional la calificación liberal de los derechos fundamentales como «inviolables e inalienables». Indica que portan aquella fuerza irresistible de la norma fundamental del ordenamiento que se convierte en una pretensión de eficacia directa y que les sitúa en una posición tal que su vulneración o su mero desconocimiento son antijurídicos, provengan de un poder público, incluido el legislador (eficacia vertical), o de sujetos privados (eficacia horizontal).

Así entendida la fundamentalidad de los derechos, puede decirse que los derechos fundamentales no son una categoría estanca, sino que unos derechos son más fundamentales que otros. La mayor o menor fundamentalidad dependerá de su mayor o menor grado de participación en la condición de la Constitución como norma fundamental del ordenamiento y fuente directa de relaciones jurídicas. Se supone que aquellos derechos que el sistema constitucional considere más esenciales para su identidad y funcionamiento los dotará de mayor fundamentalidad, o sea, les garantizará una efectividad más inmediata ya permitiendo un ejercicio directo de los mismos, ya vinculando estrechamente al legislador, obligándole a dictar la legislación que permita el ejercicio ordenado de los derechos y predeterminando su contenido. A la vez, los hará más inviolables, bien mediante garantías formales (reservas de ley reforzadas) y jurisdiccionales (recursos de amparo), bien mediante su exclusión de la posibilidad de ser suspendidos (art. 55 CE) e incluso haciendo indisponibles esos derechos al poder de reforma constitucional (reforma agravada del art. 168 CE, en relación con el art. 167 CE), cláusulas de intangibilidad constitucional (art. 79.3 LFB).

VI. BIBLIOGRAFÍA

Bastida Freijedo, Francisco José: «La soberanía borrosa: la democracia», en *Fundamentos*, n.º 1, Junta General del Principado de Asturias, Oviedo, 1998, pp. 381-455. Versión electrónica en http://www.uniovi.es/constitucional/fundamentos/primero/bastida1.htm

Benda, Ernst, y otros: *Manual de Derecho Constitucional,* IVAP/Marcial Pons, Madrid, 1996.

Bökenförde, Ernest Wolfgang: *Escritos sobre derechos fundamentales,* Nomos, Baden-Baden, 1993.

Cruz Villalón, Pedro: «Formación y evolución de los derechos fundamentales», *Revista Española de Derecho Constitucional*, n.º 25, 1989, pp. 35-62.

Díez-Picazo, Luis María: *Sistema de Derechos fundamentales*, Cívitas, Madrid, 2003.

Fioravanti, Mauricio: *Los derechos fundamentales. Apuntes de historia de las Constituciones*, Trotta, Madrid, 1996.

Jellinek, Georg: *La Declaración de Derechos del Hombre y del Ciudadano*, Instituto de Investigaciones Jurídicas de la Universidad Nacional Autónoma de México, México, 2001.

Jiménez Campo, Javier: *Derechos fundamentales. Concepto y garantías*, Trotta, Madrid, 1999.

Martín-Retortillo Baquer, Lorenzo, y Otto y Pardo, Ignacio de: *Derechos fundamentales y Constitución*, Cívitas, Madrid, 1988.

Mateucci, Nicola: *Organización del poder y libertad*, Trotta, Madrid, 1998.

Schmitt, Carl: *Teoría de la Constitución,* Alianza, Madrid, 2002.

CAPÍTULO 2

LA ESTRUCTURA DE LAS NORMAS DE DERECHOS FUNDAMENTALES

I. LA ESTRUCTURA DE LAS NORMAS DE DERECHOS FUNDAMENTALES

Antes de analizar la estructura que presentan las normas de derechos fundamentales, quizás convenga aclarar el equívoco que puede constituir la expresión «normas de derechos fundamentales», dado que de una primera lectura parece concluirse que estamos hablando de dos realidades que pueden explicarse de manera autónoma: los derechos fundamentales y las normas que los definen. Esta impresión inicial resulta correcta y no hace más que remitirnos a la diferenciación entre *enunciado normativo* y *norma jurídica*, imprescindible para entender la estructura de los derechos fundamentales y para alcanzar una interpretación constitucionalmente adecuada de los mismos.

1. Enunciado normativo y norma de derecho fundamental

Se habla de *enunciado normativo* para aludir a una secuencia finita de palabras que expresan una o varias normas jurídicas y que, en el ámbito de los derechos fundamentales, suele adoptar la forma de un mandato (art. 17.3 CE: «Toda persona detenida debe ser informada de forma inmediata, y de modo que le sea comprensible, de sus derechos y de las razones de su detención, no pudiendo ser obligada a declarar»); un permiso (art. 21.1 CE: «Se reconoce el derecho de reunión pacífica y sin armas. El ejercicio de este derecho no necesitará autorización previa»), o una prohibición (art. 22.5 CE: «Se prohíben las asociaciones secretas y las de carácter paramilitar»).

Como puede deducirse de los ejemplos citados, se tiende a identificar el enunciado normativo con un precepto de una determinada forma —norma— jurídica; en estos casos, con uno de los apartados de algunos de los artículos de la Constitución española de 1978.

Con la expresión *norma jurídica* se alude a la proposición de «deber ser» que resulta de uno o varios enunciados normativos, si bien puede haber normas que no necesiten el soporte de un enunciado normativo (por ejemplo, la regulación del tráfico que lleva a cabo un semáforo), con lo que se puede concluir que el contenido de «deber ser» habrá que buscarlo en la norma en sí y no en los enunciados normativos con los que se expresa.

Un derecho fundamental es, en lo que a su estructura se refiere, una norma o conjunto de normas deducibles de uno o varios enunciados normativos que pueden estar contenidos en uno o más preceptos de rango constitucional, de ahí que pueda hablarse de derechos fundamentales simples o complejos. Los primeros serían aquellos derechos cuyo contenido subjetivo se concreta en una facultad jurídica que permite a su titular exigir la observancia de los deberes de abstención o de acción que pesan sobre los poderes públicos o los particulares. Esa facultad en los derechos simples suele revestir la forma de un «derecho de libertad» (por ejemplo, la libertad asociativa reconocida en el art. 22 CE) o de un «derecho de prestación» (sirva como modelo la previsión incluida en el art. 27.9 CE a favor de los centros docentes que reúnan los requisitos que la ley establezca).

Los derechos complejos, por utilizar la terminología empleada por el Tribunal Constitucional, se caracterizan por incluir una pluralidad de técnicas de garantía, como sucede con el derecho a la tutela judicial efectiva proclamado en el artículo 24.1 CE, que, en palabras del Alto Tribunal, «tiene un contenido complejo que incluye, entre otros, la libertad de acceso a los Jueces y Tribunales, el derecho a obtener un fallo de éstos y, como precisa la Sentencia número 32/1982 de este Tribunal, también el derecho "a que el fallo se cumpla y a que el recurrente sea repuesto en su derecho y compensado, si hubiere lugar a ello, por el daño sufrido". Esta complejidad, que impide incluir la definición constitucional del artículo 24.1 en cualquiera de los términos de una clasificación dicotómica que, como la que distingue entre derechos de libertad y derechos de prestación, sólo ofrece cabida para derechos de contenido simple, no hace, sin embargo, de este derecho a la tutela efectiva de Jueces y Tribunales un concepto genérico dentro del cual haya de entender insertos derechos que son objeto de otros preceptos constitucionales distintos, como es, por ejemplo, el derecho a un proceso público y sin delaciones indebidas, que la Constitución garantiza en el apartado segundo de este mismo artículo 24» (STC 26/1983, FJ 2.º).

En todo caso, la determinación de cuál es en un caso concreto la conducta mandada, prohibida o permitida, resultará de la interpretación, extraída de la Constitución, primero de los enunciados normativos que delimitan el derecho o derechos fundamentales en presencia y, luego, de la propia norma en la que consiste el derecho, dado el carácter abstracto y abierto de su objeto y contenido, en el que se insistirá en las líneas siguientes.

Por citar un ejemplo: para saber si lo que se ha publicado en una revista lesiona el derecho al honor de la persona objeto del comentario o es un ejercicio del derecho a la libertad de información, habrá, como es obvio, que tener en cuenta los enunciados normativos que reconocen estos derechos (en este ejemplo los enunciados empleados en los arts. 18.1 y 20 CE), pero, sobre todo, habrá que interpretarlos de manera que no sólo se aclare el sentido de tales expresiones lingüísticas, sino también la regla precisa que regula el caso concreto y cuya averiguación, en este caso, exigirá tener en cuenta «la veracidad de los hechos revelados y la relevancia pública que los mismos puedan tener, [...] [si son] expresiones formal o manifiestamente injuriosas o vejatorias; o que resulten innecesarias para lo que se desea comunicar, bien por irrelevantes o por la forma en la que se divulgan [...]» (STC 112/2000, FJ 8.º y la jurisprudencia que allí se cita).

Y esta indagación del contenido de la norma puede resultar extraordinariamente ardua cuando nos enfrentamos con los enunciados normativos propios de los derechos fundamentales, pues en ellos encontramos casi siempre una formulación abstracta y abierta, que deriva, como explica Ignacio de Otto, por una parte, de que se menciona genéricamente una conducta que en la realidad ha de transcurrir siempre como algo concreto, susceptible de múltiples modalidades, y, por otra, de que se hace prescindiendo de la pluralidad de facultades con que puede alcanzarse el fin al que el derecho sirve como instrumento.

En esta abstracción y apertura radican los aspectos diferenciadores de la estructura de los derechos fundamentales, pues la distinción hasta ahora apuntada entre enunciado normativo y norma jurídica en nada serviría para deslindar estos derechos de otros que también encuentran acomodo en determinados sectores del ordenamiento jurídico (civil, mercantil, administrativo, laboral...) y que, igualmente, permiten distinguir en su estructura un enunciado, o varios, y la consiguiente norma jurídica.

Se dice que el enunciado normativo de las normas de derechos fundamentales es *abstracto* porque no incluye referencias al modo, tiempo y lugar de ejercicio del derecho, y se le califica de *abierto* porque, en principio, cualquier conducta que encaje en el enunciado normativo está protegida por el derecho fundamental. Estos atributos son los que convierten al derecho fundamental en una *garantía de posibilidades,* cuya realización está garantizada salvo que exista una expresa habilitación constitucional para privarlas de tal garantía.

Nos encontramos, pues, con un mandato de protección de una libertad dirigido a los poderes públicos, en especial al legislador y a los integrantes del Poder Judicial, que, por su función, serán los que concreten la norma de derecho fundamental, fijando sus coordenadas modales, espaciales y temporales. El derecho fundamental se configura así como una norma de principio, lo que requiere una explicación más detallada y, además, diferenciar este concepto del propio de las reglas jurídicas, si bien tal distinción ha de realizarse con los necesarios matices que eviten conclusiones tajantes en exceso.

2. Principios y reglas. Los derechos fundamentales como normas de principio

En el ámbito de la teoría de los derechos fundamentales la diferenciación entre principios y reglas fue propuesta por Ronald Dworkin y, con posterioridad, ha sido desarrollada dogmáticamente por otros autores; en especial por Robert Alexy.

En principio, se puede afirmar que el aspecto decisivo para la distinción entre reglas y principios es que estos últimos son normas que ordenan que algo sea realizado en la mayor medida posible, dentro de las posibilidades jurídicas y reales existentes. Por eso se afirma que los principios son *mandatos de optimización*, que están caracterizados por el hecho de que pueden ser cumplidos en diferente grado y que la medida debida de su cumplimiento no sólo depende de las posibilidades de hecho, sino también de las jurídicas. En cambio, las reglas son normas que sólo pueden ser, o no, cumplidas; si una regla es válida, ha de hacerse lo que ella exige, no más o menos.

Ha de puntualizarse, en primer lugar, que esta rotunda diferenciación teórica suele resultar luego matizada en los concretos sistemas de derechos fundamentales, lo que resulta especialmente gráfico cuando nos encontramos, como ocurre en el caso español, con un ordenamiento que se estructura a partir del principio de Estado social, que, como es sabido, en su desarrollo se caracteriza por la conversión de las reglas en mandatos de optimización, que obligan a tener en cuenta, para apreciar, por ejemplo, si se ha producido un tratamiento discriminatorio a la hora de conceder una pensión, «el conjunto de los principios rectores de la política social y económica del Capítulo III del Título I, cuyo "reconocimiento, respeto y protección" informarán "la legislación positiva, la práctica judicial y la actuación de los poderes públicos", según dice el artículo 53.3 de la Constitución, que impide considerar a tales principios como normas sin contenido y que obliga a tenerlos presentes en la interpretación tanto de las restantes normas constitucionales como de las leyes» (STC 19/1982, FJ 6.º).

Por mencionar otro ejemplo, el derecho de los ciudadanos a un sistema público de Seguridad Social está sujeto a «la apreciación de las circunstancias socioeconómicas de cada momento a la hora de administrar recursos limitados para atender a un gran número de necesidades sociales» (STC 65/1987, FJ 17). Y en lo que a la actuación de los jueces se refiere, especialmente a la hora de ponderar derechos fundamentales, también resulta de interés, como se verá cuando se analice si existen o no conflictos entre esos derechos, la conversión de reglas en principios.

Por tanto, teniendo en cuenta la configuración que nuestro texto constitucional confiere a los derechos fundamentales que reconoce, se puede afirmar que no se adscribe ni a un modelo puro de principios ni a un modelo puro de reglas.

Si se asumiera un *modelo puro de principios* todas las normas de derecho fundamental serían meras «normas de principio»; es decir, normas que imponen una protección preferente de los comportamientos descritos de manera muy genérica y abstracta en los enunciados jurídicos constitucionales frente a otros comportamientos con los que entran en conflicto en el seno de las relaciones sociales. Pero si nos acercamos a la norma suprema de nuestro ordenamiento nos encontramos con normas de derechos fundamentales que imponen a los poderes públicos un comportamiento muy preciso y determinado, que no encaja en modo alguno en la tipología de las normas de principio, sino que responden a una regla concreta; por ejemplo: cuando la Norma Fundamental reconoce y protege los derechos a la libertad de expresión, de creación artística, científica, técnica y literaria, a la libertad de cátedra y a comunicar y recibir libremente información (art. 20.1), dispone, además, que «el ejercicio de estos derechos no puede restringirse mediante ningún tipo de censura previa» (art. 20.2), lo que, en palabras del Tribunal Constitucional, significa el rechazo sin excepción de «la intervención preventiva de los poderes públicos para prohibir o modular la publicación o emisión de mensajes escritos o audiovisuales» (STC 176/1995, FJ 6.º); en otras palabras, la prohibición de «cualesquiera medidas limitativas de la elaboración o difusión de una obra del espíritu, especialmente al hacerlas depender del previo examen oficial de su contenido, y siendo ello así parece prudente estimar que la Constitución, precisamente por lo terminante de su expresión, dispone eliminar todos los tipos imaginables de censura previa, aun los más débiles y sutiles [...]» (STC 52/1983, FJ 5.º).

Aquí no estamos, pues, ante un «mandato de optimización», que puede realizarse más o menos dentro de las posibilidades jurídicas y reales existentes, sino ante un mandato preciso y claro que impide cualquier tipo de censura.

Consideraciones similares podrían hacerse también, por mencionar otro ejemplo, en la norma incluida en el artículo 26 de la Norma Fundamental: «Se prohíben los Tribunales de Honor en el ámbito de la Administración civil y de las organizaciones profesionales.»

Pero las matizaciones anteriores tampoco permiten llegar a la conclusión contraria y colegir que todas las normas de derechos fundamentales responden al llamado *modelo puro de reglas*; es decir, a comportamientos precisos de lo que puede, o no, hacerse.

Retomando el ejemplo de las libertades de expresión e información reconocidas en el artículo 20 de la Norma Fundamental, nos encontramos con derechos fundamentales enunciados de manera muy genérica pero a los que la Constitución ha querido otorgar una protección jurídica preferente en determinados ámbitos vitales; así, como ha recordado el Tribunal Constitucional, «no cabe duda de que cuando estas libertades operan como instrumento de los derechos de participación política debe reconocérseles si cabe una mayor amplitud que cuando actúan en otros contextos, ya que el bien jurídico fundamental por ellas tutelado, que es también aquí el de la formación de la opinión pública libre, adquiere un relieve muy particular en esta circunstancia, haciéndoles "especialmente resistente(s), inmune(s) a las restricciones, que es claro que en otro contexto habrían de operar"» (SSTC 157/1996, FJ 5.º, y 136/1999, FJ 15).

Se puede, por tanto, concluir que nuestra Norma Fundamental ha acogido un modelo mixto de principios y reglas, si bien en ella, con carácter general, las normas de derechos fundamentales responden al modelo de las normas de principio —de ahí el título que rubrica este epígrafe—, pues se presentan en la mayoría de los casos como enunciados que no establecen las reglas jurídicas precisas atinentes a la conducta o conductas protegidas y a los instrumentos de su protección; más bien lo que hacen es ordenar a los poderes públicos y, de manera especial, al legislador que proteja una determinada libertad en la mayor medida posible, fijando reglas precisas que concreten la forma, el espacio y el tiempo del régimen jurídico que el derecho fundamental ha previsto para la conducta de la persona, de los poderes públicos y de otros particulares afectados.

Y esta configuración de las normas de derecho fundamentales como «normas de principio» se observa con especial intensidad cuando nos enfrentamos ante una situación vital en la que se produce un conflicto entre diversos comportamientos que pretenden ampararse en un derecho fundamental. Es en estos supuestos donde, con el respaldo del *principio de proporcionalidad,* despliega toda su eficacia el carácter del derecho fundamental como norma de principio, pues la respuesta al conflicto seguramente no la encontraremos de manera directa en el enunciado jurídico, sino luego de un proceso de concreción del objeto, contenido y límites del derecho en las precisas circunstancias de que se trate.

Y es que cuando nos enfrentamos con supuestos en los que es posible la utilización de medios diferentes para fijar los límites de un derecho o éste admite intensidades diferentes en el grado de su aplicación, debe acudirse al principio de proporcionalidad, que es la técnica mediante la cual se realiza el mandato de optimización que contiene todo derecho fundamental, y ese principio —del que se hablará con detalle en otras páginas de esta obra—, se compone de tres elementos que han de ser apreciados en cada caso particular: que la medida limitativa sea adecuada o idónea para la consecución del fin perseguido; que sea la mínima imprescindible para tal finalidad y que haya proporcionalidad entre el sacrificio exigido al derecho limitado por esa medida y el concreto derecho, bien o interés que se pretende proteger.

Siguiendo con los ejemplos apuntados, «el juicio de ponderación en los supuestos de frontera planteables entre el legítimo derecho a la crítica amparado por la libertad de expresión y la ilegítima utilización de términos tales que, al resultar insultantes o incluso injuriosos o calumniosos, excluyen las expresiones en que se contienen de la tutela constitucional, nos aboca de lleno al tema de la calificación de las opiniones vertidas por el actor atendidas las circunstancias del caso» (STC 241/1999, FJ 5.º).

II. LA DOBLE DIMENSIÓN DE LAS NORMAS QUE GARANTIZAN DERECHOS FUNDAMENTALES

1. LAS DIMENSIONES SUBJETIVA Y OBJETIVA DE LAS NORMAS QUE GARANTIZAN DERECHOS FUNDAMENTALES

En todo derecho fundamental puede diferenciarse una dimensión subjetiva y una dimensión objetiva; es decir, y por utilizar unas palabras ya clásicas del Tribunal Constitucional Federal alemán [*BVerfGE* 7, 198 (207)], junto a los derechos fundamentales como derechos subjetivos tradicionales frente al poder público, aparecen los derechos fundamentales como normas objetivas que expresan un contenido que se irradia en todos los ámbitos del ordenamiento; este efecto de irradiación afecta las tres funciones del Estado: se extiende a la conformación material de prescripciones de Derecho por parte del legislador o normador, con lo que éstas toman en sí el contenido objetivo de los derechos fundamentales; a la actuación del ejecutivo en el ámbito de sus funciones, y a la interpretación y aplicación de prescripciones por parte del juez.

Esta dimensión objetiva del derecho fundamental, sobre la que se insistirá cuando se explique la «eficacia de los derechos» y, en especial, las políticas de derechos fundamentales, lo convierte en lo que ya hemos calificado como un «mandato de optimización»; es decir, los derechos fundamentales en su vertiente objetiva comportan un determinado contenido normativo que debe ser realizado por los poderes públicos, y la optimización de esa dimensión objetiva requiere actuaciones concretas que permitan el máximo desarrollo, jurídico y práctico, del haz de facultades comprendido en el derecho fundamental (véanse las SSTC 18/1984, FJ 6.º, y 53/1985, FJ 4.º).

El mandato al que nos estamos refiriendo incide en el *contenido* y el *objeto* de los derechos fundamentales; como se verá más adelante, respecto al contenido objetivo del derecho fundamental el mandato impone, de un lado, que todo poder público tiene el deber positivo de proteger los derechos fundamentales que puedan estar presentes en una determinada situación; de otro lado, le obliga a abstenerse de realizar cualquier acto que pueda resultar contrario al citado deber positivo. De este modo, y como resultado del mandato, los poderes públicos se erigen en garantes de los derechos fundamentales cuando en el ejercicio de sus potestades se ven implicados derechos fundamentales, lo que cobra una especial relevancia en el caso de los órganos judiciales (véanse las SSTC 10/2000 y 178/2001).

Sobre el objeto del derecho, el mandato de optimización significa que dada la indefinición jurídica del comportamiento constitucionalmente lícito, en principio todas las facultades de actuación que quepan dentro del ámbito de realidad definido abstractamente en el precepto que contiene el derecho fundamental, son merecedores de protección y, por tanto, queda vedada la irrupción del poder público en el citado ámbito.

La interrelación apuntada entre la dimensión subjetiva del derecho fundamental —sobre la que se volverá más adelante— y su vertiente objetiva, pone de manifiesto la íntima imbricación existente entre ellas y nos conduce, en definitiva, a la consideración de las normas de derechos fundamentales como normas de carácter doble, lo que nos enseña que no basta concebirlas sólo como normas atributivas de derechos subjetivos o sólo como mandatos de optimización; un modelo adecuado al respecto se obtiene cuando a las disposiciones iusfundamentales se pueden adscribir tanto unas como otras.

Ahora bien, de lo anterior no puede concluirse que la dimensión jurídico-objetiva del derecho fundamental absorba en su contenido la vertiente jurídico-subjetiva, sino que se trata de algo añadido a ella, lo que demanda una explicación acerca de la relación entre esos dos contenidos. Ya hemos dicho que el contenido jurídico-objetivo está en estrecha relación con la libertad jurídico-subjetiva y actúa como un elemento de fortalecimiento orientado a la garantía de la libertad jurídico-subjetiva. Pero mientras la dimensión subjetiva del derecho fundamental no supone una transformación esencial de la estructura de la Constitución, dicha transformación sí tiene lugar al añadir la vertiente jurídico-objetiva del derecho, pues, en primer lugar, su carácter de norma de principio impone una necesidad de hacer al Estado que se convierte en una facultad del ciudadano de reclamar su realización.

En segundo lugar, merced a la eficacia objetiva de principio de los derechos fundamentales irradiándose en todos los ámbitos del Derecho, tales derechos dejan de ser principios y garantías en la relación Estado-ciudadano para transformarse en principios superiores del ordenamiento jurídico en su conjunto. Y es que los derechos fundamentales no incluyen solamente derechos subjetivos de defensa de los individuos frente al Estado, sino también deberes positivos por parte de éste (véanse, a título de ejemplo, los arts. 17.4, 20.3 y 27 de la Constitución).

Pero, además, los derechos fundamentales son los componentes estructurales básicos, tanto del conjunto del orden jurídico objetivo como de cada una de las ramas que lo integran, dado que son la expresión jurídica de un sistema de valores que, por decisión del constituyente, ha de informar el conjunto de la organización jurídica y política; son, en fin, como dice el artículo 10.1 de la Constitución, el «fundamento del orden político y de la paz social».

Como ya se ha indicado en las primeras páginas de este libro, el carácter de fundamentales que tienen los derechos de los que estamos hablando no deriva de su inmanencia al ser humano, sino de la importancia capital que nuestro sistema constitucional concede al papel que las personas pueden desempeñar en su funcionamiento si se les atribuyen y garantizan esos derechos individuales como si les fueran inherentes.

La fundamentalidad es, pues, funcional al sistema, no a la persona; lo que ocurre es que en un sistema social y democrático de derecho como el nuestro la consecución de la igualdad y libertad de las personas es imprescindible para lograr su efectividad. Por este motivo, estos derechos están presentes en los propios principios estructurales (el Estado de derecho, su carácter democrático y social, la descentralización territorial del poder político).

En el enunciado del artículo 10.1 de la Constitución aparecen recogidas las ideas de «igualdad» (a todas las personas, por el hecho de serlo, les «son inherentes» unos «derechos inviolables») y de «libertad» («el libre desarrollo de la personalidad») y ambas son el corolario de la «dignidad de la persona» con la que se abre el precepto, y cuyo carácter general y abstracto iguala a todos los individuos en su libertad. El Estado, el «orden político» al que se hace mención en este precepto, nace para garantizar esa dignidad común a todos y cada uno de los individuos.

Con la conversión de la dignidad de la persona en uno de los fundamentos del orden político se reconoce su doble dimensión: individual, ya que la persona es considerada como sujeto de derechos y no como objeto, y colectiva, pues la dignidad se predica de todos los individuos, y no de manera exclusiva de, por ejemplo, los nacionales. Con su reconocimiento constitucional se produce una irradiación de su contenido —libertad e igualdad de todas las personas— a cualquier relación normativa en la que esté en juego dicho contenido, con lo que, en realidad, acaba caracterizando a nuestra propia «forma de Estado», al orden político y social al que, como ya se ha dicho, sirve de fundamento.

Con el papel nuclear que asume la dignidad y, como consecuencia, la libertad e igualdad de todos los seres humanos, lo que se hace es colocar a los derechos fundamentales en el eje sobre el que han de girar todas las normas del ordenamiento —dimensión objetiva de la que ya hemos hablado— y cuyo respeto se impone a todos, particulares y poderes públicos, frente a los que despliegan una eficacia directa.

En definitiva, de la significación y finalidades de los derechos fundamentales dentro del orden constitucional se desprende que la garantía de su vigencia no puede limitarse a la posibilidad del ejercicio de pretensiones por parte de los individuos, sino que ha de ser asumida también por el Estado. Por consiguiente, de la obligación del sometimiento de todos los poderes a la Constitución no solamente se deduce la obligación negativa del Estado de no lesionar la esfera individual o institucional protegida por los derechos fundamentales, sino también la obligación positiva de contribuir a la efectividad de tales derechos, y de los valores que representan, aun cuando no exista una pretensión subjetiva por parte del ciudadano. Ello obliga especialmente al legislador, quien recibe de los derechos fundamentales «los impulsos y líneas directivas», obligación que adquiere especial relevancia allí donde un derecho o valor fundamental quedaría vacío de no establecerse los supuestos para su defensa (STC 53/1985, FJ 4.º; también, STC 25/1981, FJ 5.º).

2. El efecto irradiante de los derechos fundamentales en todos los sectores del ordenamiento

De esta dimensión objetiva de las normas que garantizan derechos fundamentales se derivan los efectos irradiante y recíproco de tales derechos.

Hablamos del *efecto irradiante* para expresar de manera gráfica la necesaria proyección que ha de tener el derecho fundamental como norma de principio en todos los sectores del ordenamiento jurídico, con lo que su presencia tiene que hacerse notar a la hora de interpretar y aplicar las normas que integran cada una de las ramas (civil, mercantil, penal, laboral, administrativa...) del mencionado ordenamiento, si bien, como resulta fácilmente comprensible, la incidencia no será la misma en todos los sectores normativos; por citar un ejemplo, el ámbito de conductas protegidas por el derecho fundamental a la libertad de expresión no alcanza la misma cobertura, aun tratándose de la misma expresión, si ésta se desenvuelve en el transcurso de un debate parlamentario o en el marco de una campaña electoral —«dado que las personalidades públicas deben soportar un mayor riesgo en sus derechos de la personalidad que las personas privadas» (STC 15/1993, FJ 1.º)—, que si es dirigida por un soldado a su superior jerárquico o si se enmarca en el seno de una relación contractual entre un empresario y un trabajador de su empresa, supuesto este último respecto del que se ha dicho que «manifestaciones que en otro contexto pudieran ser legítimas, no tienen por qué serlo necesariamente dentro del ámbito de dicha relación» (STC 120/1983, FJ 2.º).

En lo que a los poderes creadores de derecho se refiere, el efecto irradiante se manifiesta en la obligación que se les impone de que tengan bien presentes los derechos fundamentales en su labor normativa; en especial, por lo que respecta al legislador, le está prohibido desconocer la eficacia de los derechos en las regulaciones, orgánica y ordinaria, tanto de las relaciones jurídico-públicas como de las jurídico-privadas.

Pero no se trata tan sólo de que no contravenga el contenido esencial de los derechos, sino de la obligación de disciplinarlos de la manera más favorable para su observancia, y como mínimo de forma que no se desconozca el citado contenido esencial, lo que, como se verá de manera más extensa cuando se analicen con detalle las relaciones jurídico-privadas, adquiere una importancia singular para dotar de eficacia a los derechos en las relaciones entre particulares (eficacia horizontal). Como ha dicho el Tribunal Constitucional:

> Los derechos fundamentales son los componentes estructurales básicos, tanto del conjunto del orden jurídico objetivo como de cada una de las ramas que lo integran, en razón de que son la expresión jurídica de un sistema de valores que, por decisión del constituyente, ha de informar el conjunto de la organización jurídica y política; son, en fin, como dice el artículo 10 de la Constitución, el «fundamento del orden jurídico y de la paz social». De la significación y finalidades de estos derechos dentro del orden constitucional se desprende que la garantía de su vigencia no puede limitarse a la posibilidad del ejercicio de pretensiones por parte de los individuos, sino que ha de ser asumida también por el Estado. Por consiguiente, de la obligación del sometimiento de todos los poderes a la Constitución no solamente se deduce la obligación negativa del Estado de no lesionar la esfera individual o institucional protegida por los derechos fundamentales, sino también la obligación positiva de contribuir a la efectividad de tales derechos, y de los valores que representan, aun cuando no exista una pretensión subjetiva por parte del ciudadano. Ello obliga especialmente al legislador, quien recibe de los derechos fundamentales «los impulsos y líneas directivas», obligación que adquiere especial relevancia allí donde un derecho o valor fundamental quedaría vacío de no establecerse los supuestos para su defensa [STC 53/1985, FJ 4].

Por lo que respecta a los integrantes del Poder Judicial, la irradiación les obliga a que en su labor aplicativa del ordenamiento controlen la adecuación de las concretas normas en presencia a la dimensión objetiva de los derechos fundamentales. Como afirma la STC 18/1984, FJ 6.º:

> la sujeción de los poderes públicos a la Constitución (art. 9.1) se traduce en un deber positivo de dar efectividad a tales derechos en cuanto a su vigencia en la vida social, deber que afecta al legislador, al ejecutivo y a los Jueces y Tribunales, en el ámbito de sus funciones respectivas. De donde resulta que el recurso de amparo se configura como un remedio subsidiario de protección de los derechos y libertades fundamentales, cuando los poderes políticos han violado tal deber. Esta violación puede producirse respecto de las relaciones entre particulares cuando no cumplen su función de restablecimiento de los mismos, que normalmente corresponde a los Jueces y Tribunales a los que el Ordenamiento encomienda la tutela general de tales libertades y derechos (art. 41.1 LOTC).

3. El efecto recíproco de los derechos fundamentales

Por su parte, el *efecto recíproco* se produce entre los derechos fundamentales y las leyes que disciplinan su ejercicio o los desarrollan, generándose así un régimen de concurrencia normativa, de manera que tanto las normas que regulan una determinada libertad fundamental como las que establecen límites a su ejercicio actúan recíprocamente y, como resultado de esta interacción, la fuerza expansiva propia de todo derecho fundamental restringe el alcance de las normas limitadoras que actúan sobre el mismo; de ahí deriva la exigencia de que los límites a los derechos fundamentales tengan que ser interpretados con criterios restrictivos y en el sentido más favorable a la esencia y eficacia de tales derechos (véase la STC 159/1986, FJ 6.º); al respecto recuerda la STC 254/1988, FJ 3.º, que

> Como ya ha declarado en anteriores ocasiones este Tribunal, es cierto que los derechos fundamentales no son absolutos, pero no lo es menos que tampoco puede atribuirse dicho carácter a los límites a que ha de someterse el ejercicio de los mismos. Todas las personas relativas a tales derechos se integran en un único ordenamiento inspirado por los mismos principios; y tanto los derechos individuales como sus limitaciones, en cuanto éstas derivan del respeto a la Ley y a los derechos de los demás, son igualmente considerados por el artículo 10.1 de

la Constitución como «fundamento del orden político y de la paz social». Se produce así, en definitiva, un régimen de concurrencia normativa, no de exclusión, de tal modo que tanto las normas que regulan el derecho fundamental como las que establecen límites a su ejercicio vienen a ser igualmente vinculantes y actúan recíprocamente. Como resultado de esta interacción, la fuerza expansiva de todo derecho fundamental restringe, por su parte, el alcance de las normas limitadoras que actúan sobre el mismo; de ahí la exigencia de que los límites de los derechos fundamentales hayan de ser interpretados con criterios restrictivos y en el sentido más favorable a la eficacia y a la esencia de tales derechos (STC 159/1986, entre otras).

Como se verá de manera más extensa al analizar los límites a los derechos fundamentales, es aquí donde adquiere especial relevancia el «principio de proporcionalidad», en virtud del cual los poderes ejecutivo y judicial han de utilizar las medidas limitativas de derechos que sean idóneas, necesarias y proporcionales en sentido estricto para la consecución de los fines constitucionalmente lícitos predeterminados por la ley. La finalidad del citado principio es evitar que los poderes públicos que tengan atribuida la competencia para aplicar los límites a un derecho fundamental vulneren, al hacerlo, su contenido esencial.

No obstante, parece que respecto del legislador democrático la vigencia del principio de proporcionalidad habrá de tener un sentido diferente, a pesar de los pronunciamientos contrarios a esta conclusión que ha empleado en ocasiones el Tribunal Constitucional español (SSTC 55/1996, FJ 8.º, y 136/1999, FFJJ 21 y 22).

La argumentación a favor de un significado diferente en lo que se refiere al legislador encuentra su fundamento en el carácter abierto de las normas que integran nuestra Norma Fundamental. El efecto de reciprocidad, a nuestro juicio, obliga al legislador a que en su labor limitativa observe el respeto debido a los términos constitucionales que mediatizan su tarea y, en segundo lugar, a que esta última no sea arbitraria o no razonable y, con ello, vulneradora del principio establecido en el artículo 9.3 de nuestro texto constitucional, pero no impone que sea «proporcional» en el sentido ya explicado antes de dicho término, pues si así fuera se estaría desposeyendo al legislador de su papel protagonista en la articulación de la política de derechos fundamentales, lo que conduciría a una reducción y no a un refuerzo de su eficacia.

En definitiva, la exigencia de que los límites que la Constitución le permite concretar al legislador sean proporcionados viene a significar que no puede elegir las medidas restrictivas del derecho fundamental, a pesar de que está constitucionalmente habilitado para ello, lo que a su vez convierte al Tribunal Constitucional en el órgano que puede decidir qué medidas, de las adoptadas por el legislador, son en realidad proporcionales. No parece que esta conclusión sea coherente con la posición que al legislador le atribuye nuestra Norma Fundamental.

III. BIBLIOGRAFÍA

ALEXY, Robert: *Teoría de los derechos fundamentales*, CEC, Madrid, 1993.

ATIENZA RODRÍGUEZ, Manuel, y RUIZ MANERO, Juan: *Las piezas del derecho. Teoría de los enunciados jurídicos*, Ariel, Barcelona, 1996.

BÖCKENFÖRDE, Ernst W.: *Escritos sobre derechos fundamentales*, Nomos, Baden-Baden, 1993.

DÍEZ-PICAZO, Luis María: *Sistema de derechos fundamentales*, Cívitas, Madrid, 2003.

JIMÉNEZ CAMPO, Javier: *Derechos fundamentales: concepto y garantías*, Trotta, Madrid, 1999.

MARTÍN-RETORTILLO BAQUER, Lorenzo, y OTTO Y PARDO, Ignacio de: *Derechos fundamentales y Constitución*, Cívitas, Madrid, 1988.

PACE, Alessandro: «La heterogénea estructura de los derechos fundamentales», *Cuadernos de Derecho Público*, n.º 3, 1998, pp. 9 ss.

RODRÍGUEZ DE SANTIAGO, José María: *La ponderación de bienes e intereses en el derecho administrativo*, Marcial Pons, Madrid/Barcelona, 2000.

VILLAVERDE MENÉNDEZ, Ignacio: «Concepto, contenido, objeto y límites de los derechos fundamentales», en *La democracia constitucional. Estudios en homenaje al Profesor Francisco Rubio Llorente*, CEPC, Madrid, 2003.

CAPÍTULO 3

LA INTERPRETACIÓN DE LOS DERECHOS FUNDAMENTALES

I. ESTRUCTURA ABIERTA DE LAS NORMAS IUSFUNDAMENTALES Y LA INTERPRETACIÓN COMO CONCRECIÓN

La interpretación jurídica siempre ha sido un problema clave en la teoría general del Derecho. Hallar el sentido de las palabras del enunciado de una norma y hallar el sentido de la propia norma en su relación con las demás y con la realidad social objeto de aplicación ha dado lugar a numerosas tesis sobre el método o los métodos más adecuados para alcanzar esa meta. Pero el problema no es sólo la actividad interpretativa, la operación de esclarecimiento de cuál es la norma, el *deber ser,* que se encuentra bajo el enunciado de un precepto, sino también la determinación de a quién y con qué alcance corresponde realizar esa actividad. La interpretación es, así, un asunto que tiene mucho que ver también con la organización de los poderes del Estado y con la relación entre ellos, o sea, con su posición constitucional.

Si lo dicho es cierto respecto de la interpretación jurídica en general, lo es mucho más en relación con la interpretación de la Constitución y, dentro de ésta, con la interpretación de las normas iusfundamentales. La razón estriba en que estas normas no responden al esquema condicional y teóricamente cerrado de los enunciados jurídicos clásicos: si se dan determinados supuestos de hecho, deberán aplicarse específicas consecuencias legales. Se trata más bien de normas que tienen una estructura abierta, de programación finalista, que las convierte en marco jurídico susceptible de diversas concreciones. También en la legislación puede darse una cierta apertura y hablarse de una necesidad de concreción, pero la apertura es mucho menor, ya que la concreción está circunscrita a los resquicios que deja el texto legislativo, de por sí más concreto y explícito. El campo de actuación de la interpretación constitucional no son los resquicios, sino el propio marco constitucional. Además, la apertura constitucional entraña una apertura cognitiva del sistema jurídico hacia la realidad que es objeto de su formación, lo cual es particularmente relevante en materia de derechos fundamentales. Hay una constante relación de conocimiento del sistema jurídico con el medio social, porque es esencial para su eficacia saber concretar cuáles son las expectativas sociales que quedan garantizadas en los enunciados iusfundamentales. El contexto social forma parte de la teoría de la Constitución (y de los derechos fundamentales) que se encierra en el texto constitucional. Labor del intérprete es aprehender esa teoría para así poder hacer una interpretación constitucionalmente adecuada no sólo de los enunciados iusfundamentales, sino también de la realidad (contexto) que abstractamente está regulada en ellos. Saber si la quema de una bandera española en una manifestación de nacionalistas vascos es ejercicio de la libertad de expresión o no, depende en gran medida de cómo se interprete el papel o programa que la Constitución reserva a la libertad de expresión. De poca ayuda es aquí la hermenéutica clásica.

No es, pues, un problema de enunciados confusos que haya que esclarecer. La interpretación constitucional consiste en una labor en gran medida creadora, de determinación de lo abstractamente formulado en el enunciado constitucional. Dicho en palabras de Böckenförde, y en referencia a las disposiciones iusfundamentales, éstas «son, conforme a la literalidad y morfología de sus palabras, fórmulas lapidarias y preceptos de principio que carecen en sí mismos, además, de un único sentido material. Si, no obstante, deben operar como derecho directamente aplicable y ser efectivos, requieren, de un modo diverso al de los preceptos legales normales, una interpretación no sólo explicativa, sino rellenadora, que recibe no pocas veces la forma de un desciframiento o concreción».

El artículo 15 CE establece: «Todos tienen derecho a la vida y a la integridad física y moral, sin que en ningún caso, puedan ser sometidos a tortura ni a penas o tratos inhumanos o degradantes. Queda abolida la pena de muerte, salvo lo que puedan disponer las leyes penales militares para tiempos de guerra.» Este enunciado tiene un significado claro y de inequívoco reconocimiento del derecho a la vida y a la integridad física y moral. Sin embargo, a pesar de tratarse de la protección de bienes tan elementales, surgen múltiples dudas sobre qué normas iusfundamentales subyacen bajo ese enunciado, qué objeto y qué contenido de esos derechos son los constitucionalmente establecidos e incluso quiénes son sus titulares. Cómo ha de interpretarse «Todos»: ¿los españoles?, ¿los seres humanos?, ¿está incluido el *nasciturus* como titular del derecho? Cuál es el objeto del derecho a la vida: ¿la vida física, biológica, o también una vida digna?, y cuál es su contenido: ¿el derecho a la vida entraña el derecho a disponer de la propia vida, el derecho a morir? Cuál es la función del Estado en relación con estos derechos: ¿el derecho a la vida obliga al Estado a protegerla incluso frente al que desea voluntariamente morir?, ¿obliga a unas prestaciones estatales mínimas que impidan que mueran las personas por falta de alimentos? Del mismo modo podría también preguntarse sobre el objeto y contenido del derecho a la «integridad física»: ¿una persona que se quita voluntariamente una costilla para estar más atractiva, atenta contra el derecho a su integridad física o ejerce su derecho a la propia imagen?, ¿en uso de la libertad personal, se puede atentar contra lo que parece un derecho propio o el Estado ha de impedirlo?, ¿está garantizando el Estado el derecho a la integridad física y moral cuando prohíbe a una persona la venta de sus propios órganos o está vulnerando su libertad personal, e incluso su derecho a la vida, al no hallar su titular otro medio de subsistencia que el producto de esa venta? Todavía podrían plantearse muchos más interrogantes sobre qué ha de entenderse como protegido bajo la prohibición de «tratos inhumanos o degradantes». En suma, los enunciados de los derechos están formulados de manera muy abstracta, con frecuencia deliberadamente abiertos a diversas concreciones, porque seguramente ése fue el modo en que se pudo alcanzar un consenso constitucional. Es posible que un consenso se haya formulado en sentido negativo, sobre «aquello que no debería de quedar a la decisión del legislador» (por ejemplo, prohibición de la pena de muerte o de la censura previa, etc.), pero a la vez el acuerdo crea un espacio suficientemente amplio para que cualquier actor político, si alcanza la mayoría parlamentaria, encuentren la posibilidad de desarrollar legislativamente y de acuerdo con sus preferencias el objeto y contenido de tales derechos.

Intentar averiguar el sentido normativo de esos enunciados es una tarea llamada al fracaso si para ello se recurre tan sólo a los instrumentos clásicos de interpretación (interpretación literal, auténtica, histórica, lógica, teleológica, sistemática, etc.). Éstos sirven cuando se trata de descubrir algo ya previamente definido en alto grado, pero no cuando no hay objeto que descubrir, porque la propia interpretación es la que contribuye a modelar, concretar o rellenar el objeto que sólo aparece abstractamente establecido en la Constitución.

Si los derechos fundamentales fuesen normas constitucionales dirigidas al legislador para que proceda a su delimitación y conversión en derechos sólo exigibles en los términos por él definidos, el problema de su interpretación no sería muy diferente del de la interpretación jurídica en general. Pero en tal caso los derechos dejarían de ser «fundamentales»; su objeto y contenido no sería el constitucionalmente previsto, sino el legalmente fijado por la libre decisión del legislador. La concreción de los derechos realizada por éste sería constitucionalmente incuestionable, como si hubiese realizado una interpretación «auténtica» de los mismos. Resulta, sin embargo, que los derechos *fundamentales* lo son por estar insertos en una Constitución que es norma jurídica suprema y fuente de aplicación inmediata. Los derechos fundamentales tienen una pretensión de eficacia directa y de hacerse valer frente a todos, incluido el legislador, que no puede disponer de ellos libremente ni realizar interpretaciones «auténticas» de la Constitución, pues se estaría situando en el mismo plano del poder constituyente, algo que le está prohibido (STC 76/1983, FJ 6.º). ¿Cómo saber que el órgano legislativo al desarrollar los derechos fundamentales hace una concreción constitucionalmente adecuada de ellos? ¿Cómo saber que el Tribunal Constitucional se limita a ser el supremo intérprete de la Constitución y no un «soberano oculto», que en lugar de esclarecer el marco constitucional lo reescribe?

Afirmar la diferencia estructural entre Constitución y ley y aceptar la insuficiencia de los métodos de interpretación clásicos de la ley para interpretar la Constitución es un paso importante para reconocer que en la interpretación constitucional se ponen en juego otros métodos hermenéuticos. No reconocerlo y sostener que con aquellos métodos se llega a una solución correcta es encubrir bajo ellos la utilización de criterios distintos que, al no estar sometidos a examen y control, son terreno abonado para la subjetividad y la arbitrariedad. Sin embargo, reconocerlo no es bastante para eliminar la arbitrariedad. Es preciso averiguar en qué consisten esos métodos específicos de interpretación constitucional, esas reglas de argumentación y razonamiento, y si sirven para dar una respuesta adecuada al problema de cómo concretar y rellenar las normas iusfundamentales enunciadas de forma abstracta y abierta. Volviendo al ejemplo anteriormente expuesto, sentenciar que «no es posible admitir que la Constitución garantice en su artículo 15 el derecho a la propia muerte» (STC 120/1990, FJ 7.º), implica que el TC hace una precomprensión constitucional del derecho a la vida enunciado en el artículo 15 CE que va más allá de lo que pudiera extraerse de una interpretación de ese precepto por medios clásicos. El TC presupone que en el enunciado del citado derecho se establece una específica relación entre el Estado y el individuo, de la que se deduce «un contenido de protección positiva que impide configurarlo como un derecho de libertad que incluya el derecho a la propia muerte». ¿Cómo se llega a esta precomprensión? ¿Es posible hacerla? ¿Es la única posible? ¿Por qué no interpretar que el derecho a la vida significa, en relación con el artículo 10.1 CE, el derecho a una vida *digna*, que encierra un contenido de protección positiva de la expectativa de su titular de prescindir de la vida cuando ésta se convierte en irremediable e irreversiblemente indigna, o sea, no digna de ser vivida? ¿Qué sucede si el legislador realiza esta concreción del derecho a la vida e incluye en él y con las debidas garantías el derecho a no seguir viviendo, es decir, el derecho a la propia muerte? Y, en tal caso, ¿por qué el Tribunal Constitucional puede imponer una interpretación distinta?

II. LA INTERPRETACIÓN POR EL LEGISLADOR Y LA INTERPRETACIÓN JUDICIAL

Como se anunciaba al principio de este capítulo, la interpretación constitucional es un asunto que replantea las relaciones entre los órganos constitucionales (singularmente entre el parlamento y el Tribunal Constitucional) y repercute en la teoría de la Constitución, en la teoría del Estado y en la teoría de la democracia. En apariencia al menos, asistimos a una paradoja. La consideración de la Constitución como norma jurídica suprema y marco jurídico abierto a diversas concreciones aproxima dos actividades o momentos jurídicos cuya separación, sin embargo, es clave en el nacimiento histórico de la propia Constitución y del Estado de Derecho: la *creación* y la *aplicación* del derecho. El legislador ya no es el que crea los derechos y libertades públicas, sino que, a partir de su enunciado constitucional —que contiene normas iusfundamentales con vocación de eficacia inmediata— concreta su ámbito y contenido. Por su parte, el Tribunal Constitucional no se limita a una aplicación subsuntiva y autómata de la Constitución; la propia estructura abierta de esta norma y su propia función de intérprete supremo de la misma le impulsan a realizar una labor de precisión —de lo abstracto a lo concreto— del marco constitucional para poder verificar así la rectitud de la concreción hecha por el legislador. Creación y aplicación del derecho se integran en una misma actividad de concreción de las normas constitucionales, por lo que el Parlamento y el Tribunal Constitucional se disputan en un mismo campo la legitimidad de su actuación. La cuestión es si la disputa se ha de hacer con las mismas armas. La respuesta es negativa, pues ambos actúan o deberían actuar desde posiciones distintas. El primero a partir de su legitimidad política nacida de las urnas para desarrollar su programa político dentro del marco constitucional; el segundo, desde su legitimidad jurídica como guardián de la Constitución frente a las extralimitaciones del legislador y de los demás poderes públicos. Sin embargo, el Tribunal Constitucional es periódicamente acusado por la mayoría parlamentaria de encubrir, bajo esa legitimidad jurídica, la opción política de la minoría e incluso de arrogarse la tutela de la voluntad de una mayoría social silenciosa. (No obstante, para algunos autores —por ejemplo, Ackerman— ésta y no otra es la función que debe desempeñar el Tribunal Supremo de los Estados Unidos de América, salvo cuando en ocasiones excepcionales esa voluntad popular se manifiesta directamente, sin intérpretes o tutores, como *pueblo soberano*.) A veces, la acusación apunta sin más y de plano a la suplantación que hace el Tribunal Constitucional (o el Tribunal Supremo en los Estados Unidos de América) del poder constituyente, moldeando los principios constitucionales con las convicciones políticas y morales de sus magistrados.

No es éste el lugar para ahondar en el controvertido tema de la legitimidad de la jurisdicción constitucional, pero conviene dejar constancia de que la mencionada paradoja es (o debería ser) sólo relativa. Merced a aquella distinta legitimidad, legislador y Tribunal Constitucional llevan a cabo la convergencia de creación y aplicación de normas en una operación de concreción constitucional que discurre por procesos distintos. Como tantas veces recuerda el TC, el legislador no es un mero ejecutor de la Constitución.

> Antes de seguir adelante convendrá observar, una vez más, que en un plano hay que situar las decisiones políticas y el enjuiciamiento político que tales decisiones merezcan, y en otro plano distinto la calificación de inconstitucionalidad, que tiene que hacerse con arreglo a criterios estrictamente jurídicos. La Constitución es un marco de coincidencias suficientemente amplio como para que dentro de él quepan opciones políticas de muy diferente signo. La labor de interpretación de la Constitución no consiste necesariamente en cerrar el paso a las opciones o variantes imponiendo autoritariamente una de ellas. A esta conclusión habrá que llegar únicamente cuando el carácter unívoco de la interpretación se imponga por el juego de los criterios hermenéuticos. Queremos decir que las opciones políticas y de gobierno no están previamente programadas de una vez por todas, de manera tal que lo único que cabe hacer en adelante es desarrollar ese programa previo [STC 11/1981, FJ 7.º].

Por tanto, el legislador se mueve en un proceso de *concreción política* que tiene como presupuesto una *comprensión jurídica* del marco constitucional dentro del cual puede actuar. La Constitución es un límite a su actuación. Del haz de posibilidades políticas que le ofrece la Constitución, el legislador elige una (concreción política), que jurídicamente se materializa en una ley. En otras palabras, el proceso de concreción constitucional que protagoniza el legislador se descompone en dos fases, una jurídica y otra política. La primera consiste en un discurso jurídico de fundamentación, entendido como de emplazamiento de la ley en el terreno constitucional. Aquí no se desarrolla propiamente una tarea de aplicación en sentido estricto de la Constitución, sino de deslinde constitucional, de afirmación de que se está dentro de los límites constitucionales. O, dicho al revés, la ley supone una concreción jurídica en negativo de la Constitución: da a entender que no se rebasan sus límites. La segunda consiste en un discurso político de elección de entre aquel haz de posibilidades. La ley es una *concreción política* de lo constitucionalmente posible y, en este sentido, es también jurídicamente *una* concreción constitucional. Por eso puede decirse que, en puridad, el legislador no tiene como función interpretar la Constitución, sólo fundamentar la ley sin traspasar sus márgenes.

En cambio, el Tribunal Constitucional se mueve en un proceso de *concreción jurídica* del marco constitucional. Aquí todo el proceso es de carácter jurídico. Su discurso de fundamentación es en sí mismo un discurso de *aplicación* constitucional. Su actividad se centra en la *comprensión jurídica* del marco constitucional y debe fundamentar por qué esa comprensión (concreción) jurídica que él hace es la única aplicación correcta del texto constitucional, la única interpretación que cabe hacer de cuáles son los lindes del marco constitucional. Es una concreción en positivo de éste. De ahí que la función específica del Tribunal Constitucional sea interpretar estos lindes. Su *control abstracto* sobre la ley ha de versar sobre la adecuada comprensión jurídica que ésta haya hecho de ellos, no sobre la concreción (opción) política que comporta. Pese a su calificación de «legislador negativo», el Tribunal Constitucional no actúa desde la perspectiva del legislador (proceso de concreción política), ni su legitimidad descansa en un plus de representación política ligada a la soberanía popular encarnada en la Constitución. Descansa en su consideración de *tribunal*, de órgano al que se le confía la misión de declarar el sentido del texto constitucional (concreción jurídica) a través de razonamientos rigurosamente jurídicos (véase a este respecto el voto particular del magistrado Rubio Llorente a la STC 53/1985).

En teoría esto es así, o debería de ser así; sin embargo, la práctica se muestra más borrosa y el Tribunal Constitucional, voluntariamente o no, acaba rivalizando en no pocas ocasiones con el legislador. De ahí el juicio pesimista de Böckenförde, cuando afirma que «la diferencia, antes cualitativa entre producción normativa y administración de justicia, tiende a quedar neutralizada, pues lo que ambas hacen es crear derecho al concretarlo, y en tal tarea compiten. En esta relación de competencia el legislador tiene la prioridad, pero el Tribunal Constitucional ostenta la primacía».

En el caso del control abstracto sobre leyes que delimitan o limitan derechos fundamentales la diferencia entre ambos procesos se difumina y existe el riesgo cierto de que el Tribunal Constitucional, concretando las normas iusfundamentales, se erija en un legislador «alternativo» en vez de «negativo», es decir, imponga desde su supremacía una *concreción política* distinta a la aprobada por el Parlamento. La razón de que esto suceda es doble. De un lado, se ha acentuado en las Constituciones actuales el contenido principial y programático de los derechos fundamentales, concebidos como «fundamento del orden político y de la paz social» (art. 10 CE), lo que se interpreta como un mandato al legislador para que haga efectivos tales derechos «y los valores que representan» (STC 53/1985, FJ 4.º). El legislador no se convierte en ejecutor de la Constitución, pero su margen de concreción política se reduce, ya que queda especialmente obligado al entenderse que recibe «de los derechos fundamentales *impulsos y líneas directivas*; obligación que adquiere especial relevancia allí donde un derecho o valor fundamental quedaría vacío de no establecerse los supuestos para su defensa». En esa pendiente resbaladiza, el Tribunal Constitucional puede considerar que entra dentro de su competencia corregir al legislador, reemplazándolo o «poniéndole deberes de enmienda» cuando, a su juicio, la ley impugnada no garantiza suficientemente el derecho (véase STC 53/1985, FJ 12). De otro lado, los derechos fundamentales conviven entre sí, de manera que el legislador que los desarrolle no sólo debe dar efectividad a un derecho, sino a todos y cada uno de ellos; concediendo mayor cobertura a uno puede estar desprotegiendo a otro. Por ejemplo, si atribuye una mayor protección a los derechos al honor y a la intimidad personal y familiar puede estar reduciendo el ámbito de la libertad de información. Dilucidar cuándo esa mayor protección es excesiva y vulnera esta libertad es una tarea difícil de abordar sin ser tachado el Tribunal Constitucional de intruso en la función legislativa. Lo mismo sucede en la regulación de los límites específicos de cada derecho. El principio de libertad y de mayor efectividad de los derechos pone bajo sospecha la actividad limitadora del legislador; la presunción de constitucionalidad de las leyes limitadoras se desvanece, de manera que es el legislador el que ha de estar en condiciones de demostrar al Tribunal Constitucional que la ley, en sus estipulaciones limitadoras del derecho, es acorde con la Constitución. Al juicio sobre la razonabilidad de la ley se añade el relativo a la proporcionalidad de los límites en ella impuestos. El asunto se complica todavía más cuando el desarrollo de un derecho fundamental se pone en relación no con otro derecho, sino con el sistema de derechos en su conjunto, porque se intensifica la incertidumbre sobre el haz de posibilidades con que cuenta el legislador para realizar su política de derechos fundamentales, máxime si se entiende ese conjunto de derechos como un sistema de valores.

En suma, en un Estado social y democrático de Derecho, en el que los derechos fundamentales no son meros límites defensivos frente a los poderes públicos, sino programas de actuación para que éstos creen las condiciones para su mayor eficacia, el legislador de los derechos fundamentales ve alterada su posición. Su relación con la Constitución discurre por un proceso de *fundamentación* de la ley que cada vez es más de *aplicación* en sentido estricto de la Constitución. La ley que desarrolla tales derechos no debe limitarse a no contradecir la Constitución, sino que ha de propiciar la mayor efectividad de ésta y, por tanto, de sus normas iusfundamentales. Lo jurídicamente posible tiende a ser sustituido por lo constitucionalmente debido; cuando esto es así, a la ley se le demanda que sea la concreción política más adecuada y no sólo una de las posibles concreciones políticas del marco constitucional. El Tribunal Constitucional, en cuanto garante de aquel Estado de Derecho constitucionalmente establecido, puede caer fácilmente en la tentación de identificar el marco constitucional con el cuadro compuesto por su interpretación de lo que la Constitución debe ser; cuadro que aplicará como canon de enjuiciamiento de la ley. Si no hay una autocontención del Tribunal Constitucional, el resultado es que el Estado de Derecho se muta en un Estado judicial gobernado por un Tribunal Constitucional convertido en un *deus ex machina.*

En la resolución de los recursos de amparo el Tribunal Constitucional también concreta la Constitución al determinar mediante la interpretación de los enunciados iusfundamentales cuál es el ámbito y contenido de los derechos fundamentales, es decir, cuál es el parámetro de enjuiciamiento de las disposiciones y actos denunciados como vulneradores de tales derechos. Aquí no está en juicio directamente la ley, sino su aplicación a un caso específico, y la eficacia de su interpretación no es *erga omnes*, pero el problema básico sigue en pie. Cómo hacer una comprensión de la Constitución argumentada jurídicamente y de acuerdo con cánones interpretativos que den certeza y seguridad jurídicas sin que el Tribunal Constitucional haga un uso alternativo de la Constitución, suplantando al legislador o incluso al poder constituyente.

III. MÉTODOS DE INTERPRETACIÓN CONSTITUCIONAL

El TC se esmera en dejar claro que, pese a los cambios mencionados, el proceso de concreción constitucional por el legislador es distinto del que él debe realizar. Se vio antes, en la STC 11/1981, y ahora también en la STC 94/1998:

> El legislador es libre dentro de los límites que la Constitución establece para elegir la regulación de tal o cual derecho o institución jurídica que considere más adecuada a sus propias preferencias políticas. Quien no puede dejarse llevar a este terreno es el Tribunal Constitucional [...]. Las preferencias ideológicas y políticas son legítimas para el legislador y, en cuanto ciudadano, para el recurrente, pero no deben introducirse por ningún resquicio en nuestro razonamiento [FJ 2].

No obstante, diversas corrientes doctrinales consideran un espejismo la posibilidad de hallar un método propiamente jurídico capaz de realizar dicha concreción constitucional. El escepticismo se acrecienta, si cabe, en materia de derechos fundamentales. El *Critical Legal Studies Movement*, en parte continuador de otras tendencias como el Realismo jurídico, la Jurisprudencia de intereses, etc., entiende que no hay una diferencia sustancial entre decisiones políticas y decisiones jurídicas. Según este movimiento la operación de interpretar-concretar el derecho fundamental abstractamente formulado está tan teñida de subjetivismo moral, creencias políticas e influencias externas, que sólo una ilusión de los juristas puede presentar como racional y fundamentado en términos jurídicos lo que no es más que una opción personal del juez convenientemente revestida de motivación o justificación legal.

Ciertamente hay sentencias, y no pocas, que invitan a dar la razón a estos críticos, pero precisamente en lo que tienen de crítica, no en lo que tienen de tesis; es decir, siempre que se tome su análisis como corrosiva denuncia de las patologías de la justicia constitucional, y no como postulados científicos sobre la disolución de la teoría del derecho en la sociología política.

¿Cuáles son, pues, esos métodos jurídicos de interpretación que permiten esclarecer el sentido constitucional de las normas iusfundamentales?

Sería ingenuo y propio de la ilusión de los juristas afirmar que dicha tarea se desarrolla por métodos hermenéuticos incontrovertibles e ideológicamente neutros, pero la diferencia entre una decisión política y una decisión jurídica es que ésta busca fundamentarse en una argumentación construida con reglas y procedimientos jurídicos, comúnmente aceptados por los operadores jurídicos y, por tanto, previsibles y generadores de seguridad jurídica. La decisión política no tiene que estar motivada o argumentada jurídicamente, se presume que es constitucionalmente lícita y que su adopción obedece a criterios de oportunidad.

La gran preocupación procesal de la interpretación constitucional es resolver la incertidumbre de la abstracción constitucional y crear certeza, seguridad jurídica; sin embargo, ésta ya no se puede alcanzar al modo en que se conseguía con los instrumentos clásicos de interpretación; en realidad, la seguridad jurídica no derivaba del uso de tales instrumentos; éstos se limitaban a despejar el camino. Su verdadera causa hay que buscarla en la estructura condicional de las normas: *si es A, debe ser B*. La conducta debida o permitida estaba estructuralmente clara y cerrada; en cambio, con normas de principio, abiertas y de programación finalista, no. Con ellas ya no hay interpretaciones categóricas ni razón jurídica indubitada, sino razonamientos contrastados. Por eso la teoría de la interpretación se transforma en teoría de la argumentación; del intercambio de argumentaciones surge una decisión razonable y, por tanto, abierta en el tiempo a nuevos argumentos que desbanquen a los hasta ese momento definitivos. La decisión que se adopte ofrece certeza, pero no seguridad de que existe ya una interpretación final e inamovible. La seguridad procede en este caso de la solidez de los argumentos que fundamentan la decisión, del consenso que se genere en torno a ellos, pero también de la garantía de que el proceso de interpretación está abierto a nuevos argumentos de más peso y rigor que puedan conducir a una concreción distinta del texto constitucional. La cuestión está en dónde y en qué ha de centrarse el proceso argumentativo. ¿En el problema a resolver o en la norma constitucional a interpretar?

1. La hermenéutica clásica: la interpretación de la Constitución como si fuese una ley

Algunos autores (Forsthoff) consideran que la incertidumbre de las normas constitucionales no es cualitativamente distinta de la que se puede encontrar en las leyes. Admiten que hay diferencias entre ambas normas, pero de carácter específico, no de género. El presupuesto básico de este método es afirmar la identidad entre Constitución y ley. La consecuencia es la necesidad de someter la Constitución a los mismos cánones interpretativos de la ley acuñados por la hermenéutica clásica (interpretación literal o gramatical, histórica, lógico-sistemática, teleológica o finalista).

Sin embargo, tal equiparación no es posible, dada la estructura normativa de la Constitución, su carácter abierto y principial y de marco jurídico necesitado de desarrollo. Hoy nadie pone en duda que la apertura y abstracción del texto constitucional demandan una interpretación que concrete las decisiones que la norma deliberadamente no adopta. Con el método hermenéutico clásico no se puede abordar esta tarea, porque niega de raíz que la interpretación consista en eso. Parte de la base de que la interpretación es un acto de conocimiento de una decisión ya existente pero oculta en la norma; ésta, aunque sea la Constitución, encierra decisiones prefijadas y únicas. Por tanto, no se admite que la interpretación constitucional sea una actividad jurídica de concreción creadora.

Aunque insuficiente, es importante tener siempre presente el método de interpretación clásico, porque sujetar la interpretación de un precepto constitucional a sus cánones hermenéuticos es una garantía de que no se volatilice el texto constitucional. No se puede olvidar que en éste se encierran las normas constitucionales. Pero tampoco se puede olvidar que aferrarse sólo a estos instrumentos oculta el uso inevitable de otras vías necesarias para la concreción constitucional. En la medida que no se reconocen estas vías, su aplicación se camufla bajo el supuesto rigor de tales herramientas; al no ser objeto de control, su uso puede encubrir interpretaciones arbitrarias.

2. La tópica: el problema a resolver y no la norma constitucional como eje de la actividad interpretativa

Si el método clásico se centra exclusivamente en el análisis de la norma constitucional equiparada a la ley, el método «tópico-problemático» o método «tópico-orientado al problema» (Scheuner, Ehmke y gran parte de la doctrina norteamericana) arranca del presupuesto contrario: la diferencia estructural entre Constitución y ley, el carácter abierto, abstracto y fragmentario de la Constitución y la necesidad de dotarla de un determinado contenido. La esencia del método tópico es situar en el centro de la interpretación el problema planteado y no la norma constitucional aplicable al caso y necesitada de concreción. Los *topoi* o tópicos son esquemas argumentativos (jurídicos y no jurídicos, pero con relevancia en la interpretación) que se vierten en un proceso de discusión para seleccionar cuál es la solución más adecuada al problema jurídico planteado. Y esa solución es con la que se rellena o completa la norma constitucional abstractamente formulada.

Si el método clásico *desconstitucionaliza* la Constitución, rebajada al rango legal, el método tópico-problemático la *desnormativiza*; la norma constitucional queda reducida a un punto de vista interpretativo junto con otros, para atender a lo que se considera prioritario: el problema. La primacía de la norma sucumbe ante la necesidad de dar solución a éste. El resultado es un proceso de argumentación extraordinariamente abierto en el que el texto constitucional no opera necesariamente como límite o filtro. La consecuencia es un casuismo extremo, desvinculado de una teoría de la Constitución presupuesta en el texto de esta norma. Los llamados *casos difíciles* son los que más necesitan de una teoría de la Constitución presupuesta en el texto constitucional para que el proceso argumentativo no se convierta en un delta en el que cualquier intérprete haga discurrir con aparente coherencia jurídica su particular solución. Sin embargo, es en ellos donde se quiere hacer ver con mayor ahínco la conveniencia de una deliberación en la que quede postergado el texto constitucional, en cuanto entrañe una rémora para la adecuada solución del problema. Un buen ejemplo de ello es el asunto de la asistencia a clase de niñas musulmanas con el velo islámico o el de la presencia del crucifijo en las escuelas públicas o concertadas o el de la despenalización de determinados supuestos de aborto, y las diversas interpretaciones constitucionales vertidas al efecto.

Para que la tópica actúe como método de interpretación constitucional precisa que haya un consenso de la doctrina jurídica que atribuya a los argumentos triunfantes el sentido jurídico de *relleno* del contenido de las normas constitucionales *aplicadas*, es decir, de que sean tenidos como argumentos reconocibles en una teoría de la Constitución que se supone, por esa misma circunstancia, ligada al texto constitucional. Como se ve, el problema no se aborda desde la Constitución, sino que es el problema el que suministra las razones para articular una teoría de la Constitución. El proceso se invierte luego y, en apariencia, todo encaja; de esta teoría así construida se infiere una fundamentación coherente de la interpretación de la norma constitucional aplicada al caso. Pero justamente en los *casos difíciles* es donde menos consenso hay. Como apunta Böckenförde, en general la tópica no crea consenso, lo presupone.

Además, los tópicos o estándares argumentales creados se convierten en dogmas jurídicos conocidos y cultivados sólo por expertos. Si el contenido tan abierto de la Constitución lo deciden profesionales del derecho, el método tópico-problemático se reviste de tintes no democráticos. De ahí que la consecuencia lógica sea, en la línea propuesta por Häberle, la democratización del proceso de interpretación constitucional, abierto a todos. Pero, si se admite esto, la realidad no sólo va por delante del derecho, sino que lo deroga o, en su caso, le anticipa su vigencia con nuevo contenido en la medida en que sea una realidad comúnmente aceptada. Los jueces se limitarán a ser atentos observadores de esa realidad, que ya no habrá que calificarla como una interpretación social de la Constitución, sino lisa y llanamente como mutación o cambio constitucional. Pero, llegados a este punto, poco o nada queda del inicial proceso argumentativo, sustituido por un proceso público de deliberación política en el que participan los agentes políticos y sociales más significativos. En la medida en que no haya consenso social, ¿hacia qué parte de la realidad plural y fragmentada mirará el Tribunal Constitucional para ilustrarse?

3. El método científico-espiritual: la interpretación como descubrimiento del sentido y realidad de la Constitución

Este método, cuyo principal inspirador es Smend, considera que la interpretación constitucional ha de tener por objeto la búsqueda del sentido y de la realidad (espiritual) de la Constitución. Ésta se concibe como una norma que regula, orienta y controla el proceso de integración de la comunidad política, o sea del pueblo organizado políticamente en Estado. Los derechos fundamentales expresan dentro de la Constitución un «sistema cultural y de valores» que es pieza básica en dicho proceso.

Este método vacía a la Constitución de contenido normativo para rellenarla de valores, principios e ideas suprapositivos que fundamentan la existencia y pervivencia de la comunidad política. La Constitución se entiende al servicio del proceso de integración y la interpretación constitucional ha de tener como guía esos valores para que la Constitución satisfaga la función ordenadora del proceso de integración. La titularidad de los derechos fundamentales estará ligada a los sujetos que, cuando menos, no enturbien dicho proceso; el ámbito y contenido de los mismos quedarán supeditados a la previa comprensión que el intérprete haga tanto de los valores que impulsan la identidad de la comunidad como del espíritu colectivo que en cada momento histórico inspire el pálpito vital del pueblo.

4. La hermenéutica de concreción: la interpretación problemática desde la primacía del texto constitucional

Este método se caracteriza por afirmar que la interpretación constitucional es ante todo concreción (o concretización) de las decisiones que la Constitución ha dejado abiertas, ya que el texto constitucional no aporta por sí mismo la decisión anticipada. Cuando la Constitución no contiene un criterio inequívoco ello significa que «ni la Constitución ni el constituyente han tomado una decisión, habiéndose limitado a proporcionar una serie más o menos numerosa, pero incompleta, de puntos de apoyo de aquélla»; «allí donde no se ha querido nada de modo inequívoco, resulta imposible descubrir una voluntad auténtica, sino todo lo más una voluntad supuesta o ficticia» (Hesse). La concreción de la norma constitucional es así una labor creadora del intérprete, pero éste debe tener en el texto constitucional el punto de partida y el límite de su actuación.

Al igual que la tópica, este método consiste en un proceso argumentativo orientado al problema, pero, a diferencia de ella, reivindica el valor normativo de la Constitución, que ha de ser respetado en el proceso interpretativo. La consecuencia es la reducción de los efectos de la tópica. El casuismo y el subjetivismo argumental decrecen a través de principios de interpretación constitucional, de los que luego se hablará.

La concreción presupone la comprensión del contenido de la norma a concretar y tiene una doble vertiente. De un lado, la precomprensión o acercamiento al conocimiento de la norma a interpretar, que el intérprete lleva subjetivamente a cabo, y la paulatina depuración de los prejuicios personales que haya podido encontrar. De otro, la conexión de esta actividad con un problema concreto desde el que se suscita la necesidad de la interpretación constitucional. Para Hesse, «no existe interpretación constitucional desvinculada de los problemas concretos». En ambas facetas de la interpretación considera esencial una teoría de la Constitución, tanto para eliminar la arbitrariedad en aquella precomprensión normativa y prestar atención a «las cosas mismas», como para acercarse a la comprensión del problema. No obstante, el valor que le atribuye a dicha teoría es sólo el de un punto de vista en el despliegue de estas dos facetas y no como teoría de la Constitución vinculante, que cumpla la misión de ser guía normativa de la interpretación.

Este método hermenéutico de concreción fue precisado por F. Müller en varios aspectos esenciales dirigidos a potenciar la racionalidad de la interpretación y su vinculación a la normatividad constitucional. En síntesis, diferencia entre texto o enunciado normativo y norma o normas que subyacen en él; aquél es la punta del iceberg bajo el que estás existen *prima facie*. La norma está formada por el *programa normativo,* que aparece enunciado en el texto y cuya comprensión puede hacerse de ordinario con los métodos clásicos de interpretación, y por el *ámbito normativo* o sector de la realidad al que se refiere el programa normativo y en el que está circunscrito el problema afectado por la norma. Para la concreción del ámbito normativo es preciso acudir a principios de interpretación que sirvan de directrices en el proceso de argumentación destinado a ofrecer una solución al caso o problema. La interpretación es, pues, un proceso de doble concreción (del programa normativo y del ámbito normativo); su resultado es una norma constitucional que se aplica como una regla al caso en cuestión.

5. La interpretación teórico-sistemática: la fuerza vinculante de la teoría de la Constitución presupuesta en el programa normativo de la Constitución

Este método, al igual que los anteriores, parte de la constatación de que la Constitución tiene una estructura abierta, como norma-marco que precisa de una concreción que complete lo que deliberadamente deja sin decidir la Constitución en sus formulaciones abstractas. Su diferencia clave consiste en afirmar que la interpretación-concreción constitucional, para llegar a esas decisiones, debe estar orientada preceptivamente por una teoría de la Constitución «implícita o explícitamente contenida en la Constitución, que es extraíble del texto y de la génesis de la Constitución por medios racionales de conocimiento» (Böckenförde). Por tanto, cada Constitución tiene su propia teoría construible a partir de los principios, decisiones y estructuras fundamentales positivados en su texto. La teoría expresará el modo determinado en que la Constitución concibe las relaciones entre los poderes públicos, las de éstos con la sociedad y las que se desarrollan en el propio seno social. La teoría ha de tener fuerza vinculante, pues es la fuente argumental y el soporte para realizar una interpretación constitucionalmente adecuada y resolver así el problema planteado.

Como se ha visto, también la tópica y la hermenéutica de concreción se refieren a la importancia de contar con una teoría de la Constitución, pero en ellas esta teoría tiene contenido y cometidos distintos. Así, en cuanto al contenido, se trataría de teorías de la Constitución entendidas como precomprensiones constitucionales desligadas de la Constitución a interpretar, es decir, se conciben como modelos, estándares o paradigmas constitucionales creados histórica y doctrinalmente por el constitucionalismo (teoría liberal, social, democrática, etc.). En cuanto a su cometido o función estas teorías se aplican como tópicos, puntos de vista o esquemas de razonamiento dentro del proceso de argumentación o de concreción. En tal sentido, se usan como «paquetes de razonamientos» que el intérprete elige en función de cuál considera más idóneo para la resolución del problema. Por el contrario, para el método comentado la teoría de la Constitución ha de ser en exclusiva la «constitucionalmente adecuada» a la Constitución establecida; no cabe aplicar la teoría estándar que en cada caso se considere más adecuada. La «adecuada» sólo puede ser la que se infiere de los principios, derechos, estructuras y procedimientos contenidos en el programa normativo de la Constitución vigente, es decir, una teoría «orientada sistemáticamente por el carácter general, la finalidad normativa y la trascendencia material de la Constitución como tal y de sus partes» (Böckenförde). Además, para mantener la fuerza normativa de la Constitución, su vigencia en una realidad plural y problemática, el intérprete ha de estar vinculado en el proceso de concreción a esa teoría de la Constitución constitucionalmente adecuada. En consecuencia, el proceso argumentativo debe tener por objeto en primer lugar el esclarecimiento de qué teoría de la Constitución es la que se encierra en las decisiones fundamentales sobre lo público y lo privado inscritas en el texto constitucional.

IV. LOS PRINCIPIOS DE INTERPRETACIÓN CONSTITUCIONAL

La complejidad de la interpretación constitucional es reflejo de la complejidad que ha ido adquiriendo con el paso del tiempo el sistema constitucional y algunas de cuyas manifestaciones quedan desgranadas en las páginas precedentes. En los derechos fundamentales (y en la organización territorial del Estado, *ad intra* y *ad extra*) es donde más se percibe esa complejidad, que afecta a su concepto, estructura, contenido, eficacia, etc. La cuestión más importante del sistema jurídico, y de cualquier sistema, es su efectividad; en ello le va su existencia. Para ser efectivo y adaptarse a las necesidades de un medio social cada vez más plural y dinámico, el sistema se hace más complejo; pero, al mismo tiempo, su complejidad le reporta un funcionamiento más problemático. Surge así una doble dificultad. Primera, cómo conseguir que el sistema sea transitivo y conecte y dé sentido a la abstracción de la Constitución y, sobre todo, de sus normas iusfundamentales, en relación con la diversidad y multiplicidad de casos que se le presentan. Y, segunda, cómo lograr que las numerosas reglas jurídicas creadas tanto por el legislador como por los jueces para alcanzar aquel carácter transitivo de lo abstracto a lo concreto tengan coherencia entre sí y con la unidad del sistema. Para afrontar la primera dificultad está la producción legislativa y reglamentaria, las decisiones judiciales, así como los métodos de interpretación acabados de examinar. Para afrontar la segunda, están también los métodos hermenéuticos que, como el teórico-sistemático, crean una teoría de la Constitución vinculante para el intérprete; pero, además, adquieren especial utilidad los principios de interpretación constitucional destilados en la aplicación judicial de los métodos hermenéuticos que, en sentido amplio, son calificables como de «interpretación-concreción». Estos principios operan como lo que Denninger llama «conceptos clave del derecho constitucional» y que para Habermas están emparentados con lo que Sunstein denomina «normas de fondo». Tienen un alto contenido procedimental y son, o pretender ser, fuente de racionalidad y seguridad jurídicas.

Los principios de interpretación constitucional más significativos son los siguientes:

— *Principio de unidad de la Constitución*: las normas constitucionales deben ser interpretadas en relación con el conjunto de la Constitución como un todo coherente, en el que no puede haber contradicciones entre sus partes (de ahí la importancia de extraer de la propia Constitución una teoría sobre sí misma que sea guía vinculante para el intérprete) (STC 16/2003, FJ 5.º).

— *Principio de concordancia práctica*: los bienes e intereses protegidos por la Constitución han de ser armonizados en la decisión del caso práctico, sin que la protección de unos entrañe el desconocimiento o sacrificio de otros (STC 154/2002, FJ 12). La concordancia ha de hacerse entre bienes amparados por la Constitución, no con bienes calificados como «superiores» o «básicos» sin aval constitucional (STC 215/1994, FJ 2.º). Esto tiene particular relevancia en el caso de una jurisprudencia de valores, porque existe el peligro de que se instale una racionalidad moral o política sustitutiva de la jurídico-constitucional. Tal sucede con la llamada «cláusula de comunidad», que pone en relación con un derecho fundamental un supuesto e indeterminado interés colectivo no expresamente previsto, al objeto de justificar una limitación de aquél constitucionalmente no establecida (STC 37/1989, FJ 7.º).

— *Principio de proporcionalidad*: ningún derecho es ilimitado, pero sus límites han de estar sometidos a un control de proporcionalidad, que consta de un triple juicio sobre la legitimidad del fin perseguido, la necesidad de la medida limitativa y la proporcionalidad en sentido estricto de la misma (STC 70/2002, FJ 3.º). Pese a las apariencias, no cabe incluir bajo este principio la llamada «ponderación de bienes». Esta operación no tiene por objeto atribuir un significado jurídico a una norma para que, fundada en ella, se dicte sentencia. Tan sólo busca sopesar cuáles son los bienes en juego en un determinado caso, para determinar luego si el supuesto concreto examinado entra o no dentro del ámbito normativo de la norma a aplicar. En la medida en que a la ponderación de bienes se le atribuya una función de directriz normativa, la normatividad y unidad de la Constitución se relativizan, pues dependen en cada caso del resultado de la ponderación.

— *Principio de efectividad de los derechos*: obligación de los poderes públicos de interpretar la normativa aplicable en el sentido más favorable para la efectividad de los derechos fundamentales (STC 17/1985, FJ 4.º).

— *Principio de interpretación conforme con la Constitución*: obligación de interpretar todo el ordenamiento jurídico conforme a la Constitución, lo cual entraña dar la máxima efectividad a la pretensión de vigencia de la norma constitucional. De ello se deriva que, de entre las distintas interpretaciones posibles de las normas cuestionadas, ha de prevalecer la que permita en más alto grado aquella efectividad, sobre todo cuando se trata de derechos fundamentales (STC 77/1985, FJ 4.º).

— *Principio de interpretación de los derechos fundamentales de conformidad con los Tratados internacionales ratificados por España*: este principio lo impone la propia CE en su artículo 10.2 (más adelante se hablará sobre ello). Dentro de él habría que incluir el *principio de interpretación del derecho interno de conformidad con el derecho comunitario* en la medida en que éste afecte a tales derechos; un principio reforzado por el efecto de primacía que los Tratados constitutivos de la Unión Europea dan al derecho comunitario y en cuya aplicación el juez español actúa como juez comunitario (STC 130/1995, FJ 4.º).

V. INTERPRETACIÓN Y TEORÍAS DE LOS DERECHOS FUNDAMENTALES. LOS PARADIGMAS DEL ESTADO DE DERECHO

En el campo de los derechos fundamentales es donde se muestra más necesaria la interpretación constitucional por la comentada estructura abierta de las normas iusfundamentales y el carácter lapidario y abstracto de sus enunciados. «Se garantiza la libertad religiosa» (art. 16 CE) puede entenderse como un *derecho subjetivo* a profesar cualquier religión, como una *garantía institucional* de un pluralismo religioso, como un *derecho a una prestación estatal* que obliga al Estado a sostener económicamente a las confesiones religiosas, como un *valor constitucional* que contribuye a la integración de la comunidad, etc.

El enunciado normativo en el que se reconoce tal libertad no informa acerca de cuál es la interpretación-concreción constitucionalmente adecuada y ya se ha visto que los métodos hermenéuticos incluyen entre su instrumental teorías de la Constitución que contienen, como una de sus partes, las respectivas teorías de los derechos fundamentales. Así, una teoría liberal de la Constitución expresa una determinada concepción de la libertad y de las libertades, de la posición de su titular respecto de los demás individuos y respecto del Estado, del papel del Estado en la configuración y limitación de los derechos, etc.; concepción que será diferente desde la perspectiva de una teoría social o desde una democrática. Las teorías de los derechos fundamentales son, pues, paradigmas o simulaciones jurídicas extraídas de la experiencia histórica y doctrinal del constitucionalismo que suministran, desde la unidad de su entramado teórico general, argumentos coherentes para concretar la norma constitucional aplicable.

Las teorías de la Constitución y de los derechos fundamentales cumplen una importante función porque, como queda dicho, reducen la complejidad del proceso argumental y crean seguridad jurídica. Al referir un derecho fundamental a una determinada teoría o paradigma, se puede saber con anticipación el espacio en el que se circunscribe el ámbito y contenido de ese derecho y también, al descartarse la aplicación de otras teorías, el espacio en el que no queda circunscrito. La doctrina legal y jurisprudencial ha ido depurando estas teorías, creando estándares sobre el contenido de los derechos fundamentales y elaborando específicos principios de interpretación. Sin embargo, no todo es beneficioso. Con la depuración, las teorías se cierran sobre sí mismas, se retroalimentan con las aportaciones de los profesionales del derecho y se crea un derecho de expertos. Las teorías se transforman en estereotipos hermenéuticos, paquetes cerrados de razonamientos, con lo que ello tiene de negativo: imposibilidad o dificultad para comunicarse con otras teorías iusfundamentales y conversión de las teorías en medios para introducir ideología en las decisiones. Se llega de este modo a la paradoja de que las teorías de los derechos fundamentales, que nacen para dar coherencia y racionalidad a la interpretación constitucional y seguridad jurídica en la resolución de los problemas, pueden acabar siendo una herramienta de distorsión de la actividad interpretativa, utilizadas como puntos de vista tópicos orientados al problema y desligados de la normatividad constitucional.

Böckenförde ha examinado con detalle estas teorías en un estudio recomendado en la bibliografía, al final de este capítulo. Aquí únicamente se va a dejar constancia de las más importantes y de sus características.

1. Teoría liberal

La teoría liberal concibe los derechos fundamentales como derechos de libertad del individuo frente al Estado. El punto de partida es que los derechos son anteriores al Estado y éste se limita a reconocerlos. Los poderes públicos sólo los pueden limitar cuando estén habilitados para ello. El papel del Estado es abstencionista, de no injerencia, pero debe crear los procedimientos e instituciones necesarios para su garantía jurídica y debe concretar los derechos de manera que su ejercicio por uno sea compatible con el de los demás. Los derechos fundamentales actúan, por tanto como normas de distribución de competencias entre los individuos (principio de libertad) y el Estado (principio de habilitación o competencia) (STC 77/1982, FJ 1.º).

De este planteamiento liberal se desprende el principio de proporcionalidad formulado en su día por C. Schmitt y que la jurisprudencia articuló en las reglas de proporcionalidad comentadas en el apartado anterior (la intervención de los poderes públicos en la esfera de libertad debe responder a un fin constitucinalmente lícito y debe ser necesaria y proporcionada).

Las consecuencias más relevantes de esta teoría son las siguientes: garantiza la libertad individual en sí misma y para disfrute del individuo, al que se le presupone igual libertad que la de los demás. Los derechos se garantizan como espacios de libertad sin más, no se le exige a su titular que los ejerza para el cumplimiento de determinados fines o para que haga efectivos determinados valores. Como al Estado le es indiferente el uso que el individuo haga de su libertad, tampoco recompensa o privilegia a aquel que la ejerce con unos resultados que objetivamente sean beneficiosos para el Estado o la sociedad. Por ejemplo, desde esta perspectiva es irrelevante que un medio de comunicación realice información política o pertenezca a la llamada «prensa rosa».

Para la teoría liberal el reconocimiento de los derechos fundamentales implica la garantía de una sociedad organizada a partir de la autonomía de la voluntad de sus individuos y es función del Estado asegurar que esa posibilidad de autodeterminación esté jurídicamente disponible. Pero *jurídicamente* disponible no significa *realmente* ejercible. Los poderes públicos no tienen la obligación de asegurar las condiciones sociales o económicas que permitan a cada individuo ejercer sus derechos (principios de igualdad formal y de neutralidad del Estado).

Esta teoría es la propia de las Constituciones liberales correspondientes al Estado liberal de Derecho. Su eficacia como instrumento de preservación de la libertad frente a injerencias estatales se transforma en seria dificultad cuando la realidad no se corresponde con el presupuesto liberal. La igualdad sólo es formal, pero no real. La posición de neutralidad en que se sitúa al Estado propicia el que la desigualdad crezca descontrolada y que no haya garantía de que todos puedan ejercer sus derechos. Además, fruto del desequilibrio social y de aquella pasividad estatal, la amenaza a los derechos no sólo procede del Estado, sino que surge también desde el seno de la propia sociedad.

2. Teoría institucionalista

El tránsito del Estado liberal al Estado social para dar respuesta a los nuevos retos de la sociedad engendra diversas teorías de la Constitución y, por tanto, también de los derechos fundamentales. La separación entre Estado y sociedad no es tan radical y el planteamiento de una relación defensiva da paso a una relación de cooperación. Del abstencionismo estatal se transita hacia un Estado interventor. La Constitución ya no se concibe como límite sino como norma configuradora de las relaciones sociales; actúa como norma objetiva de principio que regula diversas libertades, que ya no son entendidas al modo liberal como pre-estatales y ajurídicas. La libertad sólo es posible *en* el Estado y a partir del ordenamiento jurídico. Los derechos fundamentales son, pues, principios objetivos que ordenan jurídicamente ámbitos de la realidad. La libertad es ahora un concepto jurídico, una institución jurídica ordenada y prefigurada en un derecho fundamental.

La jurisprudencia de nuestro TC ofrece numerosos ejemplos de esta concepción institucional y de sus consecuencias, especialmente en el campo de la libertad de información. Por ejemplo, la opinión pública libre ha sido elevada a institución nuclear del artículo 20 CE. La libertad de información es la encargada de su producción y en tal tarea recibe una especial garantía frente a otros bienes o derechos (STC 219/1992, FJ 2.º).

La consecuencia de esta teoría es que los derechos nacen de la previa regulación de su ámbito por el Estado. La intervención del legislador no es una injerencia en los derechos, sino la garantía de su existencia. La libertad ya no es la posibilidad jurídica de conductas alternativas, como sostiene la dogmática liberal, sino cualquier alternativa que cumpla con el fin o interés para el que se protege esa libertad. La conducta alejada de ese fin puede llegar a ser considerada una infracción del ordenamiento jurídico sancionable o, al menos, una conducta desviada que merece una menor protección. La libertad se puede convertir en una obligación, pero a cambio también en un privilegio. Por ejemplo, en relación con el derecho a la creación de centros docentes, se financiará a los centros docentes privados que se concierten con los objetivos de enseñanza del Estado, pero siempre que cumplan las obligaciones y fines que éste le impone.

3. Teoría axiológica

Está íntimamente ligada a la teoría integracionista de la Constitución y al método hermenéutico científico-espiritual antes descrito. Se basa en la concepción del Estado como una comunidad política en permanente proceso de integración en torno a unos valores, creencias y cultura. Los derechos y libertades se reconocen como instrumentos a través de cuyo ejercicio se propicia y fomenta ese proceso de integración. El ámbito y contenido de los derechos se definen con arreglo a esa función de preservación y fomento de tales valores. Por tanto, los derechos, al igual que en la teoría institucional, son ante todo normas objetivas. Garantizan expectativas subjetivas en la medida en que coincidan con la función objetiva para cuya satisfacción se establecen.

Las consecuencias de esta concepción es una relativización de los derechos fundamentales, pues su contenido depende de la interpretación que se haga de los valores a los que ha de estar encaminado su ejercicio y, a su vez, la rectitud de éste depende del juicio que merezca su grado de cumplimiento o adecuación a tales valores. No se garantiza la libertad, sino la «libertad valiosa», y compete al Estado declarar qué es lo valioso. En el mejor de los casos, en la medida en que los valores de referencia sean los de la mayoría de la comunidad, se priva o se restringe el ejercicio del derecho a las minorías culturales, convertidas por esta razón en contraculturales.

Como los valores tienen un sentido teleológico y tienden a su optimización, el conflicto entre valores se salda con una decisión que los pondera y jerarquiza en cada caso. Dado que no hay criterios lógicos o racionales para decidir esa jerarquía o preferencia, la decisión judicial que la establece se tiñe de subjetivismo y arbitrariedad. La STC 53/1985 es un buen ejemplo. ¿Por qué va a ser más importante la libertad que la igualdad, la justicia que la seguridad, la salud que la libertad?

4. Teoría democrático-funcional

Esta teoría concibe los derechos fundamentales desde su función pública y política. Por tanto, se privilegia a los derechos más directamente ligados al funcionamiento de la vida democrática, las llamadas libertades públicas (de expresión, información, manifestación, etc.). Pero también se reinterpretan los demás derechos fundamentales a partir de esta función de promoción y participación en el proceso democrático. Los derechos no se establecen para un ejercicio de autodeterminación individual de su titular, como en el caso de la teoría liberal, sino en cuanto medios de participación en un ejercicio colectivo de autodeterminación, o sea, en cuanto medios para garantizar el susodicho proceso político democrático. Como sucedía en las teorías institucional y axiológica, los derechos se funcionalizan. Se promociona la dimensión pública o política de su ejercicio y se debilita la protección de su dimensión privada. Dependerá, pues, de qué se entienda por «dimensión política», el ámbito de los derechos crecerá o menguará, con lo cual, de nuevo, quedará expedito el camino hacia la relativización de los derechos y hacia la arbitrariedad. Y todo ello sin entrar en qué concepto de democracia se aplica para interpretar qué se entiende por «proceso democrático». Véase al respecto el artículo 2.4 de la Ley Orgánica 1/2002, de Asociaciones, o el artículo 9 de la Ley Orgánica 6/ 2002, de Partidos Políticos. En cuanto a la jurisprudencia, se encuentran abundantes ejemplos de esta teoría en las sentencias que privilegian la libertad de información en cuanto favorece la formación de una opinión pública libre (STC 249/1992, FJ 3.º).

5. Teoría social

La teoría del Estado social y democrático de Derecho (paradigma del Estado social) es una reacción global frente la teoría del Estado liberal (paradigma del Estado liberal) y se manifiesta con sus diversas matizaciones en las teorías acabadas de reseñar (institucional, axiológica y democrático-funcional). Si ahora se habla específicamente de esta teoría social es para subrayar un aspecto clave del paradigma del Estado social: el intento de superar la diferencia entre libertad formal y libertad real, entre libertad individual y libertad social, en suma, entre libertad e igualdad. El cambio es radical en la teoría de la Constitución y del

Estado y, en consecuencia, altera profundamente las relaciones Estado-sociedad, así como la concepción y eficacia de los derechos. El artículo 9.2 CE responde a esta nueva perspectiva del papel de los poderes públicos en relación con la libertad de los individuos y de los grupos en los que se integran.

En relación con los derechos la teoría social tiene una doble vertiente. De un lado, surgen nuevos derechos, derechos sociales, de contenido prestacional que comprometen la acción del Estado para su garantía. En este terreno el Estado deja de ser un mal necesario y un poder al que haya que limitar para transformarse en un Estado benefactor y procurador de bienes y servicios a la sociedad; los derechos sociales se articulan con una estructura programática y finalista. De otro, se reinterpretan todos los demás derechos desde esta dimensión social y prestacional. La efectividad de los derechos puede depender del reconocimiento de un apoyo económico para su realización y, en tal sentido, cabría interpretar que, al menos en parte, tienen un contenido prestacional. Por ejemplo, el referido a un mínimo que se considere indispensable para la subsistencia de los partidos, las confesiones religiosas, los centros educativos, etc.

Además, la dimensión social de los derechos, unida al principio democrático, da una nueva perspectiva a la eficacia de éstos, que no sólo ha de ser vertical (del Estado respecto de los individuos y de la sociedad), sino también horizontal (entre individuos, dentro de la sociedad).

Las consecuencias de esta teoría son múltiples, pero merece subrayar que la Constitución se transforma en un programa vinculante (art. 53.3 CE) para los poderes públicos. El legislador aparece como ejecutor de la Constitución y no como poder político al que la Constitución simplemente limita. En la medida en que se reconozca un contenido prestacional a los derechos, la disposición y distribución de los recursos financieros no queda a la libre elección del legislador y del Gobierno. La garantía judicial de los derechos puede desembocar en un control político al Gobierno si se estima que éste vulnera determinados derechos por no destinar suficientes recursos para hacer practicable su ejercicio. Dado que los recursos son escasos y que los derechos sociales programan fines, pero no los medios para alcanzar esos fines, el problema de interpretación se hace insoluble y un activismo judicial puede trastocar el Estado de Derecho, mutándolo en un Estado judicial. El criterio de los tribunales se sobrepondría al del legislador y el Gobierno, pues serían aquellos los que acabarían por seleccionar las prioridades. De ahí que la propia Constitución aminore la eficacia de los derechos sociales como tales derechos subjetivos y reconduzca su alegación por los ciudadanos a lo que previamente establezca el legislador (art. 53.3 CE). No obstante, sigue en pie el problema de su control como principios rectores de la política social y económica en un hipotético control de constitucionalidad de las leyes y el problema del contenido social de los clásicos derechos. Por ejemplo, ¿podría declararse nula una disposición legislativa que negase subvención a la prensa si estimase el TC que una mínima (¿cuánta?) subvención es necesaria para que no haya un monopolio informativo, lesivo del derecho de los ciudadanos a recibir una información plural y contrastada? ¿Puede ser inconstitucional una ley de partidos que niegue la posibilidad de financiación pública de éstos?

VI. LA TEORÍA DE LOS DERECHOS FUNDAMENTALES CONSTITUCIONALMENTE ADECUADA A LA CONSTITUCIÓN ESPAÑOLA

Con frecuencia los Tribunales Constitucionales aplican las teorías de los derechos fundamentales como puntos de vista jurídicos para ilustrar con cuál de ellas se resolvería mejor el problema de interpretación planteado. Pero ya se ha visto que esto tiene tres efectos nocivos: centra la cuestión interpretativa en el caso a resolver y no en la norma iusfundamental, crea inseguridad jurídica, pues en otro caso distinto con unos mismos derechos en juego puede que se aplique una dogmática diferente, y, en la medida en que esto suceda, se introduce subjetivismo e ideología en la decisión.

Si se desea preservar la fuerza normativa de la Constitución y, por tanto, la de sus decisiones fundamentales plasmadas en su texto, la interpretación de la Constitución no puede hacerse desde paradigmas cerrados, elaborados por la doctrina a la luz de la experiencia histórica. En tal caso se le está dando a éstos la fuerza normativa que corresponde a la Constitución. De ahí la necesidad de que, desde la Constitución a interpretar, se extraiga una teoría que ilustre cómo ha de concretarse el marco en el que adoptar las decisiones dejadas abiertas por el constituyente al establecer las normas iusfundamentales. Se trata, pues, de hallar una teoría de los derechos fundamentales constitucionalmente adecuada a la CE, que exprese el modo en que ésta concibe las relaciones entre los poderes públicos, las de éstos con la sociedad y la de los miembros de la sociedad con respecto al Estado y a los demás individuos y grupos sociales.

La CE contiene suficiente sustancia material en la regulación de sus principios estructurales y en su Título I como para por medios racionales de conocimiento extraer dicha teoría que necesariamente ha de tener un valor vinculante para el intérprete. Naturalmente la CE es hija de su tiempo y en su redacción han influido otras Constituciones y los paradigmas y teorías de la Constitución y de los derechos fundamentales que en mayor o menor medida están presentes en esas Constituciones. Pero si no se quiere desvirtuar la normatividad de la CE, ha de hallarse una teoría propia de la CE, que pueda operar como paradigma específico del intérprete de nuestra Constitución, como un simulador jurídico que, formado por la particular mixtura de paradigmas que se da en la CE, sea capaz de suministrar los principios y reglas necesarios para una interpretación constitucionalmente adecuada. Una teoría que ha de ser de obligada observancia y no simples puntos de vista sacados de paradigmas externos y aplicados unas veces sí y otras no en función del problema concreto a resolver.

Los principales rasgos de la teoría de los derechos fundamentales presente en la CE son los siguientes:

1. La participación de los derechos fundamentales de la fuerza normativa de la CE y sus consecuencias

Los derechos propiamente *fundamentales* son los del Capítulo I y II del Título I de la CE, en el sentido ya analizado en el primer capítulo de este libro. Los derechos sociales del Capítulo III sólo son fundamentales (constitucionales) en cuanto *principios rectores de la política social y económica.*

Los derechos fundamentales no tienen un carácter pre-estatal a pesar de que el artículo 10.1 CE disponga que «La dignidad de la persona, los derechos inviolables que le son inherentes, el libre desarrollo de la personalidad, el respeto a la ley y a los derechos de los demás son fundamento del orden político y de la paz social». Tales derechos son fundamento del orden político establecido, pero éste puede cambiar de fundamento. La CE no petrifica el orden político; tan sólo lo enmarca. Y, en su Título X, la CE prevé la posibilidad de su cambio radical (reforma total de la Constitución). Los derechos fundamentales no son una cláusula de intangibilidad ni explícita ni implícitamente; sólo un freno procesal (procedimiento agravado del art. 168 CE) a la reforma de la Constitución.

Los derechos fundamentales participan de la fuerza normativa de la Constitución (art. 9.1 CE) y tienen una eficacia directa, vinculan a todos los poderes públicos, incluido el legislador (STC 80/1982, FJ 1.º), que en caso de poder limitarlos deberá respetar su contenido esencial (art. 53.1 CE) (STC 11/1981, FJ 11). El legislador está facultado para desarrollar los derechos, pero condicionado por dicha fuerza normativa, de manera que por principio no es necesario que haya una previa interposición del legislador para que el derecho sea ejercible (STC 80/1982, FJ 1.º) y, cuando esté justificada esa previa *interpositio legisladoris*, su intervención es obligada (STC 254/1993, FJ 6.º). Dado que la Constitución vincula a todos, poderes públicos y ciudadanos (art. 9.1 CE) la eficacia de los derechos es no sólo vertical, sino también horizontal, entre particulares (STC 18/1984, FJ 6.º).

La proclamación del Estado de Derecho (art. 1.1 CE) irradia esta eficacia de los derechos: los ciudadanos podrán recabar su tutela ante los tribunales (arts. 24 y 53.2 CE) (STC 56/1982, FJ 2.º), impone la motivación de las sentencias (art. 120.3 CE) (STC 67/1984, FJ 2.º y su ejecución (art. 117.3 CE) (STC 55/1987, FJ 1.º).

2. El Estado social y democrático de Derecho. La mixtura de los paradigmas liberal y social y su concreción iusfundamental

Del Título Preliminar de la CE se deduce una teoría de los derechos fundamentales producto de un mestizaje de los dos paradigmas liberal y social que da entrada en mayor o menor medida a la mayoría de las teorías antes analizadas. El artículo 1.1 CE afirma que «España se constituye en un Estado social y democrático de Derecho, que propugna como valores superiores de su ordenamiento jurídico, la libertad, la justicia, la igualdad y el pluralismo político». En ese mosaico dogmático prevalece, aunque matizada, una concepción liberal de los derechos en el sentido de que, ante todo, son «derechos de libertad» (STC 77/1982, FJ 1.º). Pese a que no se menciona al Estado liberal, hay que entenderlo subsumido en la referencia al Estado democrático, y no es casualidad que el primer «valor» proclamado (habría que decir, mejor, «principio») sea el de «libertad» (todo lo que no está prohibido está permitido: STC 83/1984, FJ 3.º). Por ello los derechos fundamentales tienen una fuerza expansiva que restringe el alcance de las normas limitadoras (STC 254/1988, FJ 8.º) y los límites deben someterse al juicio de proporcionalidad (STC 178/1985, FJ 3.º).

El Estado social y democrático de Derecho completa la teoría abriendo la posibilidad de que los derechos fundamentales puedan ser considerados en una dimensión no sólo subjetiva, sino también objetiva, como elementos esenciales de un ordenamiento objetivo de la comunidad nacional, perspectiva que se corrobora en lo dispuesto en el artículo 10.1 CE ya citado (STC 25/1981, FJ 5.º). Esto tiene como consecuencia que la sujeción de los poderes públicos a la Constitución es doble: de un lado, existe la obligación negativa de no lesionar la esfera individual o institucional protegida por los derechos fundamentales; de otro, una obligación positiva, prevista en el artículo 9.2 CE, de dar efectividad a tales derechos removiendo los obstáculos que impidan su ejercicio (STC 18/1984, FJ 6.º).

El principio de igualdad (art. 1.1 CE), establecido como derecho en el artículo 14 CE, ha de concretarse en el sentido que le imprime el Estado social y democrático de Derecho (art. 1.1 CE), es decir, igualdad ante la ley (aplicación de la ley a todos por igual) e igualdad en la ley (ley en sí misma no discriminatoria) (STC 49/1982, FJ 2.º). Ello no entraña una tratamiento uniforme en todo el territorio nacional, pues la diversidad está garantizada en la medida en que se ejerza constitucionalmente la autonomía territorial, autonómica o local (STC 8/1986, FJ 7.º).

El Estado social y democrático implica también, desde el punto de vista de la estructura de los derechos, que éstos no sólo son derechos subjetivos, sino que en su dimensión objetiva pueden ser protegidos también como garantías institucionales, pero ello en la medida en que sirva para dar mayor efectividad al ejercicio de los derechos por todos y no sólo por unos pocos o como medio para garantizar ámbitos constitucionalmente relevantes que de otro modo quedarían desprotegidos (STC 121/1989, FJ 2.º). Nada hay en la CE que apunte a una prevalencia de la dimensión institucional sobre la dimensión subjetiva del derecho y menos aún al sacrificio de ésta, ni siquiera allí donde la estructura institucional puede tener mayor presencia, como en el caso del derecho de propiedad (art. 33 CE) (STC 37/1987, FJ 2.º). Los derechos fundamentales no están funcionalizados y no están regulados para que su ejercicio sirva a determinados fines o valores, salvo el derecho a la educación (art. 27.2 CE). Las instituciones derivadas de la dimensión objetiva de los derechos pueden ser fuente de delimitación del contenido subjetivo, pero ni del principio democrático ni del principio social del artículo 1.1 ni de las regulaciones concretas de los derechos cabe deducir servidumbres al ejercicio de los derechos, ni una jerarquización o preferencia de unos sobre otros.

Desde el punto de vista de la eficacia de los derechos, el Estado social concreta el valor normativo de la Constitución y, como se dijo antes, su eficacia no sólo es vertical (frente al Estado), sino también horizontal, entre particulares (STC 12/1981, FJ 6.º).

Los derechos fundamentales no tienen un contenido económico y prestacional, salvo que la CE expresamente lo prevea —por ejemplo, art. 27.4 CE (enseñanza gratuita), y art. 119 en relación con el art. 24 CE (justicia gratuita)— y del principio del Estado social y democrático de Derecho podría desprenderse tal contenido, en su mínimo indispensable, sólo cuando se entendiese que la institución protegida por el derecho corriese grave peligro (por ejemplo, subvención pública a los partidos en relación con la institución representativa, o subvención a medios de comunicación cuando peligrase el pluralismo informativo).

3. Concepción procedimental de la democracia y ampliación de la titularidad de los derechos fundamentales

El principio democrático (art. 1.1 CE) se entronca también con el reconocimiento de la dignidad humana (art. 10 CE) y con el principio de igualdad (art. 14 CE), lo cual implica que la titularidad de los derechos, salvo que expresamente esté reservada a los españoles (art. 23 CE) ha de atribuirse a todos (españoles y extranjeros) (STC 107/1984, FJ 4.º). Además y en conexión con el principio de Estado social y democrático de Derecho, la expansividad de los derechos fundamentales comporta también que no se niegue la titularidad de los derechos a las personas jurídicas, en cuanto partícipes en las relaciones sociales y en el proceso político (STC23/1989, FFJJ 2.º y 3.º).

El principio democrático y el pluralismo político como «valor» superior del ordenamiento jurídico (art. 1.1 CE) y su concreción en las normas iusfundamentales apuntan hacia una concepción procedimental de la democracia y no hacia una visión democrático-funcional o democrático-valorativa, tipo democracia militante (STC 48/2003, FJ 7.º). No hay en el texto constitucional ningún precepto que haga pensar en la subordinación del ejercicio particular de los derechos al cumplimiento de una función pública de fortalecimiento del proceso democrático. Cosa distinta es que la garantía del pluralismo propicie el que se fomenten los efectos favorables a ese proceso democrático, pero no que esos efectos puedan ser tomados como punto de partida para privilegiar unos derechos en detrimento de otros, imponiéndoles a cambio el cumplimiento de dichos fines (en contra, STC159/1986, FJ 6.º).

Ha de descartarse que la teoría de los derechos fundamentes presente en la CE responda a una concepción axiológica, pese a lo que se mantiene en la STC 53/1985. Ni los «valores» proclamados en el artículo 1.1 CE se despliegan a lo largo del texto constitucional como valores externos a la Constitución, ni tampoco ha de atribuirse a la proclamación de la dignidad humana como fundamento del orden político y de la paz social (art. 10.1 CE) esa dimensión metapositiva desligada de lo que es su concreción constitucional en los numerosos derechos de la persona reconocidos en la CE.

Merece subrayarse, aunque sea de pasada, que no cabe confundir los valores con los principios. Los valores son de orden teleológico; en cambio, como ya se dijo en el capítulo segundo, los principios —al igual que las reglas— son de orden deontológico. La dignidad humana es un valor pero, al ser un *valor* universal, tiene una formulación tan abstracta y general que adquiere de por sí un sentido deontológico, o sea, de *principio*, y con tal carácter de principio figura en el artículo 10.1 CE. De ahí su inviolabilidad y la obligación de no desconocerla; de ahí también que, como principio, la dignidad humana se irradie al contenido de las normas iusfundamentales.

4. El artículo 10.2 CE y la problemática apertura hacia una teoría jurídica internacional de los derechos fundamentales

La teoría de los derechos fundamentales de la Constitución encuentra en el artículo 10.2 CE un elemento importante que sirve de guía a la interpretación de los derechos fundamentales. «Las normas relativas a los derechos fundamentales y a las libertades que la Constitución reconoce, se interpretarán de conformidad con la Declaración Universal de Derechos Humanos y los tratados y acuerdos internacionales sobre la materia ratificados por España.» Esta remisión a los citados tratados no da rango constitucional a los derechos en ellos reconocidos en cuanto no estén también consagrados por la CE (STC38/1985, FJ 5.º), ni tales tratados pueden ser considerados fuente adicional de límites junto a los que ponga el legislador orgánico cuando esté autorizado para ello (aunque la STC 62/1982, FJ 3.º, parece apuntar lo contrario al entender que la moral puede ser un límite —no previsto en el art. 20 CE— a las libertades de expresión e información, en virtud del principio de interpretación contemplado en el art. 10.2 CE). Sin embargo, está claro que este precepto obliga a los poderes públicos a interpretar los derechos fundamentales de la CE de conformidad con esos tratados, lo cual tiene una extraordinaria importancia, sobre todo para el legislador.

No es lo mismo *desarrollar* un derecho por el legislador orgánico, que comporta una delimitación y un establecimiento *ex novo* de límites (cuando esté habilitado para ello), que *interpretar* un derecho, labor que se circunscribe al primer aspecto (delimitación). Sin embargo, el que el legislador tenga que delimitar o comprender jurídicamente el derecho fundamental a la luz de lo que establezcan aquellos convenios (y los tribunales que los interpreten), sitúa a los tratados, a estos efectos, en el mismo plano que la Constitución, es decir, el artículo 10.2 CE atribuye a dichos tratados una posición superior y muy diferente de la que se desprende de la fuerza pasiva que posee cualquier tratado internacional en virtud del artículo 96 CE. Si interpretar es *concretar*, no cabe duda de que el legislador nacional no sólo ha de guiarse en tal cometido por la comprensión que él haga del texto constitucional, sino del texto constitucional *tal cual queda concretado por el legislador internacional* (en el tratado firmado por España) que, de este modo, *rellena* sin saberlo los enunciados iusfundamentales de la CE y se antepone al legislador español. Así lo reconoce el TC al afirmar que «en la práctica este contenido [de los tratados o convenios internacionales] *se convierte en cierto modo en el contenido constitucionalmente declarado* de los derechos y libertades que enuncia el capítulo segundo del Título I de nuestra Constitución» (STC 36/1991, FJ 5.º). Quiere ello decir que la teoría de los derechos fundamentales constitucionalmente adecuada ha de ser también, por obra del bucle que realiza el artículo 10.2 CE, una teoría adecuada a los tratados o convenios suscritos por España e incluso, según el TC, adecuada a la interpretación que de ellos lleven a cabo los tribunales internacionales competentes, pues la remisión que hace el artículo 10.2 CE «autoriza y aun aconseja referirse, para la búsqueda de estos criterios, a la doctrina sentada por el Tribunal Europeo de los Derechos Humanos» (STC 36/1984, FJ 3.º).

La constitucionalidad de una ley que desarrolle un derecho fundamental no se mide autónomamente por su adecuación a un tratado incorporado al ordenamiento español y que verse sobre ese mismo derecho, «pues tal medida seguirá estando integrada por el precepto constitucional definidor del derecho o libertad, *si bien interpretado, en cuanto a los perfiles exactos de su contenido, de conformidad con el tratado o acuerdo internacional*» (STC 28/1991, FJ 5.º). Sin embargo, no siendo los tratados canon de constitucionalidad independiente, sí son un canon de constitucionalidad que se incorpora a las normas iusfundamentales por obra del artículo 10.2 CE, lo cual entraña una reducción del campo de interpretación que de otro modo le correspondería al legislador. Éste ya no tiene sólo como límite la CE; en su tarea previa de comprender (interpretar) cuál es el campo de lo constitucionalmente posible, para poder luego desarrollar (concreción política) el derecho o libertad en cuestión, ha de tener presente además aquellos tratados y acuerdos. Las opciones políticas del legislador se ven así reducidas o al menos mediatizadas por los mentados tratados y por la interpretación que a su vez hacen de ellos los tribunales internacionales que los aplican.

La remisión *ad extra* que hace la CE permite la construcción de una teoría internacional de los derechos constitucionalmente vinculante a los efectos de la delimitación de los derechos. Esto puede ser beneficioso de cara al establecimiento en el espacio europeo de una doctrina común de los derechos fundamentales y de una progresiva igualdad en el ámbito y contenido de los derechos fundamentales reconocidos en las diversas Constituciones de los Estados miembros. Puede contribuir, además, a crear un «patriotismo constitucional europeo» en torno a un *demos ciudadano*, y de paso alejar la estéril polémica sobre la inexistencia de un *demos nacional* europeo. Sin embargo, dicha remisión tiene el inconveniente de que puede desvirtuar la teoría de los derechos que se desprende de la CE, en la medida en que la teoría deducible de los tratados y de la doctrina de los tribunales internacionales que los interpretan no sean plenamente compatibles con ella y, en virtud del artículo 10.2 CE, se dé primacía a los tratados y doctrinas internacionales. Piénsese, por ejemplo, en el caso en que éstas impliquen un concepto de democracia militante, contrario al de democracia procedimental ínsito en la CE, y que en su virtud se restrinja el derecho a crear partidos políticos o no se dé cobertura a la manifestación de ideas que ataquen frontalmente el sistema democrático. O piénsese en el supuesto antes citado de incluir por la vía del artículo 10.2 CE límites no previstos en la CE.

VII. BIBLIOGRAFÍA

ALEXY, Robert: *Teoría de los derechos fundamentales,* CEC, Madrid, 1993.
ALONSO GARCÍA, Enrique: *La interpretación de la Constitución*, CEC, Madrid, 1984.
BÖCKENFÖRDE, Ernest-W.: *Escritos sobre derechos fundamentales*, Nomos, Baden-Baden, 1993.
DÍEZ-PICAZO, Luis María: *Sistema de derechos fundamentales*, Cívitas, Madrid, 2003.
HABERMAS, Jürgen: *Facticidad y validez*, Trotta, Madrid, 1998.
HESSE, Konrad: *Escritos de Derecho Constitucional*, CEC, Madrid, 1983.
RUBIO LLORENTE, Francisco: *La forma del poder (Estudios sobre la Constitución)*, CEC, Madrid, 2.ª ed., 1997.
SAIZ ARNAIZ, Alejandro: *La apertura constitucional al Derecho Internacional y Europeo de los Derechos Humanos. El artículo 10.2 de la Constitución Española*, CGPJ, Madrid, 1999.

CAPÍTULO 4

LOS SUJETOS DE LOS DERECHOS FUNDAMENTALES

I. LA PLURALIDAD DE SUJETOS DE LOS DERECHOS FUNDAMENTALES

Las normas de derechos fundamentales, al igual que el resto de las normas constitucionales, una vez emanadas van dirigidas a unos determinados sujetos, que se convierten en destinatarios de las mismas y que pueden clasificarse en dos grandes tipos, según cuál sea la posición que ocupen en relación con el deber ser que contiene la norma de derecho fundamental: unos son los beneficiarios del ámbito de libertad garantizado por aquél, mientras que otros son los obligados a su garantía.

Del lado de los *beneficiarios* son varias las cuestiones que se plantean. La primera de ellas se refiere a si los mismos forman una categoría homogénea, caracterizada por la posesión universal de la capacidad para ser titulares del ámbito de libertad garantizado por las normas de derechos fundamentales, o por el contrario no todo aquel que posee dicha capacidad efectivamente se convierte en titular de todos los derechos y, en tal caso, exige determinar quiénes son meramente capaces de ser titulares, quiénes lo son efectivamente y si se requiere con carácter general o especial la presencia de un determinado *status* de nacional, así como si lo pueden ser únicamente las personas físicas o también las jurídicas. En segundo lugar, una vez identificados los titulares de los derechos y libertades, aparece una segunda cuestión, la de si la titularidad y el ejercicio de las facultades subjetivas previstas por la norma de derecho fundamental recaen siempre en un mismo sujeto, y, de no ser así, cuáles son las especiales condiciones que pueden incidir en la separación entre titularidad y ejercicio del derecho.

Del lado de los *obligados* son fundamentalmente tres las cuestiones a abordar. La primera es la de quiénes son los sujetos obligados por los derechos según su naturaleza jurídica pública o privada. La segunda, muy relacionada con la primera, es la de cuál es la eficacia de las normas de derechos fundamentales sobre estos sujetos obligados, pues dependerá tanto del concreto contenido de cada norma, como de quién sea el sujeto obligado: persona física o jurídica, persona privada o poder público. La tercera y última cuestión se refiere al ámbito territorial de eficacia de las normas de derechos fundamentales, pues ello influirá en el número y clase de sujetos obligados.

Al estudio de estas diversas cuestiones se dedicarán las páginas siguientes.

II. LOS TITULARES DE LOS DERECHOS FUNDAMENTALES

1. LA CAPACIDAD JURÍDICA IUSFUNDAMENTAL: LA DIGNIDAD DE LA PERSONA Y LA RELATIVIZACIÓN DE SUS *STATUS*

La condición de beneficiario de un derecho fundamental se adquiere inicialmente con la titularidad del mismo. Antes de abordar la cuestión de cuándo se adquiere esa titularidad y a qué tipo de individuos corresponde, o la de cuáles son las condiciones constitucionalmente necesarias para su ejercicio, es preciso deslindar la titularidad de la *capacidad jurídica iusfundamental*. Esta última se refiere a una cualidad potencial a la que el ordenamiento jurídico atribuye relevancia, mientras que, por el contrario, la titularidad tiene por objeto una cualidad actual. En efecto, la capacidad jurídica iusfundamental refleja la abstracta capacidad del individuo para ser sujeto de imputación de derechos y obligaciones fundamentales, esto es, para ser titular de ellos. Por su parte, la titularidad de los derechos fundamentales hace referencia a la concreta atribución de un derecho o un deber fundamental que el ordenamiento ha realizado a favor de un individuo, generando con ello las diversas posiciones jurídicas en las que éste se encuentra en relación con el poder público y con los demás particulares. De ahí que la capacidad jurídica iusfundamental no pueda estar sujeta a condiciones o requisitos ni internos ni externos para el ejercicio de los derechos, pues su objeto no es el derecho mismo, sino la aptitud virtual para ser titular del mismo. Dichas condiciones y requisitos se aplicarían, en su caso, a la titularidad o al ejercicio de los derechos fundamentales. La mera adquisición de la personalidad es, conforme al artículo 10.1 CE, el único requisito para la posesión de dignidad y para el disfrute de la capacidad jurídica iusfundamental a ella anudada, que, en ese sentido, vendría a identificarse con la capacidad para ser titular de los derechos inviolables que le son inherentes.

Por ello, aunque el ordenamiento haya querido dispensar un trato desigual a los individuos y no convertirlos simultáneamente en titulares de todos los derechos, distinguiendo, por ejemplo, entre nacionales y extranjeros, sí ha decidido conferirles a todos la misma abstracta capacidad para alcanzar dicha titularidad desde el momento en que adquieren personalidad. Todas las personas tienen idéntica capacidad jurídica iusfundamental, pues la *dignidad* y el libre desarrollo de la personalidad, como plasmación del principio democrático, se predican en el artículo 10.1 CE de forma abstracta de todas ellas. Esa capacidad jurídica iusfundamental, y no el mero arbitrio interpretativo, explica que nuestro Tribunal Constitucional haya considerado en diversas ocasiones (por ejemplo, STC 107/1984, FJ 3.º) a los extranjeros titulares, —de derechos constitucionales de configuración legal y no de meros derechos legales— de aquellos derechos que, aun inicialmente atribuidos sólo a los españoles, les vengan extendidos por Tratado o por Ley conforme al artículo 13 CE. Pero también explica que el legislador no sea totalmente libre a la hora de determinar quién adquiere la nacionalidad española, pues, de serlo, podría configurarla de tal modo que determinadas personas quedasen para siempre totalmente excluidas, por su mero *status* de extranjeras, de la posibilidad de convertirse en españoles y, con ello, ser titulares del derecho de sufragio activo y pasivo en las elecciones a Cortes Generales o las Asambleas legislativas de las CCAA (único derecho no extensible a los extranjeros y reservado en exclusiva a los nacionales).

Este marco constitucional de la capacidad jurídica iusfundamental explica que los *status* del individuo se vean relativizados, en la medida en que no se trata de posiciones absolutas en las que se encuentre éste de forma necesaria a lo largo de determinados períodos de su existencia o como consecuencia de determinados rasgos naturales. Muy al contrario, la dignidad común a todas las personas por el hecho de serlo hace que todas puedan transitar en distintos momentos de su vida por varios de estos *status*, en función de lo que coadyuven con su voluntad a la presencia de las condiciones establecidas por el ordenamiento para cada uno de ellos.

2. Titularidad y ejercicio de los derechos fundamentales: la capacidad de obrar iusfundamental

La titularidad, esto es, la efectiva atribución constitucional, directa o indirecta, de determinados derechos fundamentales, puede venir condicionada por la presencia de requisitos personales o temporales. Así, por ejemplo, la CE confiere algunos derechos fundamentales a los nacionales, sin perjuicio de que la mayoría de ellos puedan ser extendidos por la ley o los tratados a los extranjeros. De igual modo podría pensarse que la libertad de expresión sólo corresponde a quien posea la capacidad natural o la edad necesarias para expresarse, la libertad de cátedra a quien reúna los requisitos legales para la creación científica o docente, etc.

La determinación de si semejantes requisitos condicionan la titularidad misma o sólo el ejercicio de los derechos fundamentales, y en su caso en qué términos lo hacen, pasa por clarificar, con carácter previo, si es posible la distinción entre la *titularidad* y el *ejercicio* de un derecho fundamental. Tradicionalmente, desde una visión de aquellos que los reduce a poderes de voluntad jurídicamente garantizados, se ha venido negando esta distinción con el argumento de que la misma era propia del derecho privado y resultaba inaplicable a unos derechos de carácter personalísimo como los fundamentales. Con ello se pretendía evitar que alguien apareciese como titular del derecho fundamental pero, bajo el pretexto de su incapacidad de obrar, fuese permanentemente preterido por el sujeto al que el ordenamiento atribuía su representación y la capacidad para ejercerlo en su nombre. Sin embargo, aun siendo loable la finalidad perseguida, semejante postura conduce a que hasta no haber alcanzado la mayoría de edad, o la edad requerida natural o legalmente para su disfrute, las personas menores no puedan ser consideradas titulares de esos derechos fundamentales. Desde esta perspectiva, la decisión, por ejemplo, acerca de si se practica una determinada operación quirúrgica a un menor, o sobre la validez de un contrato de trabajo aún no celebrado en el que se contempla la renuncia por el trabajador menor al ejercicio de su derecho de huelga, no tendrían carácter iusfundamental y serían una cuestión de mera legalidad ordinaria.

Sin embargo, adoptando una postura más flexible que concibe los derechos como poderes de la voluntad garantizados para la satisfacción de un determinado interés de su titular, ha sido posible admitir la distinción entre titularidad y ejercicio de los derechos fundamentales. Este último podría realizarse a través de un representante, en los casos excepcionales de incapacidad de autodeterminación volitiva del titular, cuando de ese modo se satisfaga el interés del primero, jurídicamente tutelado por el derecho fundamental de que se trate. Sea como fuere, la cuestión ha sido tácitamente resuelta y se ha de admitir la distinción entre titularidad y ejercicio en la medida en que nuestra jurisprudencia constitucional considera a los menores desde la STC 197/1991, FJ 4.º, como titulares de los derechos fundamentales y libertades públicas, a pesar de que éstos no puedan ejercitar por sí solos todo su contenido durante el amplio período de la minoría de edad.

Por ello, cabe hablar de una *capacidad de obrar iusfundamental* como la capacidad necesaria para que el titular de un derecho lo ejerza por sí mismo cuando reúne las condiciones exigidas para poner en práctica las concretas facultades que integran el contenido subjetivo del derecho. Con carácter general se puede decir que toda persona por el hecho de serlo, además de ser titular, posee dicha capacidad para ejercer sus derechos, y que sólo donde, previstas constitucionalmente ciertas condiciones personales o temporales, éstas faltaren, cabe admitir que el titular no pueda ejercer sus derechos y pueda (e, incluso, en ocasiones deba) intervenir un tercero en su nombre. Los supuestos en los que la intervención del tercero es posible han de quedar reducidos al ejercicio de aquella parte del contenido subjetivo del derecho fundamental que por su naturaleza permite la satisfacción del interés del titular del derecho representado. Esto sucede, por ejemplo, en el supuesto de la manifestación de voluntad paterna, emitida en nombre de un menor, autorizando a un centro médico la práctica de una intervención quirúrgica necesaria para salvaguardar su vida. Por el contrario, deben quedar excluidos aquellos otros supuestos en los que no sea posible satisfacer el interés del titular representado. Ello ocurre, por ejemplo, en la facultad natural de deambular libremente o de expresarse, pues dicho interés consiste precisamente en la realización de la conducta de autodeterminación volitiva.

En contra de lo que se ha sostenido por un sector de la doctrina, la CE de 1978 únicamente contempla la nacionalidad como un condicionamiento (personal) de la titularidad de los derechos fundamentales, no siéndolo la presencia de otras condiciones personales como la de docente [art. 20.1.*d*) CE] o trabajador (art. 28 CE). Éstas, como se verá después, sólo condicionan su ejercicio, dado que el contenido subjetivo de los derechos en los que se pretenden estos condicionantes no se reduce a las facultades cuyo ejercicio no es posible sin su presencia. Piénsese, por ejemplo, que el derecho de huelga también garantiza el derecho a celebrar un contrato de trabajo en el que se limite o condicione constitucionalmente ese mecanismo de presión laboral; la libertad de cátedra también garantiza a quien aún no es docente el derecho a acceder a un puesto en el que no se le imponga de forma incondicionada una única metodología de enseñanza; y, más claramente, el derecho de sufragio garantizado en el artículo 23.1 CE —que por otra parte, a diferencia de otros textos constitucionales europeos, no ha establecido una edad mínima para su ejercicio— no se agota en su principal facultad de voto, sino que también incluye otras facultades como la reclamación para ser incluido en el censo electoral que se puede formular a partir de los diecisiete años, es decir, aun siendo menor de la edad requerida para el sufragio.

3. Aspectos problemáticos de la titularidad de los derechos fundamentales

3.1. *Comienzo y final de la titularidad: la personalidad*

La titularidad en tanto concreción de la capacidad jurídica iusfundamental presupone la *personalidad* del sujeto en la que se basa esta última. Ello plantea en primer término el problema del comienzo y fin de la personalidad, sobre todo de las personas físicas. Con independencia de cuál sea el concepto religioso, filosófico o biológico de persona que se quiera manejar y las implicaciones que del mismo se deriven para el momento en que se adquiere la personalidad, lo cierto es que el texto constitucional maneja un concepto de persona en la que ésta resulta ser un complejo de imputaciones jurídicas cuyo único aspecto valorativo es la dignidad que predica de la misma y que se concreta en los derechos y libertades constitucionalmente garantizados. Aunque la CE de 1978 ha guardado silencio en relación con el momento de adquisición de la personalidad y, por ello, la tarea de determinarlo ha quedado relegada al legislador, es posible deducir una serie de criterios en su construcción que le vinculan y a los que éste se ha atenido. Sin duda, el criterio más significativo es que la personalidad ya está en nuestro ordenamiento vinculada al hecho del nacimiento. La vida humana, entendida como un proceso biológico previo al nacimiento, es sólo un bien constitucionalmente protegido, pero su portador, sea embrión o feto, no es titular de derechos fundamentales (STC 53/1985, FFJJ 5.º).

Por tanto, el *nacimiento* determina la personalidad y se considera nacido el feto que tuviere figura humana y viviere al menos veinticuatro horas desprendido del seno materno (arts. 29 y 30 CC). Por lo que respecta a la pérdida de la personalidad, ésta sólo acontece con el fallecimiento (art. 32 CC) o la ausencia declarada y equiparada al fallecimiento por presunción legal (arts. 34 y 193 ss. CC). Únicamente dentro del período temporal marcado por el cumplimiento de los requisitos de nacimiento y no fallecimiento se posee la personalidad y, por tanto, cabe ser considerado titular de los derechos fundamentales.

No existen, pues, en nuestro ordenamiento, tal y como acontece en otros como el alemán o irlandés, la posibilidad de que sujetos sin personalidad sean titulares de los derechos y libertades constitucionalmente garantizados. Así ha quedado claro desde una temprana jurisprudencia constitucional respecto del *nasciturus* (SSTC 53/1985, FFJJ 6.º y 7.º, 212/1996, FJ 3.º, y 116/1999, FJ 5.º) y respecto del *fallecido* (STC 231/1988, FFJJ 3.º y 4.º). Ni uno ni otro son titulares de los derechos fundamentales, por más que el primero encuentre, conforme a una discutible argumentación del Tribunal Constitucional, cierta protección constitucional a través del valor constitucional vida, y el segundo pueda ser objeto de tutela mediante el reconocimiento legal de ciertos derechos, ejercitables por sus causahabientes, que pueden integrar el contenido meramente legal de derechos fundamentales como el honor o la intimidad.

3.2. *La titularidad de los derechos por parte de las personas jurídicas privadas, las personas jurídico-públicas y los colectivos sin personalidad jurídica*

Nuestro texto constitucional, a diferencia de otros como el artículo 19.3 LFB, no contempla expresamente que las personas jurídicas o los sujetos colectivos sin personalidad jurídica puedan ser con carácter general titulares de los derechos fundamentales. Sí los menciona a unos y a otros respecto de ciertos derechos aislados, como la libertad religiosa, que garantiza no sólo de los individuos, sino también de las comunidades (art. 16.1 CE), la libertad de creación de centros docentes garantizada a las personas físicas y a las jurídicas (art. 27.6 CE), el derecho de los sindicatos a confederarse o a sindicarse internacionalmente (art. 28.1 CE) o, finalmente el derecho de petición no sólo individual, sino también colectiva (art. 29.1 CE). Además, determinados derechos, como el de asociación (art. 22 CE) o el de fundación (art. 34 CE), aunque no mencionen a las personas jurídicas o a los sujetos colectivos, sólo permiten realizar el ámbito de libertad garantizado por su objeto a través de la creación de un ente colectivo, al que por regla general se confiere personalidad jurídica, lo que justificaría la titularidad del derecho de cuyo ejercicio es producto y de aquellos otros derechos instrumentales al mismo (derecho de reunión, libertad de expresión, inviolabilidad del domicilio, etc.) (STC 139/1995, FJ 4.º).

Al margen de estos puntuales apoyos normativos, que todo lo más servirían para dar fundamento a la atribución a las personas jurídicas de los concretos derechos fundamentales mencionados, o del apoyo procesal del artículo 162.1.*b*) CE, que, a pesar de legitimarlas para la interposición del recurso de amparo, no por ello las considera titulares del derecho, sino tan sólo portadoras de un interés legítimo, es preciso un argumento dogmático-constitucional que avale la decisión de nuestro Tribunal Constitucional (STC 23/1989, FJ 2.º) de atribuir a las personas jurídicas la titularidad general de aquellos derechos que por su naturaleza sean susceptibles de ser ejercidos por éstas. La CE de 1978 ha concebido que el individuo desarrolle su personalidad en sociedad y, por tanto, a través de ella desarrolle la dignidad de la persona garantizada en el artículo 10.1 CE, por lo que la *capacidad jurídica iusfundamental* en la que aquélla se refleja debe plasmarse en la *titularidad* de los derechos no sólo cuando el individuo actúa aislado, sino también cuando entra en contacto social y actúa de forma colectiva (STC 139/1995, FJ 4.º). Los grupos sociales resultado de este contacto son, además, el producto del ejercicio por parte del individuo de ciertos derechos fundamentales (asociación, reunión), cuyo objeto sólo puede ser adecuadamente garantizado si también se reconocen derechos fundamentales a los entes colectivos resultantes de su ejercicio. Sólo así se podrá rendir tributo al mandato del artículo 9.2 CE que obliga a los poderes públicos a remover los obstáculos que hagan reales y efectivas la libertad e igualdad de los individuos y de los *grupos* en los que éste se integra, esto es, el disfrute de los derechos y libertades en los que éstas se plasman.

La atribución de la titularidad de los derechos a las personas jurídicas, más que solucionar un problema, abre tres nuevos frentes en los que se desarrolla ahora la polémica: qué derechos tienen, cuáles son su objeto y contenido en relación con los mismos derechos reconocidos a las personas físicas y, por último, cuáles son esas personas jurídicas.

Sobre la primera cuestión, la respuesta de nuestra jurisprudencia constitucional (STC 139/1995, FJ 5.º) no se aparta de la regla alemana y extiende a las personas jurídicas únicamente aquellos derechos que por su naturaleza sean susceptibles de ser ejercidos por ellas, lo que en último extremo depende de cuál sea el ámbito de libertad garantizado por el derecho. Así, por ejemplo, no parece haber inconveniente en admitir que las personas jurídicas disfruten de la libertad ideológica y religiosa, de la libertad de expresión e información, del derecho de asociación, del derecho de reunión, del derecho a la tutela judicial efectiva, del derecho a la legalidad sancionadora, de algunas de las facultades en las que se plasma el derecho a la educación, de la libertad sindical o del derecho de petición. Tampoco parece haberlo en excluir de esa titularidad el derecho a la vida o a la integridad física y moral, el derecho de sufragio (STC 63/1987, FJ 5.º) o el derecho a acceder a cargos y funciones públicas (STC 51/1984, FJ 2.º). Más problemáticos resultan los derechos del artículo 18 CE, respecto de los que nuestro Tribunal Constitucional ha dado diversas respuestas, que van desde negar la titularidad del derecho a la intimidad (STC 69/1999, FJ 2.º) hasta afirmar la titularidad del derecho al honor (STC 139/1995, FJ 5.º) o la inviolabilidad del domicilio (STC 137/1985, FJ 3.º), pasando por guardar silencio respecto del secreto de las comunicaciones o de la propia imagen.

La segunda cuestión hace referencia a la extensión del objeto y contenido de los derechos de las personas jurídicas. La peculiar naturaleza de estos sujetos, creaciones del ordenamiento circunscritas a una concreta forma jurídica y a un determinado fin, explica que no puedan disfrutar del contenido de los derechos fundamentales con la misma extensión que si se tratase de personas físicas. No tanto porque las limitaciones puedan ser mayores, sino porque el objeto y, sobre todo, el contenido del derecho fundamental pueden variar en atención a esa peculiar naturaleza que aquéllas poseen. Piénsese, por ejemplo, cómo en el caso del domicilio de una persona jurídica la inviolabilidad sólo se extiende a los espacios físicos que son indispensables para que puedan desarrollar su actividad sin intromisiones ajenas, por constituir el centro de dirección de la sociedad o de un establecimiento dependiente de la misma o servir a la custodia de los documentos u otros soportes de la vida diaria de la sociedad que quedan reservados al conocimiento de terceros (STC 69/1999, FJ 2.º), pero no a cualquier espacio en el que se desarrolle la vida reservada de un ente que carece de intimidad.

En tercer y último lugar, aparece el problema relativo a cuáles sean las *personas jurídicas* a las que se extiende esta titularidad, si sólo a las *privadas* o también a las públicas y, más allá de ello, si es precisa la personalidad jurídica del sujeto colectivo para disfrutar de esa titularidad. Ya desde una temprana jurisprudencia constitucional se ha negado con carácter general la titularidad de los derechos fundamentales por parte de las *personas jurídico-públicas,* a las que sólo se ha reconocido el derecho a la tutela judicial efectiva (STC 64/1988, FJ 1.º), el derecho a la igualdad en conexión con el anterior (STC 100/1993, FJ 2.º), y ocasionalmente la libertad de información (STC 190/1996, FJ 3.º). En apoyo de esta titularidad tan restringida nuestro Alto Tribunal parte de la tradicional concepción de los derechos fundamentales como derechos públicos subjetivos, cuyo beneficiario es el individuo y cuyo principal obligado es el poder público. Ello coloca a las personas jurídico-públicas más en esta última posición que en la de beneficiarias de los derechos. Sin embargo, el mismo argumento que utiliza el Tribunal para reconocerles ocasionalmente ciertos derechos de corte procesal debiera servir, a nuestro entender, para fundamentar la titularidad general por parte de las personas jurídico-públicas de aquellos derechos que por su naturaleza puedan ejercer. En el moderno Estado democrático, Estado y sociedad no han de ser vistos como dos compartimentos estancos, sino como dos ámbitos permeables en los que se ubica el individuo. Éste no sólo realiza su dignidad y desarrolla libremente su personalidad mediante la garantía de una serie de ámbitos libres de poder público, sino que también lo hace a través de su plena participación en la comunidad, esto es, mediante unos derechos que lo que garantizan, precisamente, es su capacidad para participar en el proceso público de ejercicio del poder, del que son expresión las personas jurídico-públicas. Por último, la titularidad de algunos derechos fundamentales, como el derecho al honor, se ha extendido excepcionalmente a *entes colectivos sin personalidad jurídica*, como el pueblo judío (STC 214/1991, FJ 4.º). Pero de este polémico y poco claro pronunciamiento no cabe deducir una atribución general de la titularidad de los derechos fundamentales a cualesquiera colectivos sin personalidad jurídica, ni tampoco cabe equiparar a éstos con otros entes colectivos dotados de una personalidad jurídica parcial, como las secciones sindicales o los grupos parlamentarios, a los que sí se ha reconocido la titularidad de los derechos en los términos antes expuestos para las personas jurídicas.

3.3. *Incidencia de la nacionalidad y la extranjería en la titularidad de los derechos fundamentales*

Como ya se apuntó antes, sólo la nacionalidad aparece en nuestro texto constitucional como condicionante personal de la titularidad de los derechos fundamentales, tanto de las personas físicas como de las personas jurídicas. Se ha de tener en cuenta, en primer término, que, a pesar de la remisión constitucional al legislador (art. 11 CE) para determinar esta circunstancia, éste no es plenamente libre en la fijación de los criterios de atribución de la nacionalidad española a las personas físicas. En efecto, la atribución en el artículo 1.2 CE de la soberanía nacional al pueblo español conlleva una subordinación de la ciudadanía, entendida ésta como la plena participación del individuo en la comunidad democrática, a la posesión de la nacionalidad española. Este condicionamiento viene corroborado por los artículos 13.2 y 23 CE, que excluyen a los extranjeros de la titularidad del derecho de sufragio activo y pasivo en las elecciones a los órganos legislativos (Cortes Generales y Asambleas Legislativas de las CCAA). Una interpretación normativo-democrática de aquel dogma soberanista obliga a entender limitada la competencia del legislador de la nacionalidad por el contenido constitucional del principio democrático (que el máximo número de gobernados pueda ser también gobernantes).

El artículo 13 CE, expresamente dedicado a la titularidad de los derechos fundamentales por parte de los extranjeros, más que a clarificar, ha venido a confundir la posición jurídica iusfundamental de aquéllos. Aunque inicialmente se barajó la posibilidad de que los extranjeros no fuesen titulares de ningún derecho fundamental, sino sólo de meros derechos legales de contenido semejante a aquéllos pero inferiores en rango, pronto se manejaron diversas interpretaciones de las reglas previstas en el artículo 13 CE, que contemplaban la atribución a éstos de la titularidad de ciertos derechos fundamentales. Sin embargo, esto chocaba, en no pocos casos, con el tenor literal de los concretos preceptos constitucionales que expresamente se refieren a los «españoles» (arts. 14, 19, y 29, y Sección 2.ª del Capítulo II del Título I CE).

En principio es posible tener en cuenta la *nacionalidad* del individuo a la hora de atribuirle la titularidad de unos u otros derechos fundamentales, y, al mismo tiempo, apreciar también algunas diferencias en su régimen de ejercicio en función de dicho *status* de sus titulares. No obstante, al hacerlo, debe tenerse en cuenta no sólo lo dispuesto en el artículo 13 CE, sino también en el resto de los preceptos constitucionales y los tratados internacionales sobre derechos fundamentales conforme a lo dispuesto en el artículo 10.2 CE. Estos últimos condicionan en gran medida las diferencias que pretenda establecer el legislador en la titularidad y régimen de ejercicio de los derechos. De entre ellos tienen especial relieve los Tratados constitutivos de la Unión Europea y la legislación comunitaria, porque han venido a crear un tercer grupo de titulares de los derechos fundamentales junto con los de nacionales y extranjeros: el de ciudadanos comunitarios. Consecuencia de la eficacia interpretativa y la inderogabilidad para el legislador de las normas comunitarias, le corresponde un específico régimen de titularidad y ejercicio de los derechos fundamentales. A su vez, nuestro legislador, aun partiendo del criterio interpretativo de la igualdad entre españoles y extranjeros en el ejercicio de los derechos fundamentales (art. 3.1 LODLE), ha establecido una clasificación de los derechos en atención a la nacionalidad, disciplinando el régimen jurídico de los mismos no siempre con la adecuada fortuna.

Conforme a todo ello, un primer grupo de *derechos* estaría constituido por aquéllos respecto de los cuales el dato de la nacionalidad carece de trascendencia desde el punto de vista de su titularidad, puesto que, al constituir el más íntimo e imprescindible reflejo de la dignidad *de la persona*, han sido enunciados con fórmulas genéricas como «todos», «toda persona», «nadie», «se reconoce» o «se garantiza». Se trata de derechos como el derecho a la vida, a la integridad física y moral, la libertad ideológica y religiosa, el derecho al honor, la intimidad y la propia imagen, respecto de los cuales las diferencias en el desarrollo de su contenido y en la regulación de su ejercicio, basadas en el criterio de la extranjería, no son posibles (STC 107/1984, FFJJ 3.º y 4.º). De ser posibles tales diferencias —como en la libertad personal, las libertades de reunión, asociación y expresión, el derecho a la tutela judicial efectiva, el derecho a la legalidad penal o el derecho a la educación—, el ámbito de actuación del legislador es sumamente reducido y requieren una justificación plenamente compatible con la atribución conjunta de la titularidad (STC 115/1987, FFJJ 2.º y 3.º).

Aunque se encuentra aún pendiente de la resolución de un recurso de inconstitucionalidad planteado contra la LODLE, se puede aventurar que ésta no parece haber sido totalmente congruente con esta caracterización jurisprudencial del primer grupo de derechos. En efecto, tras reconocer buena parte de esos derechos de titularidad general a los extranjeros con independencia de la situación jurídica en la que se encuentren, niega a los extranjeros que estén ilegalmente en nuestro territorio la posibilidad de ejercer algunos otros, como el de reunión (art. 7.1 LODLE), el de asociación (art. 8 LODLE) o los de sindicación y de huelga (art. 11 LODLE), o les limita enormemente el ámbito de disfrute de otros derechos de carácter prestacional como el de asistencia jurídica gratuita (art. 22.1 LODLE). En la medida en que se interprete que están estrechamente ligados al libre desarrollo de la personalidad y a la dignidad —como, por ejemplo, el de reunión—, no habría suficiente justificación constitucional para esa diferencia de trato.

Un segundo grupo vendría constituido por los *derechos* que, aun correspondiendo inicialmente sólo a los *españoles*, pues han sido enunciados con fórmulas como «los españoles» o «los ciudadanos», son susceptibles, conforme a lo dispuesto en el artículo 13 CE, de ser *atribuidos* por la Ley o los Tratados *a los extranjeros*. De producirse tal extensión, los derechos quedarían reconocidos a los extranjeros como derechos fundamentales y no como meros derechos legales en virtud de su capacidad jurídica iusfundamental. La capacidad del legislador para regularlos es más amplia que la que tendría si sus titulares originarios fuesen todas las personas y, por tanto, cabe que introduzca diferencias de trato basadas en la extranjería de los sujetos, pero, al hacerlo, debe adecuarse a los Tratados internacionales sobre dichos derechos celebrados por España que operan como criterio limitativo también en este caso (parece avalar esta tesis la STC 94/1993, FFJJ 2.º y 3.º, con apoyo en otra jurisprudencia anterior). Entre los derechos de este grupo se cuentan, el derecho a entrar y salir libremente por el territorio nacional, la libertad de circulación y de residencia, el derecho de petición, el derecho de sufragio activo y pasivo en las elecciones locales o europeas, el derecho a contraer matrimonio, la libertad de empresa, el derecho de propiedad, la libertad de elección de profesión u oficio, etc.

Con carácter general se puede decir que la LODLE ha hecho uso de esa capacidad de atribución y ha reducido la titularidad de las libertades de salida, circulación y residencia (art. 5 LODLE) a los extranjeros que residan legalmente en España con carácter permanente, condición que sólo poseen sin la exigencia de ningún requisito previo los ciudadanos comunitarios. En peor situación queda la libertad de entrada, sometida a requisitos tan severos y a facultades tan discrecionales para la Administración (art. 25 LODLE) que, salvo en el caso de los ciudadanos comunitarios, difícilmente se puede hablar de la titularidad del derecho por los extranjeros. Por su parte, el artículo 6.1 LODLE confiere también a los extranjeros residentes (entre los que se han de contar los comunitarios en virtud del art. 19.1 TCE, del art. 3 de la Directiva 94/80/CE del Consejo) el derecho de sufragio activo y pasivo en las elecciones locales, en los términos previstos en los artículos 176 y 177 LOREG y conforme al principio de reciprocidad, previendo con ello una reproducción casi literal del artículo 13.2 CE, derecho que amplían los artículos 210 y 210 bis LOREG en el caso de residentes comunitarios a las elecciones al Parlamento Europeo. Y finalmente, como último ejemplo, el artículo 10 LODLE confiere el derecho al trabajo y a la libre elección de profesión u oficio a los extranjeros que se hallen legalmente en España, pero somete su ejercicio, en los artículos 36.1 y 37 LODLE, a limitaciones tan severas y de determinación discrecional por la Administración que también resulta difícil afirmar su titularidad por parte de los extranjeros no comunitarios.

Un tercer grupo está constituido por aquellos *derechos* fundamentales que la Constitución atribuye única y *exclusivamente* a los *españoles* y que, por su estrecha vinculación al ejercicio de la soberanía, no considera posible extender a los extranjeros. Se trata, conforme a los artículos 13.2 y 23.1 CE, del derecho de sufragio activo y pasivo en las elecciones a las Cortes Generales o a las Asambleas Legislativas de las CCAA, que ni siquiera podrían ser atribuidos a los ciudadanos comunitarios sin previa reforma constitucional por tratarse de un derecho a cuyo través se eligen los órganos que ejercen competencias de soberanía (DTC 1/1992, FJ 3.º). El problema de que su titularidad se atribuya exclusivamente a los nacionales españoles pasa, como ya se apuntó, por una redefinición en clave constitucional democrática de las condiciones bajo las cuales el legislador puede definir la nacionalidad (vinculándola a la ciudadanía-residencia), pero no necesariamente por su extensión a los ciudadanos extranjeros.

En cuarto y último lugar, se encuentran aquellos *derechos*, como los de asilo y refugio (art. 13.4 CE), que sólo pueden disfrutar los *extranjeros* y que, por la naturaleza de su objeto, no es posible que correspondan también a los españoles. En efecto, se trata de un derecho que, conforme a la concreción de su objeto realizada por el artículo 2 LDA, está dirigido a dispensar a los extranjeros a los que se reconozca la condición de refugiado una protección consistente en su no devolución ni expulsión en los términos del artículo 33 CER, y en la adopción de las siguientes medidas durante el tiempo en que subsistan las circunstancias que motivaron la solicitud de asilo: la autorización de residencia en España, la expedición de los documentos de viaje e identidad necesarios, la autorización para desarrollar actividades laborales, profesionales o mercantiles, cualesquiera otras que puedan recogerse en los Convenios internacionales referentes a los refugiados suscritos por España, y, en su caso, la asistencia social y económica que reglamentariamente se determine. Los extranjeros que soliciten derecho de asilo disfrutan, además, del derecho a entrar libremente en el territorio nacional, conforme a lo dispuesto en el artículo 25.3 LODLE, sin necesidad de reunir los requisitos documentales y materiales exigidos para los demás extranjeros, aunque ese derecho se agote en la permanencia en un puesto fronterizo en unas dependencias adecuadas para ello mientras se examina su solicitud de asilo (art. 5.7.3.º LDA), requisitos que han superado el examen al que les ha sometido recientemente nuestra jurisprudencia constitucional (STC 53/2002, FFJJ 4.º a 10).

4. Aspectos problemáticos del ejercicio de los derechos fundamentales

4.1. *La minoría de edad y la incapacidad como condicionantes del ejercicio de los derechos fundamentales*

Si se deja a un lado el elemento de la extranjería, que, como se ha visto, además de sobre la titularidad, incide sobre el ejercicio de los derechos fundamentales, quizá el siguiente condicionante del ejercicio, en orden de importancia, sea el de la *minoría de edad* y la *incapacidad*. Antes de analizar el modo en que esas circunstancias inciden en el ejercicio de los derechos fundamentales, es preciso recordar que las mismas no condicionan la titularidad de los derechos. Como ya se dijo, menores e incapaces son titulares de todos los derechos fundamentales desde su nacimiento, tal y como han puesto de relieve nuestro legislador orgánico (art. 3.1 LOPJM) y una reiterada jurisprudencia constitucional (SSTC 141/2000, FJ 5.º, y 215/1994, FJ 2.º).

La condición de menor describe el período temporal que va desde el nacimiento hasta los dieciocho años de edad (en el caso de los españoles conforme a los arts. 12 CE y 1 CNUDN), durante el cual éste necesita protección por la situación de debilidad en la que se encuentra para el pleno ejercicio autónomo de sus derechos (autoejercicio). Por el contrario, la condición de incapaz se adquiere únicamente previa resolución judicial (art. 199 CC), cuando las enfermedades o deficiencias persistentes de carácter físico o psíquico impidan a la persona gobernarse por sí misma (art. 200 CC), lo que puede incluir el ejercicio de ciertos derechos fundamentales. Nuestro texto constitucional ha tenido en cuenta la necesidad de protección, derivada de la merma de capacidad de obrar iusfundamental, que debe beneficiar a unos y a otros (arts. 39 y 49 CE). De esta necesidad de protección, expresada en el mandato dirigido a los poderes públicos y a determinados particulares que ocupan *ex constitutione* una posición de garante respecto de los menores de edad o los incapaces, se deriva no sólo la posibilidad de limitar el ejercicio por sí mismos de sus derechos (*autoejercicio*), sino también la de suplirlos en él (*heteroejercicio*) siempre que se den dos condiciones: una, que el grado de autodeterminación volitiva del menor o incapaz sea tan deficiente que les impida ejercitarlos por sí mismos, y, otra, que la facultad de cuyo heteroejercicio se trate permita satisfacer su interés iusfundamental. Piénsese, por ejemplo, en el ejercicio a través de los representantes legales del menor de las facultades procesales derivadas del recurso de *habeas corpus* para la tutela de su libertad personal (STC 288/2000, FJ 1.º) o el ejercicio a través de los representantes legales del incapaz de la acción de separación matrimonial, integrada en el contenido del derecho a la tutela judicial efectiva (STC 311/2000, FJ 4.º).

Por lo que se refiere a la primera de las condiciones, del silencio constitucional sobre este punto no cabe deducir la existencia de una regla general de incapacidad de obrar iusfundamental de menores o de incapacitados, en tanto éstos no hayan alcanzado una determinada edad, un determinado grado de madurez o una capacidad en relación con cada derecho fundamental. Por supuesto que para el ejercicio de algunos derechos es precisa una determinada capacidad natural (de expresarse, tener una ideología, reunirse, moverse de un lado a otro, comunicarse, etc.) que, de faltar, ha de ser tenida en cuenta por el ordenamiento a la hora de regular el ejercicio de los derechos fundamentales y delimitarlos o limitarlos, en atención al respeto de otros bienes constitucionalmente protegidos, como el mandato de protección del menor (art. 39 CE) y del incapaz (art. 49 CE), o el de respeto a la seguridad jurídica (art. 9.3 CE). Pero ello no conduce en el plano constitucional a una presunción de incapacidad de obrar iusfundamental de menores e incapaces, de modo que sean ellos quienes tengan que acreditar la posesión de la capacidad de querer y entender suficientes para un ejercicio, que, de otro modo, les estaría excluido. Al contrario, ha de ser el legislador el que fije las condiciones del ejercicio de un derecho fundamental por parte de menores e incapaces y los excluya del mismo únicamente cuando, en aras de su protección o de la protección de otros bienes constitucionales, falten los presupuestos de madurez necesarios para su ejercicio autónomo. A ello responde, sin duda, el criterio de interpretación restrictiva de las limitaciones de la capacidad de obrar de los menores previsto en el artículo 3.2 LOPJM.

Frente a esta tesis es aún habitual encontrar en la doctrina la tesis opuesta, que ve en la minoría de edad un *status* de incapacidad de obrar iusfundamental. Sin embargo, este criterio se adapta mal al concreto desarrollo volitivo del menor (en el caso del incapaz la necesidad de una declaración judicial previa individualizada obviaría el problema). La minoría de edad no es un *status* jurídico que prohíba el acceso al ejercicio de los derechos fundamentales. Por ello, para delimitar el ámbito de ejercicio de los derechos fundamentales durante la minoría de edad o incapacidad es constitucionalmente más adecuado un criterio flexible como el de la posesión de suficiente madurez, y no el rígido de un tope de edad. Así, por ejemplo, mientras los artículos 154 y 1.263 CC, 7 ET, 19 CP y 1 LORPM establecen limitaciones genéricas de la capacidad de obrar de los menores de dieciocho, dieciséis y catorce años, el artículo 30 LRJAPyPAC considera capaces de obrar, con carácter general, a los menores de dieciocho años para la defensa de aquellos derechos e intereses cuya actuación esté permitida por el ordenamiento jurídico administrativo sin la asistencia de la persona que ejerza la patria potestad, tutela o curatela. Junto a estas normas sectoriales de carácter general, es posible encontrar una multitud de reglas concretas dispersas por la LOPJM (las menos) y por las distintas disposiciones reguladoras de los derechos fundamentales, como, por ejemplo, el artículo 4.1 LODR, respecto del derecho de reunión, o el artículo 3 LODA, respecto del derecho de asociación. Estas disposiciones, al utilizar en general un criterio rígido como el de la edad, pocas veces rinden tributo a la presunción constitucional de capacidad de obrar iusfundamental de los menores.

Por lo que se refiere a la segunda de las condiciones —que el ejercicio por parte de un tercero de una facultad iusfundamental permita satisfacer el interés del menor o incapaz—, sólo es posible respecto de aquellas facultades que no consisten en actos naturales de realización del objeto del derecho. En efecto, nadie puede moverse, expresarse, comunicarse, reunirse o formarse una ideología por otro. Pero fuera de ellas, los derechos fundamentales están compuestos por un conglomerado de facultades subjetivas consistentes en la realización de actos o negocios jurídicos, de naturaleza material o procesal, cuya realización por un tercero sí puede satisfacer el interés del menor. Piénsese, por ejemplo, en la celebración de un contrato de sociedad o de edición, la elección de un centro escolar, la prestación del consentimiento para una operación quirúrgica, el ejercicio de acciones en defensa de la intimidad, la libertad personal o la integridad física, etc., todas las cuales pueden redundar en interés del menor a cuyo nombre se realizan. De acuerdo con el criterio previamente sostenido, para que el heteroejercicio pueda realizarse es necesario, con carácter previo, tener constancia de la insuficiente capacidad de obrar iusfundamental del menor. Así, el ejercicio de aquellas facultades por el representante, aunque redunde en interés del menor, carece de fundamento constitucional si éste, por su grado de autonomía volitiva, hubiese querido y podido ejercerlas por sí mismo.

A estas exigencias responde vagamente el criterio general establecido en los artículos 162 y 267 CC, de que la representación civil del menor o incapaz corresponde a los padres, pero que no podrá ser ejercida por éstos respecto de los actos relativos a derechos de la personalidad u otros que el hijo o tutelado, de acuerdo con las leyes y con sus condiciones de madurez, pueda realizar por sí mismo. También, igualmente, la mayor parte de las disposiciones procesales que confieren a los padres o tutores la capacidad para ejercer las facultades iusfundamentales de carácter procesal en los supuestos en que no corresponda a los menores por sí mismos o como complemento de la atribuida a éstos (art. 18 LJCA, art. 7 LEC). En este sentido, la capacidad del menor para ejercer las facultades iusfundamentales del recurso de amparo se reconduce a las reglas de la capacidad procesal en el orden civil (art. 7 LEC), cuya supletoriedad viene afirmada por el artículo 80 LOTC, lo que resulta muy criticable desde la perspectiva del primero de los condicionantes, al no emplear como criterio de referencia la concreta madurez del menor y persistir en el fijo e inflexible de la edad.

4.2. *El ejercicio de los derechos fundamentales en el seno de las denominadas «relaciones de sujeción especial»*

Junto a la minoría de edad o la incapacitación, destaca un segundo bloque de supuestos problemáticos desde la perspectiva del ejercicio de los derechos fundamentales, el de las denominadas «*relaciones de sujeción especial*», a las que cabe añadir otras relaciones jurídicas que, aún no tratándose de relaciones administrativas, son análogas a éstas por la especialidad de la sujeción. La controvertida categoría de las relaciones especiales de sujeción hace referencia a la situación jurídica en la que se encuentran los individuos sometidos a una potestad administrativa de autoorganización más intensa de lo normal, como funcionarios, militares, reclusos, escolares o concesionarios de servicios públicos. Por su parte, ciertas relaciones jurídico-públicas describen la situación en la que se encuentran quienes, no siendo funcionarios públicos, desarrollan funciones o cargos públicos en los diversos órganos constitucionales y, por ello, se colocan, desde el punto de vista de la autoorganización, en una relación de especial sujeción parecida a la de aquéllos, como es el caso de los jueces y los magistrados, o de los miembros de los órganos representativos (diputados, senadores, concejales, etc.). En unas y otras se ha pretendido, a partir de las potestades de autoorganización del poder público y de la especial sujeción que de ellas se derivan, suprimir la vigencia de los derechos fundamentales de quienes se encuentran incursos en ellas, o, de no conseguirlo, sí por lo menos limitar su eficacia en cotas superiores a las que se derivan de las relaciones generales de sujeción, afectando, pues, a las condiciones de su ejercicio.

Sin pretender analizar aquí la compleja problemática y los avatares de una y otra categoría de relaciones jurídico administrativas, ni la poco clarificadora y controvertida concreción jurisprudencial de los supuestos que se deben considerar incluidos dentro de ellas, sí se puede constatar una serie de elementos comunes a la mayoría de ellos que constituyen el marco dentro del cual cabe establecer especialidades para el ejercicio de los derechos fundamentales derivadas de su existencia.

En primer término, y en contra de la pretensión dogmática con la que nació la categoría de las relaciones especiales de sujeción, los derechos fundamentales están vigentes dentro de las mismas, puesto que éstas no han sido contempladas por el texto constitucional como un supuesto de suspensión de los derechos, tal y como pone de relieve la STC 61/1990, FJ 8.º, en relación con una relación jurídica (la de los detectives privados con la administración) que, no obstante, difícilmente puede encuadrarse dentro de las de sujeción especial.

En segundo lugar, a pesar de lo anterior, el contenido de los derechos fundamentales dentro de las relaciones de especial sujeción tiene una extensión menor, debido a que deben coexistir con una serie de bienes y funciones constitucionales a cuyo servicio se han instituido éstas. Piénsese, por ejemplo, en la relación funcionarial o militar, cuya especial sujeción se encuentra al servicio de la jerarquía y la eficacia necesarias para el adecuado cumplimiento de las funciones constitucionales que tienen atribuidas la Administración civil y la Administración militar (STC 81/1983, FFJJ 2.º y 3.º). De ahí que las limitaciones a las que se ven sometidos los derechos fundamentales durante la vigencia de estas relaciones sean mayores que las que podrían experimentar en las relaciones de sujeción general, por lo que sus garantías tanto formales como materiales, sin llegar a ser excluidas, se ven parcialmente reducidas, en especial en lo que se refiere al principio de legalidad o a la prohibición de una duplicidad de sanciones (STC 69/1989, FFJJ 1.º y 2.º).

En tercer lugar, la especial intensidad de la sujeción, y, por tanto, la limitación del ejercicio de los derechos fundamentales que comporta, sólo se encuentra justificada en la medida en que sea adecuada, necesaria y proporcionada para el logro de aquellas finalidades constitucionales a cuyo servicio se encuentra (STC 21/1981, FJ 15). Además, aunque la incidencia de estas relaciones especiales de sujeción y análogas sobre el ejercicio de los derechos fundamentales se haya visto habitualmente desde la perspectiva de una más intensa limitación de los derechos fundamentales afectados, lo cierto es que dichas relaciones generan todo un entramado de derechos y deberes recíprocos entre la Administración y el individuo que se encuentra en ellas (STC 120/1990, FJ 6.º) que pueden conducir tanto a restringir como a ampliar el contenido del derecho fundamental. Piénsese, por ejemplo, en los especiales deberes de protección de la vida o la integridad física que asume la administración respecto de los sometidos especialmente a ella (reclusos, alumnos, militares, etc.) y que podrían ser extrapolables a determinados supuestos jurídico-privados, como el de la patria potestad o la tutela, en los que más que un derecho se ejerce una potestad funcionalmente orientada al logro de un objetivo constitucional.

En cuarto y último lugar, la existencia de semejantes situaciones jurídicas de especial sujeción viene corroborada por el propio texto constitucional que se ha hecho eco de ellas con específicas menciones a la más intensa limitación que experimentan los derechos fundamentales durante su vigencia, como en el artículo 25.2 CE respecto de las limitaciones en general de los derechos fundamentales de los reclusos, los artículos 28.1 y 29.1 CE en lo que se refiere a la limitación del derecho de sindicación y del derecho de petición de las Fuerzas Armadas y demás Cuerpos sometidos a disciplina militar, los artículos 28.1 y 103.3 CE por lo que respecta a la particularización del ejercicio del derecho de sindicación por parte de los funcionarios públicos y, finalmente, el artículo 127 CE en lo que se refiere a la prohibición de sindicación y de afiliación a partidos políticos de Jueces y Fiscales.

Algunas de estas situaciones han sido, además, expresamente calificadas de relaciones especiales de sujeción por nuestro Tribunal Constitucional (así respecto de los reclusos, STC 74/1985, FJ 2.º; respecto de los militares, STC 21/1981, FJ 15.º; respecto de los funcionarios públicos policiales o docentes, SSTC 69/1989, FJ 1.º y 47/1990, FJ 4.º). De ahí que no se deba descartar la existencia de otros supuestos de relaciones especiales de sujeción u otras análogas no mencionadas expresamente por el texto constitucional, pero en las que por decisión constitucional implícita, plasmada en otros preceptos, se dan los elementos comunes antes mencionados (es el caso de los alumnos de un centro escolar o los concesionarios de un servicio público), aunque la jurisprudencia constitucional no siempre los haya reconocido como tales y, sin embargo, sí haya atribuido esta calificación a otros supuestos en los que resulta más difícil encontrar aquellos requisitos comunes (como a los detectives privados a los titulares de establecimientos abiertos al público o a los arquitectos).

III. LOS OBLIGADOS POR LOS DERECHOS FUNDAMENTALES

1. Los poderes públicos: eficacia vertical

1.1. *La vinculación de todos los poderes públicos*

Del otro lado de la relación subjetiva que establecen las normas de derechos fundamentales se encuentran los sujetos que se ven obligados por los mandatos, permisos o prohibiciones a cuyo través aquéllas garantizan el ámbito de libertad iusfundamental. En efecto, las normas de derechos fundamentales son normas constitucionales y a ellas están sujetos, por consiguiente, *ex* artículo 9.1 CE todos: ciudadanos y poderes públicos. La obligatoriedad de los derechos fundamentales frente a estos últimos viene, además, expresamente prevista en el artículo 53.1 CE, que refleja la denominada eficacia vertical de los derechos fundamentales. Esta expresión trata de describir gráficamente el revés de la tradicional concepción liberal de las relaciones entre el individuo y el Estado (de arriba, poder público; hacia abajo, súbditos). Aunque se deje para más adelante el análisis de los concretos términos en los que se produce esta vinculación de los poderes públicos por los derechos fundamentales, esto es, el contenido de aquella eficacia vertical, sí procede hacer mención aquí, aunque sea mínimamente, a la cada vez más plural composición de la noción de poder público.

En este sentido, el artículo 53.1 CE se ha cuidado muy mucho de afirmar la vinculación de *todos* los poderes públicos, impidiendo con ello que nuevas fórmulas menos convencionales y formalizadas de ejercicio del poder público en el Estado democrático contemporáneo puedan escapar a la obligación de respeto a los derechos fundamentales y limitar las esferas de libertad del individuo. Por ello, la noción de poder público, vinculado por el respeto a los derechos y libertades, se ha ido ampliando tanto en el interior del aparato del Estado (a órganos del Estado que antes no lo estaban, a nuevos órganos que antes no existían, o a poderes nacidos de una nueva forma de organización territorial), como en su exterior (a raíz de la integración supranacional de nuestro Estado o de sus relaciones internacionales).

1.2. *La ampliación del concepto de poder público en el interior del aparato del Estado*

En el plano de la organización interna del aparato del Estado, se ha pasado de la inicial vinculación sólo de la *Administración pública*, propia de un Estado en el que la Constitución no ocupa una auténtica posición de supremacía respecto de la Ley, a la sujeción del *Gobierno*, que se plasma en el control jurisdiccional de sus actos por vulneración de los derechos fundamentales [art. 2.*a*) LJCA], con la consiguiente exclusión del concepto de acto político o de gobierno. De igual forma, también ha pasado a estar obligado por los derechos fundamentales el *Parlamento*. Lo está, de un lado, en sus actuaciones legislativas [STC 29/1987, FJ 5.º*a*)], susceptibles de control por infracción de cualquier precepto constitucional conforme a lo dispuesto en los artículos 161.1.*a*) CE y 55.2 LOTC. Pero también en aquellas otras actuaciones no legislativas (STC 90/1985, FJ 4.º), cuyo inicial control ante la jurisdicción contencioso administrativa previsto por el artículo 1.3.*a*) LJCA —y posterior ante la jurisdicción constitucional (art. 42 LOTC) en el caso de los actos de administración o de personal— o cuyo enjuiciamiento directo en amparo por la jurisdicción constitucional en el caso del resto de actos internos lesivos de los derechos fundamentales, ha eliminado parcialmente la inmunidad de los denominados *interna corporis acta* y de los actos de organización y administración parlamentaria.

Además, la evolución en las fórmulas de gestión de los asuntos públicos por parte del Estado ha conducido a que el concepto de poder público, al que se refiere la vinculación del artículo 53.1 CE, no haya de ser entendido en un sentido formal, sino material-funcional, es decir, lo importante es que el ordenamiento habilite a un determinado sujeto para imponer unilateralmente obligaciones, con carácter temporal o permanente y con independencia de que posea una forma jurídico-pública. De ahí que también haya que considerar actos de poder público y se encuentren sometidos al control jurisdiccional por violación de los derechos fundamentales los actos de los organismos autónomos y entidades empresariales del Estado [arts. 1.2.*a*) LJCA y 41 ss. LOFAGE], de las corporaciones profesionales de derecho público [art. 2.*c*) LJCA], de los concesionarios de un servicio público [art. 2.*d*) LJCA] y en general de todo aquel que por delegación ejerza una función pública, aunque sólo en los concretos ámbitos en los que, de acuerdo con sus normas fundacionales o contractuales, su actuación conlleve el ejercicio de potestades públicas y, por ello, quede sometida al derecho administrativo. A ello responde, sin duda, la generosa extensión con la que el artículo 43.1 LOTC ha regulado el conjunto de poderes públicos (autoridades, funcionarios o agentes) cuyas violaciones de los derechos y libertades podrán dar lugar al recurso de amparo constitucional. Sólo de este modo se podrá evitar que las nuevas formas de interacción entre el Estado y la sociedad, propias de la transformación del Estado en social y democrático, conduzcan a una relativización de la garantía de los derechos fundamentales. Piénsese, por ejemplo, en la polémica a cerca de si una entidad jurídica privada como la Iglesia Católica puede designar a los profesores de religión de los colegios públicos según criterios claramente contrarios a los derechos a la libertad ideológica (art. 16 CE) o a la igualdad (art. 14 CE), en ejercicio de potestad que al efecto le atribuyen los Acuerdos internacionales con la Santa Sede de 1979. El carácter jurídico-público de la función de designación, y no el carácter jurídico-privado de la Iglesia Católica, ha de ser el criterio determinante de la presencia de poder público y, por tanto, de su sometimiento como tal a las exigencias de los artículos 14 y 16 CE, lo que ha conducido a plantearse la conformidad constitucional tanto de los preceptos de los Acuerdos con la Iglesia, como su aplicación por parte de la curia eclesiástica.

También dentro de este ámbito interno al aparato del Estado, las nuevas formas de organización territorial han conducido a la existencia de poderes públicos no sólo centrales (Estado), sino también descentralizados administrativa (municipios, provincias y otras formas de organización local) o políticamente (CCAA). Toda la organización administrativa que se deriva de dichos procesos descentralizadores ha de ser considerada poder público y, por tanto, estará obligada al respeto de los derechos fundamentales previsto en el artículo 53.1 CE. Por consiguiente, los actos de los Parlamentos autonómicos, sean [arts. 161.1.*a*) CE y 55.2 LOTC] o no legislativos [art. 1.3.*a*) LJCA], de los Consejos de Gobierno autonómicos [arts. 2.*a*) LJCA y 43.1 LOTC] y de las autoridades, funcionarios y agentes dependientes de sus respectivas administraciones [arts. 1.2.*b*) LJCA y 43.1 LOTC], pero también del Alcalde, de los concejales y de los plenos de las Corporaciones locales, están sujetos al control del Tribunal Constitucional (art. 43.1 LOTC) o de la jurisdicción contencioso-administrativa [art. 1.2.*c*) LJCA] por violación de los derechos y libertades constitucionalmente garantizados.

1.3. *La ampliación del concepto de poder público en el exterior del aparato del Estado*

Desde una perspectiva exterior al aparato del Estado, las relaciones internacionales y los diversos niveles de cooperación internacional conducen a la imputación de determinados actos de órganos estatales extranjeros a los poderes públicos internos o a considerar como poder público interno a un poder de naturaleza supranacional. En efecto, los actos de los *poderes públicos de un Estado extranjero* o de una organización internacional de cooperación, sobre todo los legislativos y los judiciales, pueden tener reflejo en los poderes públicos internos en la medida en que éstos, conforme a las reglas del derecho internacional privado material (arts. 8 a 12 CC) o procesal (arts. 951-958 LEC de 1881 y CBRERJ), y del derecho penal internacional (CVISP) o de extradición (arts. 2 a 5 LEP), deban tenerlos en cuenta al emanar un acto jurídico propio, o al convalidar, homologar o simplemente constatar la existencia de un acto jurídico de aquéllos. En tales casos, sin embargo, el acto sobre el que pesa la obligación de respetar los derechos y libertades es el del poder público español competente para extraer las consecuencias jurídicas de aquel otro del poder público extranjero, al que sólo indirectamente cabe exigir dicho respeto (SSTC 43/1986, FJ 4.º, y 91/2000, FJ 6.º), a través del control que ha de realizar el primero del respeto al orden público interno (por ejemplo, en los arts. 12.3 CC y 954.3 LEC de 1881), del que forman parte esencial los derechos fundamentales.

Por el contrario, en el caso de los *poderes públicos de organizaciones supranacionales*, como los ejercidos por los órganos de la Unión Europea, la respuesta al problema planteado es un tanto diferente. El artículo 93 CE, en el que se apoya la integración de nuestro Estado en la Unión Europea, expresamente contempla la traslación de poder público a aquellas instancias supranacionales. De ahí que a éstos les sea aplicable la exigencia de respeto de los derechos fundamentales garantizados en la CE de 1978, no sólo por la vía indirecta de su vinculación abstracta a éstos tal y como resultan del CEDH y de las tradiciones constitucionales comunes de los Estados miembros (art. 6.2 TUE), lo que serviría para el parcial sometimiento del derecho comunitario derivado, sino también, cuando dicho nivel de garantía no resultase suficiente o cuando, como en el caso del derecho comunitario originario, el mismo fuese inaplicable, a través de su vinculación a los derechos garantizados por cada texto constitucional nacional.

Aunque nuestro Tribunal Constitucional no haya tenido ocasión de pronunciarse expresamente en este sentido, no parece que la solución pudiese ser otra, como ya anunciara con ocasión de la ratificación del Tratado de Maastricht el Tribunal Constitucional Federal Alemán (*BVerfGE* 89, 155), que expresamente se declaró competente para conocer de los posibles recursos de amparo contra los actos de los poderes públicos comunitarios. Sin duda que ello podría llegar a plantear un conflicto político y jurídico de grandes magnitudes en el proceso de integración europea, pero también pone de relieve la necesidad de que este proceso pase por la modificación de los textos constitucionales y la conversión de los Tratados constitutivos, y las declaraciones de derechos a ellos vinculadas, en las auténticas normas supremas respecto de los ordenamientos estatales de la Unión.

2. Los particulares: eficacia horizontal

Aunque los derechos y libertades fundamentales hayan sido concebidos inicialmente como derechos públicos subjetivos, y, por ello, encuentran su principal obligado en el poder público, lo cierto es que la extensión de la vinculación de los derechos fundamentales a los particulares, sean éstos personas físicas o personas jurídicas, es una consecuencia paralela al imparable avance de la pretensión del texto constitucional de convertirse en una auténtica norma jurídica suprema y, sobre todo, de organizarse entorno al principio estructural de Estado social de derecho (STC 18/1984, FJ 6.º). Por tanto, hoy ya no se puede negar que también los particulares están sometidos al respeto de los derechos fundamentales, máxime cuando la propia CE de 1978 así lo ha establecido de forma genérica, sujetando a todos —poderes públicos y particulares— al respeto de sus prescripciones (art. 9.1 CE). La discusión se centrará ahora, como se tendrá ocasión de analizar más adelante, en el tipo y efectos de esta vinculación de los derechos fundamentales en las relaciones jurídico-privadas, es decir, en si esta eficacia horizontal de los derechos es directa o indirecta, si la vinculación que generan es negativa o también positiva, y cuál sea en cada caso su extensión.

Por ahora baste con hacer referencia a adelantar que los particulares ocupan posiciones jurídicas muy diversas que difícilmente permiten establecer una única fórmula de eficacia horizontal de los derechos fundamentales. En efecto, la creciente difuminación de la radical separación liberal entre sociedad y Estado ha conducido a que la incidencia del ordenamiento jurídico, y en particular de los derechos fundamentales, en las relaciones entre particulares no siempre venga presidida por la imagen de una relación entre iguales y la existencia de una simple relación jurídico-privada. Hoy en día existen supuestos, como el de las relaciones paterno-filiales, el de las relaciones escolares privadas o el de las relaciones sanitarias privadas, por poner tres ejemplos, en los que la posición de uno de los sujetos privados viene determinada por el cumplimiento de una función o servicio público que le equipara en ciertos aspectos a un poder público por su capacidad para imponer unilateralmente obligaciones al tratar de satisfacer la obligación constitucional de proteger a los hijos, dar cumplimiento en nombre del Estado al deber de escolarización obligatoria o al deber de protección de la vida y la salud de los individuos. Pero también existen otros supuestos, como el de las relaciones laborales, previstos constitucionalmente como el ámbito normativo en el que se debe desarrollar el contenido obligatorio de algunos derechos fundamentales, como la libertad sindical (art. 28.1 CE), el derecho de huelga (art. 28.2 CE).

De ahí que no quepa colocar en una misma e indiferenciada posición a todos los sujetos privados desde la perspectiva de su obligación de respeto a los derechos fundamentales, y sea necesario modular el tipo y extensión de aquella eficacia horizontal a la luz de la concreta relación jurídica privada en la que aquéllos se encuentren.

IV. BIBLIOGRAFÍA

Aláez Corral, Benito: *Minoría de edad y derechos fundamentales*, Tecnos, Madrid, 2003.

Cruz Villalón, Pedro: «Dos cuestiones de titularidad de los derechos fundamentales: los extranjeros y las personas jurídicas», *REDC*, n.º 35, 1992, pp. 63 ss.

Díez-Picazo, Luis María: *Sistema de derechos fundamentales*, Thomson/Cívitas, Madrid, 2003.

Gómez Montoro, Ángel: «Titularidad de derechos fundamentales», en Manuel Aragon Reyes (coord.), *Temas de Derecho Constitucional*, t. III (Tribunal Constitucional y derechos fundamentales, Cívitas, Madrid, 2001, pp. 116 ss.

Jiménez Campo, Javier: *Derechos fundamentales. Concepto y garantías*, Trotta, Madrid, 1999.

Martín-Retortillo Baquer, Lorenzo, y Otto y Pardo, Ignacio de: *Derechos fundamentales y Constitución*, Cívitas, Madrid, 1988.

Rosado Iglesias, Gema: *La titularidad de derechos fundamentales por la persona jurídica,* Tirant lo Blanch, Valencia, 2004.

CAPÍTULO 5

OBJETO Y CONTENIDO DE LOS DERECHOS FUNDAMENTALES

I. EL OBJETO DEL DERECHO FUNDAMENTAL: LO QUE EL DERECHO FUNDAMENTAL GARANTIZA

Éste es un Capítulo dedicado justamente a la disponibilidad que el titular de un derecho fundamental tiene de él, en contraste con su indisponibilidad para el legislador (y de lo que nos ocuparemos en los Capítulos siguientes). El objeto de un derecho fundamental es aquello que garantiza. Parafraseando la STC 166/1996 (FJ 2.º), todo derecho fundamental es un ámbito de plena inmunidad frente a la coacción del Estado o de terceros con el propósito de asegurar al individuo o a los colectivos en los que se integre una determinada expectativa de conducta. De este modo, todo derecho fundamental garantiza su disponibilidad por su titular. Un derecho fundamental eleva a rango constitucional, y dota de la eficacia jurídica propia de este rango, a esa inmunidad frente al poder público bien mediante un permiso para hacer algo o bien a través de una prohibición de poder público. A resultas de ese permiso o de esa prohibición se extiende directa o indirectamente la garantía constitucional a una variedad mayor o menor de comportamientos individuales o colectivos dotados de relevancia constitucional (las expectativas de conducta) en tanto están ligados a aquel permiso o aquella prohibición.

El derecho fundamental cuando permite hacer algo (todos tienen derecho a expresarse con libertad, por ejemplo) atribuye a su titular el poder jurídico de comportarse conforme a dicho permiso, que puede hacer valer jurisdiccionalmente frente a terceros. En estos casos el objeto del derecho fundamental es precisamente ese *agere licere*, ese comportamiento o comportamientos que la Constitución autoriza llevar a cabo. Cuando lo que hace es prohibir el uso del poder público, el derecho fundamental prohíbe directamente la imposición de deberes unilaterales (cuya inobservancia está sujeta a sanción) en aquellos ámbitos de la realidad (inviolabilidad del domicilio) o sectores del ordenamiento jurídico (nadie podrá ser sancionado dos veces por unos mismos hechos) que quedan concernidos por la prohibición.

Todo derecho fundamental garantiza con rango constitucional ciertos ámbitos de aquella libertad genérica e indeterminada derivada del principio según el cual «todo lo no prohibido está permitido», asegurando a su titular que los podrá hacer valer frente a quien pretenda introducir *poder público* en ellos, esto es, deberes unilateralmente impuestos so pena de sanción caso de inobservarlos. Así pues, una de las funciones primeras de todo derecho fundamental es precisar en qué ámbitos de la realidad o del ordenamiento jurídico está, en principio, prohibido introducir poder público.

La CE establece en su Preámbulo que la Nación española hace uso de su soberanía deseando establecer la libertad, que su artículo 1.1 propugna como valor superior del ordenamiento jurídico, al igual que el libre desarrollo de la persona es el fundamento del orden político y la paz social (art. 10.1). Si a estos valores y principios constitucionales le unimos la garantía del principio de legalidad, la seguridad jurídica y la interdicción de la arbitrariedad (art. 9.3 CE) resulta que la cláusula de cierre del ordenamiento jurídico español dispone que todo lo que no le está prohibido a la persona, le está permitido, de forma que el silencio de las normas del ordenamiento supone la existencia de un espacio de libertad genérica de la persona, de un permiso general de hacer (en este sentido las SSTC 83/1984, FJ 3.º, 120/1990, FJ 11, y 142/1999, FJ 3.º). Pero esto no quiere decir que la CE garantice con rango constitucional esa libertad genérica ni esta garantía resulta del conjunto de los derechos fundamentales. La CE lo que hace con sus derechos fundamentales es precisamente seleccionar alguno de esos ámbitos de la realidad o de esos sectores del ordenamiento jurídico para vedar justamente la existencia de normas prohibitivas en ellos, bien mediante el establecimiento de una prohibición (art. 18.2 CE, por ejemplo) o bien amparando un permiso de hacer (art. 19.1 CE). Por tanto, ni la CE garantiza un remedo de libertad general de acción bajo la cual quepa amparar cualquier conducta individual o colectiva; ni es posible encuadrar en cada derecho fundamental todas las manifestaciones de hipotéticas conductas que son expresión de esa libertad genérica derivada del principio de vinculación negativa al ordenamiento de los sujetos no públicos (arts. 1.1 y 10.1 CE). Los derechos fundamentales garantizan sólo ciertas *libertades* y sólo ésas.

Afirmaba la STC 120/1990, FJ 11:

> No es tampoco pertinente encuadrar el problema en el ámbito del artículo 17.1 de la Constitución, en los términos que pretenden los recurrentes, dado que, según reiterada doctrina de este Tribunal (SSTC 126/1987, 22/1988, 112/1988, y 61/1990, por citar las más recientes) la libertad personal protegida por este precepto es la «libertad física». La libertad frente a la detención, condena o internamientos arbitrarios, sin que pueda cobijarse en el mismo *una libertad general de actuación o una libertad general de autodeterminación individual, pues esta clase de libertad, que es un valor superior del ordenamiento jurídico —artículo 1.1 de la Constitución—, sólo tiene la protección del recurso de amparo en aquellas concretas manifestaciones a las que la Constitución les concede la categoría de derechos fundamentales incluidos en el capítulo segundo de su título I, como son las libertades a que se refieren el propio artículo 17.1 y los artículos 16.1, 18.1, 19 y 20, entre otros* y, en esta línea, la STC 89/1987 *distingue entre las manifestaciones «de la multitud de actividades y relaciones vitales que la libertad hace posibles» (o manifestaciones de la «libertad a secas») y «los derechos fundamentales que garantizan la libertad» pero que «no tienen ni pueden tener como contenido concreto cada una de esas manifestaciones en su práctica, por importantes que sean éstas en la vida del individuo»* [la cursiva es nuestra].

Efectivamente, con anterioridad así se expresaba también la STC 89/1987 (FJ 2.º) en un caso relativo a si la libertad para mantener relaciones íntimas formaba parte o no del derecho a la integridad física y moral de los reclusos (art. 15 CE):

> Para quienes se encuentran en libertad, el mantenimiento de estas relaciones no es el ejercicio de un derecho, sino *una manifestación más de la multiplicidad de actividades y relaciones vitales que la libertad hace posibles. Los derechos fundamentales, que garantiza la libertad,*

> *no tienen ni pueden tener como contenido concreto cada una de esas manifestaciones de su práctica, por importantes que éstas sean en la vida del individuo.* Aseguran que nadie puede ser privado de libertad sino en los casos y en la forma previstos en la Ley (art. 17.1 CE) y *protegen el ejercicio de libertades concretas* (por ejemplo, arts. 19, 20, 21, 22, 27 y 28 CE) [...] [la cursiva es nuestra].

Pues bien, precisar qué ámbitos de la realidad, qué comportamientos, qué sectores del ordenamiento han sido seleccionados por la CE en sus derechos fundamentales para elevarlos de ser meras expectativas sobre comportamientos libres en el sentido de no prohibidos por el ordenamiento jurídico a objeto de normas constitucionales, es delimitar el objeto de cada derecho fundamental.

1. Derechos fundamentales cuyo objeto es una esfera vital

La STC 244/1991 (FJ 2.º) afirma:

> Aunque el artículo 22 CE no se refiere expresamente a la dimensión o manifestación negativa de la libertad de asociación, la jurisprudencia constitucional no ha dudado en proclamar que la no obligatoriedad de asociarse es correlativa al derecho mismo de asociación, puesto que en realidad el derecho de asociación, configurado como una de las libertades públicas capitales de la persona, *al asentarse justamente como presupuesto en la libertad, viene a garantizar un ámbito de autonomía personal, y por tanto también el ejercicio con pleno poder de autodeterminación de las facultades que componen esa específica manifestación de la libertad, de modo que esa libertad quedaría incompleta si sólo se entendiera en su aspecto positivo.*

Un derecho fundamental protege un ámbito en el que el único habilitado, en principio, para darse normas (autonomía) es su titular, en eso consiste su disponibilidad sobre el derecho. Tal cosa supone, en primer lugar, que nadie distinto al titular del derecho fundamental puede regular imperativamente su comportamiento en ese ámbito (acaso con la excepción de los menores de edad, de la que ya se ha hablado); y, en segundo lugar, que sólo él puede disponer jurídicamente de su conducta en ese espacio vital o jurídico objeto del derecho fundamental. Precisamente la función de los límites a los derechos fundamentales es la de establecer en qué términos esa autodeterminación de la conducta puede restringirse; en fin, en qué medida y de qué modo se puede introducir poder público en ese ámbito.

Cuando lo protegido por el derecho fundamental es un ámbito de la realidad, el derecho fundamental puede identificar una *esfera vital* del individuo en el que son posibles comportamientos muy dispares (el derecho a la *intimidad*: art.18.1 CE, donde bajo el manto de la intimidad cabe arropar una larga variedad de conductas). O bien puede describir un *comportamiento* genérico [la libertad de *expresión*: art. 20.1.*a*) CE, ampara toda conducta expresiva de una idea, opinión o pensamiento]. El derecho fundamental permite *elegir* qué hacer o qué comportamiento realizar en ese ámbito de la realidad sin que esa elección pueda estar condicionada por el uso de género alguno de poder público (*agere licere*). Ningún tercero puede condicionar esa elección con la imposición unilateral de deberes. Por eso el derecho fundamental es una garantía de posibilidades, al permitir realizar cualquiera de los comportamientos posibles que encajen en su objeto. En la elección del comportamiento el individuo *dispone* del derecho. En todos estos casos el derecho fundamental es una norma abierta al garantizar un *agere licere,* un hacer permitido que puede hacerse valer frente a terceros.

De estas dos formas la Constitución *delimita* en sus derechos fundamentales qué conductas son *libres* en el ordenamiento jurídico. Y lo hace, no como una simple confirmación de la vinculación negativa al ordenamiento (está permitido todo lo no prohibido), sino que refuerza esa vinculación negativa, por un lado, prohibiendo, en principio, toda proscripción o restricción de ese permiso (interdicción de poder público en ese ámbito); y, por otro lado, otorgando al titular del derecho el poder jurídico de hacer valer ese permiso frente a terceros.

Esto implica, por una parte, que no se puede obligar a un individuo a que ejercite un derecho fundamental. Aspecto de suma importancia, pues los derechos fundamentales extienden su garantía iusfundamental a la *libertad negativa* consistente en la decisión de no realizar un comportamiento de entre aquellos objeto del derecho fundamental en cuestión (véase, por ejemplo, la jurisprudencia del TC sobre el derecho a no asociarse como parte del derecho de asociación: SSTC 5/1981, 139/1989 ó 179/1994; caso interesante es el resuelto en la STC 153/2000, en el que se estima el amparo contra una Sentencia que reprochó a una trabajadora despedida el haber guardado silencio sobre la carta publicada por su esposo en un diario criticando a la empresa en la que ella trabajaba); ni imponerle, salvo disposición constitucional en contrario, la satisfacción de un fin que condicione su elección, ni directa (sancionando los que se desvíen de ese fin o negándoles protección jurídica), ni indirectamente (estimándolas irrelevantes jurídicamente o primando otras conductas mediante ayudas, subvenciones u ofreciéndoles mejores condiciones en su protección jurídica).

Volviendo al ejemplo de la libertad de asociación (art. 22 CE), a nadie se le podría obligar, en principio, a asociarse, y tampoco sería admisible reconocer protección iusfundamental sólo a las asociaciones con fines políticos, y dentro de éstas, sólo a las que persigan la defensa activa de los valores y principios democráticos (en este sentido, la STC 48/2003).

Es evidente que el derecho fundamental habilita única e inicialmente al individuo para decidir sobre el comportamiento a realizar en ese ámbito vital garantizado iusfundamentalmente, siendo él quien concretará espacio-temporalmente su conducta libre, bien porque actúa en los términos del *agere licere* delimitado en el derecho fundamental o bien reaccionando ante la violación del deber de abstenerse de introducir poder público en esa esfera. De ello resulta que sólo una habilitación constitucional expresa puede permitir la *limitación* de esa inicial autodeterminación individual.

Con todo, el individuo está constreñido en su elección a la delimitación del objeto del derecho fundamental ya hecha en el enunciado constitucional que lo contiene. La autodeterminación de la conducta sólo es posible en el marco del objeto definido abstractamente en el enunciado constitucional del derecho fundamental, cuya delimitación es misión de los jueces y tribunales, en particular del TC, y, también del legislador, mediante el desarrollo del derecho fundamental en los términos del artículo 81.1 CE. Por un lado, el objeto del derecho fundamental no está sometido al entendimiento libérrimo de jueces o legislador, pues ese objeto ya está definido en el enunciado constitucional del derecho fundamental. Tampoco su objeto queda al albur de la decisión individual (algo de suma importancia para un correcto entendimiento de la irrenunciabilidad de los derechos fundamentales o la participación del Ministerio Fiscal en los procesos de amparo), pues la conducta no se hace digna de garantía iusfundamental por el simple hecho de que no esté prohibida por el ordenamiento jurídico, sino sólo si encaja en la definición constitucional del objeto del derecho fundamental (el ordenamiento puede que no prohíba la mendicidad en las calles, pero no por ello esta actividad es, sin más, el objeto de la libertad de expresión concebida como la *expresión* del rechazo al sistema social mediante la práctica de la mendicidad).

Una vez más se pone de relieve la transcendental operación que realizan los jueces, el TC y, en su caso, el legislador a la hora de concretar el objeto de un derecho fundamental, pues de semejante concreción dependerá la garantía iusfundamental dispensada al comportamiento individual (aquí se pone de manifiesto la capital importancia que tiene el respeto a la literalidad del enunciado del derecho fundamental como límite infranqueable de su interpretación y la interpretación sistemática de ese enunciado —interpretación constitucionalmente adecuada del derecho fundamental—; importancia que también tiene la selección de la dogmática con la que dar cabal sentido a cada derecho fundamental).

2. Derechos fundamentales cuyo objeto es una prohibición de poder público

En otras ocasiones el objeto del derecho fundamental es justamente el deber que pesa sobre el poder público de no hacer algo (por ejemplo, intervenir comunicaciones privadas). En esos casos el derecho fundamental no trata de garantizar a su titular un poder de disposición sobre su conducta en un determinado ámbito de la realidad, tal y como se describe en el epígrafe anterior. Se trata más bien de que la Constitución ha elevado a rango constitucional un determinado deber de no introducir poder público en determinadas situaciones acotadas en la norma constitucional (nadie tiene el deber de soportar la inmisión del Estado en su domicilio o en sus comunicaciones privadas).

Así pues, el objeto del derecho fundamental en estos casos no es un *agere licere*, sino la prohibición misma de poder público. O, dicho de otro modo, el derecho fundamental no establece qué conductas individuales o colectivas están constitucionalmente permitidas y no pueden prohibirse o restringirse, en principio, mediante el ejercicio de poder público alguno, sino que fija en qué casos está proscrito, el uso de ese poder público y, en consecuencia, el Estado (en el sentido de sujeto que tiene atribuido jurídicamente el ejercicio de ese poder) tiene el deber constitucional de no hacer uso de él.

Al igual que en los casos del epígrafe anterior el rango constitucional de esa prohibición es determinante, ya que ese rango sustrae a la disposición del propio Estado la posibilidad de decidir sobre la existencia misma de esa prohibición. La inviolabilidad del domicilio, el secreto de las comunicaciones o la libertad personal tienen por objeto sendas prohibiciones que imponen al Estado el deber de no penetrar en los domicilios, de no intervenir las comunicaciones privadas o de no privar de libertad a las personas. Deberes de rango constitucional que no están a disposición ni siquiera del Legislador, y que de poder limitarse, sólo podrá hacerse en los términos que la propia Constitución fija.

Es cierto, no obstante, que, cuando la Constitución garantiza estos deberes de no hacer y lo hace como derechos fundamentales, la norma constitucional iusfundamental extiende su amparo a ese ámbito sobre el que se proyecta la prohibición constitucional (el domicilio, las comunicaciones privadas, la libertad deambulatoria de toda persona), de forma que esa prohibición, y el deber de no hacer que contiene, no son sino instrumentos jurídicos destinados a salvaguardar aquellos ámbitos vitales afectados que encarnan la dimensión subjetiva del derecho. En este sentido, cuando se proscribe un comportamiento de los poderes públicos (por ejemplo, intervenir una comunicación telefónica privada), se otorga protección constitucional refleja a aquellos comportamientos ligados inextricablemente a esa prohibición (todo lo que en esa comunicación se haya dicho).

No es pacífica la cuestión relativa a si esas prohibiciones extienden reflejamente la garantía constitucional iusfundamental a las conductas que se benefician de la interdicción de poder público. Por ejemplo, se dice que el derecho fundamental a la inviolabilidad del domicilio protege indirectamente la intimidad de sus moradores; es más, el TC define el domicilio a los efectos del artículo 18.2 CE como el espacio físico que delimita un lugar apto para desarrollar en él actos propios de la intimidad personal o familiar de quienes lo ocupan (así, STC 10/2002). Por ejemplo, el TC, en Sentencias como la 200/1997 (FJ 2.º), liga la prohibición de intervención de las comunicaciones privadas, objeto del derecho fundamental del secreto de las comunicaciones (art. 18.3 CE), a la garantía refleja del libre desarrollo de la persona. Optar por reducir la protección constitucional únicamente a los lindes estrictos de la prohibición o extenderla reflejamente a las conductas individuales ligadas a la interdicción de poder público no es asunto baladí, por cuanto de ello dependerá, por ejemplo, que se considere prueba de cargo válida o no lo hallado fortuitamente en el interior de una vivienda con independencia de la constitucionalidad del Auto judicial que haya autorizado la entrada y registro en la misma (SSTC 239/1999 y 56/2003). Sin embargo, el TC, en su STC 120/1990 (FJ 11) recordaba que la libertad personal del artículo 17.1 CE sólo se refiere al deber del Estado de no privar de la «libertad física», sin que quepa deducir de ello que esa prohibición garantiza reflejamente una libertad general de acción.

II. EL CONTENIDO DEL DERECHO FUNDAMENTAL: CÓMO GARANTIZA EL DERECHO FUNDAMENTAL SU OBJETO

El contenido de un derecho fundamental es el poder o conjunto de poderes jurídicos, concebidos como facultades (por tanto, de uso discrecional y no obligatorio), mediante los que se hace valer frente a terceros el permiso o la prohibición iusfundamental garantizadas en cada derecho fundamental.

Los derechos fundamentales, como garantía de lo posible que son, protegen ámbitos exentos de poder público mediante permisos (*agere licere*) o prohibiciones (deberes de abstención de los poderes públicos) que se revisten con diversas técnicas jurídicas, cuyo fin es hacer valer unos *y* otras ante el Estado. Ese contenido jurídico del derecho fundamental obedece a la doble dimensión de todo derecho fundamental, de manera que hay un contenido objetivo *y* otro subjetivo.

El *contenido objetivo* del derecho fundamental persigue la garantía de la dimensión objetiva del derecho fundamental en cuanto norma principial. Ese contenido objetivo no es sino el *mandato de optimización* de la libertad individual (o colectiva) protegida en cada concreto derecho fundamental mediante un permiso o una prohibición. Dicho mandato posee una doble faz. De un lado, impone a todo aquel que ejerza poder público el deber positivo de proteger los derechos fundamentales que puedan verse afectados en aquella situación en la que haga uso de dicho poder. De otro lado, le impone el deber de abstenerse de todo acto contrario al derecho fundamental en cuestión. De este modo, los poderes públicos se erigen en garantes de los derechos fundamentales en aquellas situaciones en las que en ejercicio de sus potestades se ven implicados derechos fundamentales, muy en especial si se trata de jueces y tribunales (así se desprende de las SSTC 10/2000 y 178/2001, o del ATC 78/2000). Los efectos de irradiación y reciprocidad o las garantías institucionales, de las que se hablará más abajo, no son sino expresiones técnicas de ese contenido objetivo de todo derecho fundamental.

El *contenido subjetivo* de los derechos fundamentales consiste en el haz de facultades jurídicas atribuidas al titular del derecho para defender el objeto del derecho fundamental frente a terceros. Ese contenido subjetivo del derecho fundamental se concreta en aquellas facultades jurídicas atribuidas al titular del derecho a través de cuyo ejercicio exige la observancia de los deberes de abstención o de acción, según el caso, que pesan sobre el Estado o los particulares.

Ese haz de facultades que conforma el contenido de un derecho fundamental puede adoptar la forma de derechos de libertad (y dentro de éstos de derechos reaccionales), garantías institucionales y/o derechos de prestación. Cada derecho fundamental puede emplear una o varias de estas técnicas para salvaguardar su objeto. En unos casos, cuál sea la técnica o técnicas elegidas resulta de la propia literalidad del precepto (por ejemplo, el derecho de libertad de asociación del art. 22 CE, la garantía institucional del matrimonio del art. 32.2 CE, o el derecho de prestación a favor de los centros docentes del art. 27.9 CE). En otros, los más, la técnica idónea resultará de la interpretación que se haga del objeto y contenido del derecho fundamental [por ejemplo, del art. 20.1.*a*) y *d*), además de derechos de libertad —a expresarse y a informar— también se deduce la garantía institucional de un proceso de comunicación pública libre y plural]. Una labor interpretativa en la que la elección del modelo dogmático para llevar a cabo la concreción de esos extremos del derecho fundamental resulta de capital importancia.

En la clasificación tradicional de estas técnicas siempre se ha hecho mención de los denominados «derechos de participación» como una categoría con rasgos propios. A nuestro juicio esta circunstancia es una herencia persistente del tributo que la teoría de los derechos fundamentales debe a la de los *status* de Jellinek y en particular a los derechos del *status* activo del ciudadano. A nuestro juicio, los derechos de participación no constituyen una técnica autónoma y distinta de garantía del contenido de los derechos fundamentales. Indudablemente son un tipo de derechos cuya singularidad radica en el tipo de conductas que se encuadran en su objeto (regular la intervención de los individuos en los procesos de creación y aplicación de normas mediante permisos de hacer o prohibiciones de poder público), pero no en su contenido, ya que para proteger ese objeto se recurre como los restantes derechos fundamentales a cualquiera de las técnicas que vamos a examinar a continuación.

1. Derechos de libertad

La técnica de los *derechos de libertad* es la forma típica de garantía del objeto de un derecho fundamental cuando éste consiste en un permiso constitucional y su propósito es la salvaguardia de una esfera vital.

En la actualidad el contenido de los derechos fundamentales ya no puede explicarse acudiendo a la Teoría de los *status* de Jellinek ni a la categoría acuñada en ella de los derechos reaccionales o de defensa de los estatus negativo, positivo y activo, que el iuspublicista alemán propuso a mediados del siglo XIX como el modo en que los denominados derechos públicos subjetivos servían para el amparo de ciertos espacios de libertad individual que el Estado debía respetar en los términos que fijase la ley. Si un derecho fundamental emplea la técnica del derecho de libertad sigue atribuyendo a su titular, ciertamente, un derecho subjetivo cuyo objeto es el deber que se impone a terceros, sea el Estado o simples particulares, de abstenerse de ejercer poder público en la esfera vital garantizada por el derecho fundamental. En esa medida todo derecho fundamental es un derecho de defensa que otorga a su titular el poder jurídico de reaccionar a través de los pertinentes mecanismos jurídicos frente al incumplimiento de dicho deber. Pero la función del derecho de libertad no se reduce a garantizar la observancia de ese deber de abstención, sino, y sobre todo, a hacer valer el permiso contenido en el derecho fundamental.

El derecho de libertad pretende hacer valer justamente ese permiso constitucional frente a las injerencias estatales o de terceros sin la debida habilitación constitucional. Ya no se trata tan sólo de poder invalidar todo acto en infracción del deber de no ejercer poder público en el ámbito protegido por el derecho fundamental, sino y esto es capital, de dar amparo constitucional a cualquiera de los posibles comportamientos que en principio se puedan encuadrar en la definición abstracta de la esfera vital que es objeto del permiso constitucional establecido por la norma iusfundamental. Si el derecho de libertad se reduce únicamente al poder jurídico de hacer valer el aludido deber de abstención, esto es, a hacer valer las condiciones de licitud constitucional del ejercicio de poder público en la esfera vital objeto del derecho fundamental mediante la comprobación de que se ha limitado el derecho fundamental de forma constitucionalmente adecuada, en la mayoría de los casos el derecho de libertad sería un simple derecho reaccional.

Si se considera el derecho a la inviolabilidad del domicilio como un simple derecho de libertad reaccional, su garantía sólo se extendería a la prohibición de entrada fuera de los casos previstos en el artículo 18.2 CE, pero no a las expectativas de conducta realizables dentro del espacio físico delimitado por el domicilio.

Pero es posible que el derecho de libertad sume al nudo deber de abstención el deber de tolerar la realización de las expectativas de conducta que componen su objeto. En unos casos, en todos en los que el derecho fundamental garantiza un *agere licere*, el deber de abstención implica de suyo ese deber de tolerancia. Pero cuando no es así, en los casos en los que el objeto inmediato del derecho es una prohibición de poder público y no un permiso constitucional, cabría sostener que al deber de abstención también se le suma un deber de tolerancia que asegura al titular del derecho, además de la reacción frente a la infracción de la prohibición constitucional, el deber de terceros de tolerar la realización de cualquiera de las expectativas de conducta ligadas de modo reflejo a esa prohibición. Esa prohibición constitucional se transformaría, entonces, en un instrumento de ese deber de tolerancia.

En efecto, volviendo al caso de la inviolabilidad del domicilio, si además del deber de abstenerse de infringir la prohibición de entrada en el domicilio, se suma el deber de tolerar lo que se haga dentro del domicilio, esta prohibición se vuelve un instrumento al servicio de la protección de la privacidad domiciliar, de forma que, aunque la entrada en el domicilio sea constitucionalmente lícita no por ello decae la garantía de la intimidad dentro del domicilio. En este sentido, *mutatis mutandis*, podría leerse la famosa Sentencia de la Corte Suprema de los EEUU en el *caso Lawrence contra Texas* (6 de junio de 2003), pues la condena penal de los recurrentes por un delito de sodomía fundada en una prueba de cargo obtenida al irrumpir en su domicilio, hallándolos manteniendo una relación sexual, vulneró su derecho a la intimidad con independencia de la licitud constitucional de aquella orden de entrada y registro. Otro caso paradigmático es el del derecho a la vida del artículo 15 CE y la pregunta sobre si el suicidio es una forma de ejercicio de ese derecho fundamental. Si el derecho a la vida fuese tan sólo un derecho de libertad con un exclusivo contenido reaccional, no habría un derecho constitucional al suicidio, ya que lo que garantiza ese derecho de reacción es la observancia por terceros del deber de abstenerse de cualquier conducta dirigida a privarnos de nuestra vida, pero con su ejercicio no podríamos imponer al Estado el deber de tolerar nuestro suicidio. El Estado si sancionase penalmente el suicidio, respetaría su deber de abstención, ya que no nos priva de la vida, pero no el deber de tolerar la disposición que el titular del derecho haga de su propia existencia. Así pues, si el derecho a la vida fuese un simple derecho reaccional, esa norma penal estatal, u otras que aparejasen consecuencias negativas al suicidio (privándole, por ejemplo, de ciertas asistencias sanitarias públicas y gratuitas de fracasar en el intento), no serían normas limitativas del derecho fundamental y no tendrían por qué someterse a las reglas constitucionales sobre limitación de derechos fundamentales. Si, por el contrario, el derecho a la vida, además de ese deber de abstención, fuese un permiso constitucional cuyo objeto fuese el de garantizar al titular cualquier comportamiento de libre disposición sobre su vida, estaría imponiendo a terceros el deber de tolerar esa conducta. En ese caso, las normas estatales mencionadas que aparejan consecuencias perjudiciales para quien trata de suicidarse serían un límite al derecho fundamental a la vida que deben sujetarse a las condiciones constitucionales sobre limitación de derechos fundamentales.

A nuestro juicio, cuando el derecho fundamental contiene un permiso constitucional, el derecho de libertad no cabe duda de que impone un deber de abstención al tiempo que uno de tolerancia. Sin embargo, cuando lo que contiene la norma iusfundamental es una prohibición de poder público, es discutible que el objeto del derecho de libertad se extienda más allá de su dimensión reaccional. En esos casos, la norma iusfundamental garantiza su objeto atribuyendo a su titular el poder de hacer valer la ilicitud constitucional del ejercicio de poder público en contra de lo dispuesto en la Constitución. En esa reacción, en la defensa del deber de abstención de ejercer poder público, se agota el derecho de libertad. Cuando la Constitución opta por configurar un derecho fundamental como una prohibición de poder público y no como un permiso constitucional, en rigor, la Constitución lo que ha querido es regular el uso de la fuerza en ciertos casos, dotando al afectado de un derecho a imponer las condiciones constitucionales de ese uso, y no un *agere licere* que imponga a los demás el deber de tolerar ciertas conductas. La opción constitucional por una u otra técnica no puede ser cosa baladí.

En el caso de la inviolabilidad del domicilio, el artículo 18.2 CE ha optado por configurarlo como una prohibición. Esto es, lo que la CE establece es que está prohibido entrar en un domicilio fuera de los casos previstos por el propio precepto constitucional (autorización de su morador, caso de necesidad o previa resolución judicial). No hay razón constitucional que avale la extensión de esa garantía iusfundamental a las conductas realizadas dentro del domicilio, que, en su caso, estarán protegida por el derecho a la intimidad del artículo 18.1 CE antes que por la inviolabilidad del domicilio del artículo 18.2 CE. Otra cosa es que la nulidad del acto de poder público contrario a la prohibición constitucional del artículo 18.2 CE (una entrada y registro sin autorización judicial o en contra de dicha autorización) conlleva la ilicitud de toda consecuencia jurídica perjudicial para el titular del derecho fundamental o para terceros derivada de esa infracción (véase la STC 166/1999). Si el registro es inconstitucional, la entrada en el domicilio nunca habrá existido para el ordenamiento y en consecuencia nada de lo hallado en ese registro puede hacerse valer en contra de sus moradores, con total independencia de que sus conductas se consideren o no íntimas. Por eso la inviolabilidad del domicilio puede proteger indirectamente la intimidad de las conductas llevadas a cabo en su interior (por ejemplo, el consumo de drogas), no porque éste sea el objeto, siquiera mediato, de ese derecho fundamental (garantizar actos íntimos aunque éstos vayan contra la ley), sino porque la intromisión en el domicilio, que es el medio para conocer esos comportamientos, es nula, es decir, no existe para el ordenamiento jurídico por haber infringido una norma (en este caso constitucional), de forma que carece de todo valor jurídico aquello que se haya podido conocer a través suyo (en este caso, no se podría procesar a los moradores de ese domicilio por consumo de drogas ya que el conocimiento de ese comportamiento se obtuvo vulnerando una prohibición constitucional contenida en un derecho fundamental). Repárese en la relevancia que tiene esta hipótesis para la teoría de las pruebas prohibidas por lesión de derechos fundamentales y la conexión de antijuricidad de las pruebas derivadas (teoría de los frutos del árbol envenenado, STC 49/1999).

2. Derechos de prestación

Los derechos fundamentales también pueden adoptar la técnica de los derechos de prestación. En unos casos, el contenido del derecho fundamental es justamente uno o varios derechos de prestación (derecho a la tutela judicial efectiva: art. 24.1 CE). En otros, los derechos de prestación son el resultado, o bien de un mandato de hacer dirigido a los poderes públicos (incluso a los particulares) contenido en la norma iusfundamental, de tal manera que de ese mandato sea posible deducir un derecho a una conducta positiva del Estado (o de los particulares); o bien de una exigencia derivada de la garantía de un efectivo y real ejercicio del derecho fundamental en cuestión.

Un derecho de prestación tiene por objeto, no un deber de abstención de hacer algo, lo que es propio de un derecho de libertad. El objeto de un derecho de prestación es el mandato constitucional que impone al poder público (o en su caso a un particular) el deber de hacer algo; y, en sentido estricto, de hacer algo consistente en prestar un servicio o poner a disposición del titular del derecho un bien (distinto, obviamente, a la reparación de la lesión causada por la violación del deber de abstención contenido en un derecho de libertad). Aunque en rigor un derecho de prestación no puede identificarse con una garantía institucional o con una garantía de procedimiento y organización, existen entre las tres nociones lazos muy estrechos. La prestación puede consistir en el ejercicio de los poderes de creación normativa por los poderes públicos o en el establecimiento de órganos o procedimientos indispensables para el disfrute de los derechos de libertad o de los propios derechos de prestación.

El ejemplo más claro es el derecho a la tutela judicial efectiva. El TC ya ha dicho que se trata de un derecho de prestación (STC 205/1990, FJ 2.º). Pero en puridad el objeto de este derecho no es el *proceso judicial* o sus *órganos*, ni una determinada estructura y modo de producirse de ese proceso y esos órganos, sino los distintos derechos subjetivos del titular del derecho fundamental a la tutela judicial efectiva que puede hacer valer en esos procesos y ante esos órganos (derecho a un resolución motivada, derecho de acceso al proceso, derechos de defensa, derecho a la prueba, derecho a la asistencia letrada, etc.). Esos derechos, que son de prestación pues imponen deberes de hacer, requieren de una organización y un procedimiento que además deben reunir ciertas características para ser constitucionalmente adecuados (jueces imparciales, procedimientos que garanticen los derechos de defensa). Es decir, esos derechos de prestación necesitan de garantías institucionales y de garantías de organización y procedimiento.

En sentido amplio un derecho de prestación puede ser el derecho a que el Estado regule determinada realidad (lo que está íntimamente ligado a las garantías institucionales, por ejemplo, el derecho a que regule el régimen jurídico del matrimonio: art. 30.2 CE). Pero, en sentido propio, el derecho de prestación es aquel cuyo objeto es una actividad estatal que proporciona bienes o servicios a su costa o a costa de terceros.

Un ejemplo paradigmático es el relativo al carácter obligatorio y gratuito de la enseñanza básica (art. 27.4 CE). Por un lado, esta norma es un mandato a los poderes públicos que deben garantizar esas condiciones de la enseñanza básica, para lo que deben crear una red pública de centros educativos que aseguren esa obligatoriedad y gratuidad o imponer a los particulares que posean centros educativos esa obligación de ofertar enseñanzas propias de esa etapa. Por tanto, el apartado 4 del artículo 27 CE contendría un derecho de prestación a un servicio educativo gratuito. Ahora bien, la configuración de ese derecho depende a su vez de una prestación consistente en la creación de las normas que definan qué sea educación básica y que establezcan, en un caso, el régimen jurídico de los centros educativos públicos y, en el otro, el régimen y obligaciones de los privados. En este punto el contenido del derecho a la educación del artículo 27 CE integraría varios derechos de prestación e incluso una garantía institucional de una red de enseñanza básica obligatoria y gratuita, lo que permitiría afirmar que en el artículo 27.4 CE, en relación con su apartado 1, la Constitución ha previsto una garantía de procedimiento y organización del derecho a la educación.

A los efectos de clasificar los derechos de prestación según su relación con los restantes contenidos de un derecho fundamental, estos derechos de prestación pueden ser de tres tipos. La primera categoría estaría formada por los derechos fundamentales que son en sí mismos un derecho de prestación (ejemplo paradigmático es el art. 24.1 CE). La segunda es la de aquellos otros derechos de prestación que son indispensables para el ejercicio de un derecho de libertad (ése sería el caso del derecho de sufragio del art. 23.1 CE). Por último, estarían los derechos de prestación que favorecen, mejoran, promueven o facilitan el ejercicio del derecho fundamental (art. 9.2 CE) pero que no le son indispensables (una política de ayudas a la creación de medios de comunicación favorecerían la libertad de expresión e información, pero no son necesarias para su ejercicio).

En el primer y segundo caso, el derecho de prestación es un verdadero derecho subjetivo de rango constitucional cuyo objeto es el deber de hacer del Estado o de los particulares. El titular del derecho puede hacer valer ese derecho frente a la inactividad del poder público o de los particulares. Ahora bien, esto no quiere decir que en todo caso el deber objeto del derecho de prestación sea el de prestar efectivamente el bien o servicio. Sólo existe este derecho inmediato a que se preste el bien o servicio cuando éstos ya están a disposición del poder público o del particular.

La STC 254/1993 (FJ 3.º) sostuvo en un caso en el que la administración pública había denegado a un ciudadano el acceso a la información relativa a su persona que pudiere estar en posesión suya que: «Tampoco resultan convincentes las afirmaciones que realiza acerca de la imposibilidad material en que se encontraban las autoridades» a las que el recurrente dirigió su petición. «El que un determinado órgano administrativo disponga, o carezca, de los medios materiales o de las atribuciones competenciales precisos no sirve para discernir los derechos de un ciudadano, especialmente si esos derechos son declarados por la Constitución. La cuestión que debemos determinar en este proceso es si el actor tenía o no derecho, en virtud del artículo 18 CE, a que la Administración le suministrase la información que solicitaba. Si tiene derecho a ella, es deber de todos los poderes públicos poner los medios organizativos y materiales necesarios para procurársela; si no tiene derecho, sigue siendo igualmente irrelevante el que dichos medios existan o no.»

Fuera de estos dos casos, es decir, cuando estamos ante los derechos de prestación de carácter contingente, su existencia no puede ser derivada directamente de la Constitución pues lo impide el reparto de competencias en materia económica y presupuestaria (arts. 131, 132, 133, 134, 148.1.13.ª y 149.1.14.ª CE), y la circunstancia de que toda prestación impuesta a un particular requiere una norma con rango de ley habilitante, por cuanto esa prestación es un límite al derecho fundamental de propiedad (art. 33, en relación con los artículos 53.1 y 81.1 CE; en este sentido, STC 28/1999, FJ 7.º), e incluso lo puede ser también de otros de sus derechos fundamentales. Este tipo de derechos de prestación nace una vez que se haya establecido legal y materialmente la prestación. Es en ese momento en el que, disponible el bien o servicio, el titular del derecho fundamental tiene el derecho subjetivo a servirse de la prestación en los términos que haya fijado la norma que la crea. En estos casos la prestación no se incorpora al contenido constitucional del derecho fundamental, sin perjuicio de que la vulneración del derecho a servirse de ella conlleve la del derecho fundamental al que está ligada.

Por ejemplo, las SSTC 172/1989 y 17/1990 abordaron la cuestión del derecho de los reclusos a un puesto de trabajo remunerado y a los beneficios de la Seguridad Social. Según dichas Sentencias se estaría ante un derecho de prestación establecido en el artículo 25.2 CE que no supone la existencia de «un verdadero derecho subjetivo perfecto del interno frente a la Administración, pero tampoco como una mera declaración dirigida a destacar la obligación positiva de la Administración Penitenciaria de procurar al interno el efectivo disfrute de ese derecho, pues también aquí hay una exigencia complementaria de la garantía fundamental de la participación en esa actividad de prestación de la Administración. [...] habiendo de distinguirse en él [...] dos aspectos: la obligación de crear la organización prestacional en la medida necesaria para proporcionar a todos los internos un puesto de trabajo y el derecho de éstos a una actividad laboral retribuida o puesto de trabajo dentro de las posibilidades de la organización penitenciaria existente [...]. En el primero debe verse antes que nada una obligación de la Administración Penitenciaria de cumplir la obligación prestacional en la medida necesaria para proporcionar a todos los internos un puesto de trabajo, y aunque también pueda reconocerse una titularidad subjetiva del interno es ésta desde luego de eficacia limitada a las posibilidades materiales y presupuestarias del propio establecimiento [...] no pudiendo pretenderse, conforme a su naturaleza, su total exigencia de forma inmediata (SSTC 82/1986 y 2/1987). [...] son derechos de aplicación progresiva, cuya efectividad se encuentra en función de los medios que la Administración Penitenciaria tenga en cada momento, no pudiendo, por tanto, ser exigidos en su totalidad de forma inmediata en el caso de que realmente exista imposibilidad material de satisfacerlos». «Es en el segundo aspecto, partiendo ya de la existencia de un puesto de trabajo adecuado e idóneo, cuando el derecho del interno a ocuparlo adquiere plena consistencia y eficacia, es decir, se configura como "una situación jurídica plenamente identificable con un derecho fundamental del interno, con la doble condición de derecho subjetivo y elemento esencial del ordenamiento jurídico" (SSTC 25/1981 y 163/1986), exigible frente a la Administración Penitenciaria en las condiciones legalmente establecidas [...] tanto en vía jurisdiccional como, en su caso, en sede constitucional a través del recurso de amparo (STC 172/1989, FJ 3.º). «Tales derechos alcanzan relevancia constitucional únicamente si se acredita que en el Centro Penitenciario en el que se cumpla la condena existe puesto de trabajo a cuya adjudicación se tenga derecho dentro del orden de prelación establecido —el cual no podrá ser arbitrario o discriminatorio—, pese a lo cual la autoridad judicial no adopta las medidas adecuadas para compeler a la Administración a que lo satisfaga» (ibídem).

En todos estos casos el derecho de prestación contiene, además del derecho subjetivo a la prestación, sólo ejercitable cuando la prestación ya existe, un mandato a los poderes públicos, y a los particulares en su caso. Justamente éste es el único contenido de aquellos derechos de prestación pertenecientes a la tercera categoría antes mencionada.

Como hemos visto, salvo que los bienes o servicios ya están a disposición del titular del derecho fundamental al que está ligado el de prestación, el disfrute de este último, o su misma existencia, dependen de su creación y definición legal. El obligado por un derecho de prestación siempre es el Estado, incluso cuando la prestación sea a cargo de un particular, pues es la ley la que configura la prestación y sus condiciones concretas de existencia.

3. Garantías institucionales

Aunque es posible encontrar garantías institucionales desligadas de los derechos fundamentales (la autonomía local, por ejemplo: art. 137 CE), esto es una técnica a la que se acude en ocasiones para su garantía. En la actualidad la garantía institucional es tomada como técnica que objetiva la libertad y la juridifica convirtiendo su contenido no en la abstracta protección de un *agere licere* o de una prohibición de poder público, sino en la ordenación normativa de una determinada realidad (el matrimonio, la autonomía universitaria, el proceso de comunicación pública). Pero, sobre todo, dota de eficacia normativa informadora de todo el ordenamiento jurídico a la dimensión objetiva de los derechos fundamentales (efecto de irradiación) y le impone a los poderes públicos la ordenación de aquella realidad en los términos constitucionalmente previstos cumpliendo un deber positivo de protección. Imposición que también se extiende a los particulares, que ven cómo su vinculación negativa a la Constitución y a la libertad objeto de la garantía institucional se transforma y «positiviza» (eficacia *entre* terceros de los derechos fundamentales). En este sentido, las modernas *garantías institucionales* son normas sobre *procesos* y *organización* a las que no puede sustraerse el legislador. Allí donde hay una garantía institucional, se impone al Estado una estructura normativa o institucional que encarne la dimensión objetiva de un derecho fundamental y en la que debe encuadrarse el disfrute de su dimensión subjetiva.

De este modo, la Constitución persigue sujetar al legislador también a una dimensión objetiva del derecho fundamental prefigurada en la norma iusfundamental. La configuración legal de esa dimensión objetiva ya no estaría acotada únicamente por su sometimiento a la dimensión subjetiva del derecho fundamental (por ejemplo, el sistema procesal podía ser el elegido discrecionalmente por el Legislador siempre que en él se pudiesen realizar los derechos subjetivos del art. 24 CE). La preexistencia de una garantía institucional predetermina esa dimensión objetiva de forma que en su concreción el legislador tampoco es libre.

La Constitución puede acudir a la garantía institucional para complementar y servir a los derechos de libertad contenidos en un derecho fundamental (libertad de expresión e información y la garantía de un proceso libre y plural de comunicación pública). También es posible que el propio derecho fundamental sea una garantía institucional de la que quepa derivar facultades individuales (la institución matrimonial y los derechos a contraer libremente matrimonio).

En el primer caso, la garantía institucional cumple su función originaria de aseguramiento de una institución jurídica determinada, que la Constitución liga a un derecho de libertad. Es el caso de muchos institutos procesales u orgánicos que son complemento de la garantía jurídica del objeto de un derecho de libertad, dirigidos normalmente a constreñir o encauzar la acción estatal limitadora de los derechos fundamentales (los límites sólo pueden imponerse en los términos que precisan esas instituciones, por ejemplo, el domicilio sólo es violable previa resolución judicial: art. 18.2 CE; o sólo los órganos judiciales pueden ordenar el secuestro de una publicación: art. 20.5 CE; o la prohibición de toda censura previa: art. 20.2 CE); o extendiendo el objeto del derecho de libertad a ámbitos inicialmente ajenos al mismo mediante la creación de organizaciones o procedimientos (la regulación legal de la organización y del control parlamentario de los medios de comunicación de titularidad pública y la garantía del acceso a los mismos de los grupos sociales y políticos significativos extiende la libertad de expresión e información al derecho de acceso de esos grupos a los medios de comunicación pública de titularidad estatal: art. 20.3 CE).

En el segundo caso, cuando el derecho fundamental es una garantía institucional, la dimensión subjetiva del derecho se deduce de la configuración legal de la garantía institucional (por ejemplo, el art. 30.2 CE y la remisión a la ley para que ésta establezca el régimen jurídico del matrimonio y las facultades de quienes deseen ejercitar este derecho fundamental).

Allí donde hay una garantía institucional se impone al Estado una estructura normativa o institucional objetiva cuya existencia es necesaria en el ordenamiento jurídico. Dice la STC 16/2003 (FJ 8.º):

> En efecto, conforme a reiterada doctrina de este Tribunal ésta «no asegura un contenido concreto o un ámbito competencial determinado y fijado de una vez por todas, sino la preservación de una institución en términos recognoscibles para la imagen que de la misma tiene la conciencia social en cada tiempo y lugar» [por todas, STC 32/1981, de 28 de julio, FJ 3.º, y también las SSTC 26/1987, de 27 de febrero, FJ 4.º*a*); 76/1988, de 26 de abril, FJ 4.º; 109/1998, de 21 de mayo, FJ 2.º, y 159/2001, de 5 de julio, FJ 4.º]. En efecto, como ha afirmado este Tribunal en reiteradas ocasiones, «la garantía es desconocida cuando la institución es limitada, de tal modo que se la priva prácticamente de sus posibilidades de existencia real como institución para convertirse en un simple nombre. Tales son los límites para su determinación por las normas que la regulan y por la aplicación que se haga de éstas. En definitiva, la única interdicción claramente discernible es la ruptura clara y neta con esa imagen comúnmente aceptada de la institución que, en cuanto formación jurídica, viene determinada en buena parte por las normas que en cada momento la regulan y de la aplicación que de las mismas se hace» (STC 32/1981, de 28 de julio, FJ 3.º; en el mismo sentido, SSTC 38/1983, de 16 de mayo, FJ 6.º; 40/1988, de 19 de febrero, FJ 39; 76/1988, de 26 de abril, FJ 4.º; 159/1993, de 6 de mayo, FJ 6.º; 109/1998, de 21 de mayo, FJ 2.º, y 159/2001, de 5 de julio, FJ 4.º).

4. Garantías de organización y procedimiento

Tanto los derechos de prestación como las garantías institucionales en ocasiones no son sino garantías de organización o procedimiento.

Es difícil concebir el derecho a la tutela judicial efectiva sin un procedimiento y una organización judicial que, además, debe responder a una serie de exigencias constitucionales para que cumplan su función; por ejemplo, que garanticen los derechos de defensa en condiciones de igualdad de todas las partes en el proceso.

Y en muchas ocasiones estas garantías están al servicio de derechos de libertad.

Así, las condiciones constitucionales del Auto de entrada y registro de un domicilio y del proceder mismo en esa entrada y registro regulado en la LECrim y la efectiva garantía del derecho a la inviolabilidad del domicilio (art. 18.2 CE; STC 166/1999); o las normas sobre creación de emisoras de radiotelevisión (STC 127/1994); o la creación de autoridades independientes para la garantía de derechos fundamentales como la Agencia de Protección de Datos y el derecho fundamental a la protección de datos personales (STC 290/2000; art. 18.4 CE).

En unas ocasiones la norma iusfundamental exige su existencia (control parlamentario de los medios de comunicación social dependientes del Estado: art. 20.3 CE) y en otras se derivan de la dimensión objetiva del derecho (la creación *ex constitutione* de un trámite en el proceso penal por el que se debe dar traslado del recurso de queja a la otra parte en el proceso pese a que la Ley procesal no lo contemplaba, con el objeto de asegurar el derecho de defensa del art. 24.1 CE: STC 178/2001).

En todos estos casos los derechos fundamentales en cuestión requieren, directa o indirectamente, del establecimiento de procedimientos jurídicos a través de los cuales se optimiza la libertad garantizada, o la creación de organismos dirigidos a velar por esa optimización. No se trata aquí, pues, de aquellas instituciones de garantía jurisdiccional o no jurisdiccional de los derechos fundamentales que no forman parte de su contenido y se dirigen a asegurar de forma general su disponibilidad para el titular y su indisponibilidad para el legislador, y, en consecuencia, su aplicabilidad inmediata. Las garantías de organización y procedimiento se integran en el contenido del derecho fundamental en cuestión, e incluso pueden generar derechos subjetivos de su titular cuya lesión lo es también del propio derecho fundamental (negar, por ejemplo, aquel derecho al traslado del recurso de queja es también una vulneración del art. 24.1 CE). Su fin no es asegurar la *fundamentalidad* o la *juricidad* del derecho fundamental, sino su objeto mismo creando procesos u órganos cuya función es la de hacer posible la realización efectiva de sus expectativas de conducta y perseguir la mayor optimización posible de la libertad.

III. OBJETO Y CONTENIDO DEL DERECHO FUNDAMENTAL Y EL ÁMBITO DE LA REALIDAD O SECTOR JURÍDICO SOBRE EL QUE SE PROYECTA

La STC 173/1998, glosando doctrina anterior, ha introducido un criterio de delimitación del objeto y contenido del derecho fundamental. En esa Sentencia afirma el TC (FJ 7.º):

Pues bien, uno de los criterios fundamentales que, junto a los ya mencionados, ha orientado la realización de esta tarea de definición sistemática ha sido la de reservar al Estado *ex* artículo 81.1 CE la regulación de los aspectos esenciales, el desarrollo directo del derecho fundamental considerado en abstracto o «en cuanto tal», en tanto que se atribuye la regulación de la «materia» sobre la que se proyecta el derecho al legislador ordinario, estatal o autonómico, con competencias sectoriales sobre la misma (SSTC 127/1994, 61/1997 y, en relación concretamente con el derecho de asociación, 67/1985 y 157/1992).

El TC introduce esa nueva noción de la *materia sobre la que se proyecta* el derecho fundamental que es útil para precisar con rigor qué es el contenido y objeto de un derecho fundamental, y separarlo en la medida de lo posible de aquello que pese a estar ligado a ese objeto y contenido no es parte de la norma iusfundamental. Bien se ve que la primera y más importante ventaja de dicha noción es que ayuda grandemente a determinar el alcance de reservas de ley como la del artículo 81.1 CE o, justamente, para saber cuando una materia, pese a afectar a un derecho fundamental, no es el derecho mismo y en consecuencia no está sujeta a las reservas de ley de los artículos 53.1 y 81.1 CE.

La utilidad de esta distinción se cifra en la circunstancia de que nos advierte sobre los confines de la norma de derecho fundamental. Ésta describe en abstracto un objeto y contenido (y unos límites) específicos, y éstos y sólo éstos constituyen el contenido del derecho fundamental, que es la que debe tenerse en cuenta para su concreción cuando es objeto de aplicación por jueces y tribunales o la administración pública, o cuando lo es de desarrollo o de regulación de su ejercicio por el legislador. En fin, para su delimitación constitucionalmente adecuada.

Así pues, sólo es «derecho fundamental» a estos efectos lo relativo al objeto, contenido, límites y titularidad del derecho: la definición de qué expectativas de conducta (propia o ajena) son el objeto del derecho fundamental, cuáles las facultades y poderes jurídicos a disposición del titular del derecho fundamental para su disfrute o para hacerlo valer frente a terceros, la fijación de aquellas restricciones que priven de garantía constitucional a ciertas conductas que inicialmente la poseían, y lo atinente a la capacidad jurídica iusfundamental. Fuera de estos lindes estará ese espacio real o jurídico sobre el que se proyecta el derecho fundamental, donde se realizan las expectativas de conducta que son su objeto, los procedimientos a través de las que se puede hacer valer su contenido o el resultado de la aplicación de sus límites. Espacio que en todo caso es distinto al derecho fundamental mismo por mucho que la irradiación de éste en él pueda llegar a condicionar por entero su régimen jurídico. La regulación de ese espacio sobre el que se proyecta el derecho fundamental no es regular el derecho fundamental, ni puede serlo, por lo que no está sujeto a las exigencias que le impone el régimen jurídico-constitucional de los derechos fundamentales.

Las normas administrativas que regulan la obtención del permiso de conducción de vehículos a motor no son normas de desarrollo o regulación del ejercicio de la libertad de circulación (art. 19), por mucho que la conducción de un automóvil sea un medio idóneo de ejercicio de ese derecho fundamental.

Sólo cuando se hace uso de la técnica de la garantía institucional se eleva a rango constitucional, al convertirlo en objeto del derecho mismo, el ámbito de realidad o el sector jurídico sobre el que se proyecta o en el que ha de realizarse la dimensión subjetiva de un derecho fundamental. La configuración de ese espacio real o jurídico objeto de una garantía institucional en el que se realiza la dimensión subjetiva del derecho (la elección de conductas y el ejercicio de su haz de facultades) constituye un desarrollo del mismo sujeto a la reserva del artículo 81.1 CE.

IV. BIBLIOGRAFÍA

ALEXY, Robert: *Teoría de los derechos fundamentales*, Centro de Estudios Políticos y Constitucionales, Madrid, 1993.

BAÑO LEÓN, José María: «La distinción entre derechos fundamentales y garantía institucional en la Constitución española», *Revista Española de Derecho Constitucional*, 24, 1988, pp. 155 ss.

COSSÍO DÍAZ, José Ramón: *Estado social y derechos de prestación*, Centro de Estudios Constitucionales, Madrid, 1989.

DÍEZ-PICAZO, Luis María: *Sistema de derechos fundamentales*, Cívitas, Madrid, 2003.

JIMÉNEZ CAMPO, Javier: *Derechos fundamentales: concepto y garantías*, Trotta, Madrid, 1999.

OTTO Y PARDO, Ignacio de: «La regulación del ejercicio de los derechos y libertades. La garantía del contenido esencial en el artículo 53.1 de la CE», en Lorenzo Martín-Retortillo Baquer e Ignacio de Otto y Pardo, *Derechos fundamentales y Constitución*, Cívitas, Madrid, 1988.

CAPÍTULO 6

LOS LÍMITES A LOS DERECHOS FUNDAMENTALES

I. LOS LÍMITES A LOS DERECHOS FUNDAMENTALES

1. El concepto de límite a un derecho fundamental. Limitar y delimitar un derecho fundamental

Dice Otto y Pardo que «en el sentido propio del término (un límite a un derecho fundamental), es una reducción impuesta exteriormente al contenido del derecho o libertad objeto de reconocimiento constitucional mediante la exclusión de determinados supuestos fuera del ámbito de protección (del derecho fundamental) en virtud de una expresa habilitación constitucional». Así pues, un límite de un derecho fundamental, sea cual sea su naturaleza, es siempre la negación en último término de la garantía iusfundamental a una de las posibles conductas que cabría encuadrar en el objeto del derecho fundamental. Por consiguiente un límite, al tiempo que priva de protección constitucional a una específica expectativa de conducta objeto inicialmente de un derecho fundamental, permite, precisamente por esa exclusión, el ejercicio de poder público sobre ella o el ámbito en el que la misma se desenvuelve.

Son tres los elementos que definen técnicamente a un límite de un derecho fundamental: su carácter externo, su proyección sobre el objeto del derecho fundamental y la necesidad de que la propia Constitución habilite al poder público para limitar derechos fundamentales. Aunque es habitual tomar en consideración los límites de los derechos de una forma genérica, debe distinguirse entre los límites en sentido propio de los derechos fundamentales, llamados aquí «límites externos», de los denominados «límites internos», pues ambos tipos de restricción responden a un *status* y función bien distintos (véanse las SSTC 58/1998, FJ 3.º, y 14/2003, FJ 9.º).

Los primeros, los límites externos son aquéllos creados por el poder público habilitado a tal fin por la Constitución. En el caso del sistema constitucional español sólo el legislador está apoderado para realizar esa tarea en virtud de lo dispuesto en los artículos 81.1 y 53.1 CE y de las expresas remisiones que la propia Constitución hace con ese propósito (caso, por ejemplo, de los arts. 17.1 CE o 28.1 CE). Sin embargo, los segundos, los «límites internos», o bien vienen dispuestos explícitamente por la Constitución (los «límites positivos», caso, por ejemplo, del art. 22.5 CE), o bien derivan de la coexistencia de los derechos fundamentales con otras normas de igual rango constitucional («límites inmanentes» o «lógicos»). En rigor los límites internos son criterios de delimitación del objeto del derecho fundamental en cuestión. A través de la concreción de estos límites internos no se priva de garantía a una de las expectativas de comportamiento que se acomodan inicialmente al objeto del derecho fundamental, sino que ese límite constitucionalmente ya fijado las excluye desde un principio de la garantía constitucional, y sin necesidad de que un poder público habilitado cree una norma para realizar esa exclusión (que es la función de los límites externos).

Conviene demorarse ahora en la distinción entre la delimitación y la limitación de derechos fundamentales. Cuando se delimita un derecho fundamental se fija mediante la interpretación de la norma iusfundamental quiénes sean sus titulares, cuál su objeto, su contenido y también sus límites en sentido propio. Es decir, al delimitar un derecho definimos lo que sea ese derecho fundamental. Cuando se limita un derecho fundamental ya no se trata de definir qué sea cada derecho fundamental, cuál es su ámbito normativo, sino, justamente, lo que no es derecho fundamental. Por consiguiente, cuando se delimita un derecho fundamental se interpreta empleando modelos dogmáticos con el objeto de concretar su ámbito normativo; y esta operación interpretativa es previa a la limitación en sentido propio del derecho fundamental. Primero debe saberse en qué consiste el derecho y luego aplicaremos sus límites para saber qué expectativas de su ámbito normativo han sido privadas de la garantía constitucional.

La propia Constitución puede fijar un criterio de delimitación cuando en el precepto que contiene la norma iusfundamental establece un «límite interno» o éste deriva de su coexistencia con otros derechos fundamentales o con las restantes normas con rango constitucional de ese ordenamiento jurídico. Estos límites internos imponen la exclusión de determinadas expectativas de conducta que en ningún caso gozarán de la protección constitucional dispensada por el derecho fundamental correspondiente. De lo contrario habría que admitir que una norma iusfundamental, la que contiene esa expectativa de conducta, suspende de vigencia a otra norma igualmente constitucional cuyo objeto entra en contradicción con la iusfundamental, o viceversa. Una conclusión contraria a la igualdad de rango de ambas normas. La existencia de esta exclusión no depende, como en el caso de los límites en sentido propio, de una decisión tomada por el poder público habilitado para ello. La existencia del límite interno es necesaria y su concreción no se somete a reglas de habilitación específicas porque ya no se trata de crear excepciones a una prohibición constitucional, como con los límites en sentido propio, sino de concretar la delimitación que abstractamente hace la Constitución del objeto de sus derechos fundamentales. Es por ello por lo que esos límites internos no hacen sino delimitar el derecho fundamental porque ya la Constitución acota su ámbito normativo expresando, directa o indirectamente, qué no forma parte de su objeto, y, en consecuencia, qué es lo que ese derecho fundamental garantiza y no garantiza.

Sin embargo, los límites en sentido propio no poseen esa nota de necesidad. Existirán sólo y exclusivamente si el poder público habilitado por la Constitución hace uso de ese apoderamiento para crearlos. De este modo, la expectativa de conducta que pudiere ser el objeto de ese límite sigue gozando de protección constitucional mientras el poder público competente no haga uso de su habilitación para crearlo. Así pues, los límites en sentido propio son contingentes y su creación no se sujeta sin más a las reglas del sistema de fuentes, sino que posee sus reglas específicas.

Los límites internos no se crean, como sucede con los límites en sentido propio, sino que se concretan. Y la concreción de los límites internos no se sujeta a aquellas reglas sobre habilitación para crear límites en sentido propio, ya que dicha concreción no es un acto de creación normativa, sino de interpretación. Son las reglas generales del sistema de fuentes las que fijarán los criterios de articulación de las diferentes concreciones que se hagan de los límites internos de los derechos fundamentales. De esta forma, los jueces y tribunales y la administración pública, y no sólo el legislador, pueden concretar esos límites internos mediante su interpretación y aplicación al caso sin necesidad de un apoderamiento constitucional expreso para hacerlo. Y las reglas generales del sistema de fuentes ordenarán entre sí las posibles y distintas interpretaciones que aquéllos hagan de los derechos fundamentales.

Por otro lado, esa exclusión radical de la autodeterminación de la conducta afectada por el límite interno constitucionalmente establecido provoca también la exclusión de esa conducta del recurso de amparo. No cabría reclamar protección jurisdiccional para esas conductas ante el Tribunal Constitucional mediante la interposición de un recurso de amparo, por cuanto las mismas no son objeto de derecho fundamental alguno.

En consecuencia, dichos recursos de amparo serían inadmitidos bien por carecer manifiestamente de contenido [art. 50.1.*c*) LOTC] o por versar sobre conductas que no son objeto de ningún derecho fundamental [art. 50.1.*a*) LOTC]. Por ejemplo, el artículo 22.5 CE prohíbe las asociaciones secretas y las de carácter paramilitar. En consecuencia, la creación o afiliación a este tipo de asociaciones carecen de protección constitucional porque no cabe encuadrarlas en el objeto del derecho fundamental de asociación. Esto significa que un juez puede declarar inexistente una agrupación secreta o paramilitar de personas, incluso sujetarlas a sanción si así lo dispone el ordenamiento, sin afectar por ello al derecho fundamental de asociación. La Administración Pública, por su parte, podría denegar subvenciones o adoptar medidas de policía administrativa o negarles toda relevancia jurídica a dichas asociaciones sin por ello lesionar el artículo 22 CE. En ninguno de los dos casos los actos del juez o de la administración requieren de la previa existencia de una norma con rango de ley que concrete ese límite o que les habilite para su aplicación. Tampoco cabría recurrir en amparo contra dichos actos ya que ninguno de ellos afectan al objeto del derecho fundamental de asociación porque el propio artículo 22.5 CE lo ha privado de protección constitucional (salvo, claro está, que se discuta la concreción misma que han hecho uno y otra de lo qué deba entenderse por asociación secreta; *mutatis mutandis,* STC 46/2002, respecto de lo que haya de entenderse por entidad religiosa a los efectos de su inscripción en el correspondiente registro público, o la STC 219/2001, en la que se hacía cuestión sobre si el registro de asociaciones podía calificar o no de «asociación reivindicativa» a una hermandad de miembros de las fuerzas armadas ajenos al servicio activo a los efectos de denegar o no la inscripción de ciertas modificaciones en sus estatutos).

Los otros dos elementos del concepto de límite son la proyección del límite sobre el objeto del derecho fundamental y la habilitación a un poder público.

Los límites pueden ser restricciones dirigidas formalmente a los sujetos titulares del derecho fundamental (por ejemplo, el art. 23.1 y 2, en relación con el art. 13.2 CE, que reserva el derecho de participación política a los españoles, en principio, o el art. 28.1 CE respecto de la libertad sindical de los miembros de las Fuerzas Armadas), a su contenido (así, el art. 29.1 CE, que remite a la ley la fijación de las formalidades y requisitos para el ejercicio del derecho de petición), o, naturalmente, a su objeto [art. 20.1.*d*) CE, se garantiza el derecho a comunicar libremente información siempre que sea «veraz»]. En los dos primeros casos, materialmente, esas restricciones a la titularidad o al contenido del derecho fundamental no son sino la forma en la que se reviste una limitación, en último término, del objeto mismo del derecho.

En efecto, las restricciones que se puedan establecer al modo en que se garantiza el objeto del derecho fundamental, fijando reglas sobre el tiempo, lugar y modo de ejercicio de su contenido subjetivo, o también del objetivo, o respecto de quien pueda ser su titular pueden reconducirse a privaciones de garantía constitucional a determinadas expectativas. Tanto la dimensión subjetiva como la objetiva de todo derecho fundamental son instrumentos para dispensar amparo constitucional a determinados comportamientos, de forma que toda restricción a esos instrumentos de garantía no es sino una restricción impuesta indirectamente a los comportamientos que pretendían hacerse valer a través de esos medios de garantía. Otro tanto cabe decir respecto de las restricciones en el sujeto del derecho fundamental. En definitiva, cuando se limita a cierta categoría de sujetos el disfrute de un derecho fundamental se está privando de garantía constitucional a ciertos comportamientos en razón del sujeto que los lleva a cabo y que gozarían de plena protección constitucional de ser realizados por un grupo distinto de personas.

Cuando se prohíbe a los miembros de las Fuerzas Armadas la creación de sindicatos o asociaciones reivindicativas (art. 181 RROOFFAA), en realidad se está privando de garantía constitucional al acto de constitución de una asociación con fines reivindicativos si quienes la crean poseen la condición de militares (STC 219/2001). Igualmente, cuando la Ley Orgánica 4/2001, de 12 de noviembre, reguladora del Derecho de Petición (LODEPE), en su artículo 5 norma sobre la lengua legalmente idónea para el ejercicio del derecho de petición, o cuando su artículo 6 establece el lugar de presentación de las peticiones están privando de garantía constitucional a aquellas peticiones que no se expresen en una lengua oficial en el Estado español o no se presenten en los lugares habilitados a tal fin.

Otra cuestión de capital importancia para la teoría de los límites de los derechos fundamentales es la referida a quién puede crearlos e imponerlos. Ya se ha dicho que, cuando se trata de límites internos, en rigor no hay reglas específicas sobre habilitaciones para su concreción ya que estos límites gozan de eficacia directa.

Es ésta una paradoja de la eficacia directa de los derechos fundamentales. Esa eficacia no sólo implica que son normas que regulan directamente las relaciones jurídicas de los distintos sujetos del ordenamiento entre sí, además, conlleva también la posibilidad de que los sujetos que el ordenamiento apodera para interpretar y aplicar normas, en particular los jueces y tribunales y la Administración Pública, puedan delimitar el derecho fundamental mediante la concreción de sus límites internos.

Cosa distinta sucede con los límites en sentido propio, ya que éstos sí suponen la creación *ex novo* de un límite a un derecho fundamental, lo que requiere de una previa y expresa habilitación constitucional que permita al poder público crear una norma con rango infraconstitucional que modifica en su ámbito normativo una norma constitucional.

Dicho todo esto, y una vez distinguidos los límites internos de los externos, cuando en las páginas que siguen se hable de «límites» sin otra aclaración lo haremos para referirnos a los límites externos de los derechos.

2. El canon constitucional para la limitación de derechos fundamentales

Un límite a un derecho fundamental conlleva una autorización al poder público para que pueda *disponer* del derecho. Todo límite a un derecho fundamental comporta que una norma infraconstitucional puede disponer de la vigencia de la norma iusfundamental ya que dicho poder público puede decidir si reduce o no el ámbito normativo del derecho fundamental. Lo que sólo puede ocurrir si así expresamente lo autoriza la propia Constitución, ya que mediante esa autorización se apodera a un poder público para decidir en qué casos se aplica o no una norma constitucional que tiene por objeto amparar ciertas expectativas frente al ejercicio de poder público; esto es, frente a la imposición unilateral de deberes jurídicos por los órganos del Estado.

Justamente por ello, y para que dicha autorización no suponga la pérdida por el derecho fundamental de la condición de tal al resultar disponible, estas habilitaciones responden a un canon constitucional. Este canon derivado de la indisponibilidad de los derechos exige a toda norma que establezca límites a los derechos fundamentales y a todo acto de concreción y aplicación de ese límite que cumpla con ciertos requisitos que varían en un caso u otro.

En el sistema constitucional español, en virtud de lo dispuesto en los artículos 53.1 y 81.1 CE, sólo las normas con rango de ley (y no todas, y no de cualquier forma) pueden crear límites a los derechos. Con la única excepción del caso de los reclusos, ya que con arreglo al artículo 25.2 CE, los límites a los derechos de quien está condenado a una pena privativa de libertad le podrán venir impuestos «por el contenido del fallo condenatorio, el sentido de la pena y la ley penitenciaria».

Dejando a un lado las exigencias de forma y procedimiento de las que más adelante se hablará, son varias las exigencias que la Constitución impone a la creación de límites: deben contenerse en una norma con rango de ley que debe fijar de manera expresa, precisa, cierta y previsible el límite en cuestión, y éste no puede restringir el derecho fundamental hasta el punto de privarle de su contenido esencial.

En efecto, en la CE sólo ciertas normas con rango de ley pueden imponer límites a los derechos fundamentales, siempre previa habilitación constitucional expresa y, con arreglo a la doctrina del TC, con el fin exclusivo de proteger otros derechos o bienes constitucionales (art. 20.4 CE, por ejemplo o los «servicios esenciales» del art. 28.2, contenido esencial). No caben delegaciones en materia de límites a los derechos fundamentales. El legislador no puede habilitar a otros poderes públicos para fijar, ni siquiera concretar, los límites. Como tampoco esos límites pueden tener un fundamento distinto al constitucional (afirmación ésta de la que se discrepa, como se verá más abajo).

Asevera la STC 292/2000 (FJ 11) que

> La primera constatación que debe hacerse, que no por evidente es menos capital, es que la Constitución ha querido que la Ley, y sólo la Ley, pueda fijar los límites a un derecho fundamental. Los derechos fundamentales pueden ceder, desde luego, ante bienes, e incluso intereses constitucionalmente relevantes, siempre que el recorte que experimenten sea necesario para lo-

grar el fin legítimo previsto, proporcionado para alcanzarlo y, en todo caso, sea respetuoso con el contenido esencial del derecho fundamental restringido (SSTC 57/1994, de 28 de febrero, FJ 6.º; 18/1999, de 22 de febrero, FJ 2.º).

Justamente, si la Ley es la única habilitada por la Constitución para fijar los límites a los derechos fundamentales y [...] esos límites no pueden ser distintos a los constitucionalmente previstos, que para el caso no son otros que los derivados de la coexistencia de este derecho fundamental con otros derechos y bienes jurídicos de rango constitucional, el apoderamiento legal [...] sólo está justificado si responde a la protección de otros derechos fundamentales o bienes constitucionalmente protegidos. [...] Como lo conculcará [al correspondiente derecho fundamental limitado] también esa Ley limitativa si regula los límites de forma tal que hagan impracticable el derecho fundamental afectado o ineficaz la garantía que la Constitución le otorga. Y así será cuando la Ley, que debe regular los límites a los derechos fundamentales con escrupuloso respeto a su contenido esencial, se limita a apoderar a otro Poder Público para fijar en cada caso las restricciones que pueden imponerse a los derechos fundamentales [...].

De ser ése el caso, la Ley habrá vulnerado el derecho fundamental en cuestión, ya que no sólo habrá frustrado la función de garantía propia de toda reserva de ley relativa a derechos fundamentales al renunciar a fijar por sí misma esos límites, dado que la reserva de Ley impone al legislador, además de promulgar esa Ley, regular efectivamente en ella la materia objeto de la reserva; sino también al permitir que el derecho fundamental ceda ante intereses o bienes jurídicos de rango infraconstitucional en contra de lo dispuesto en la propia Constitución, que no lo prevé así.

Además, la norma con rango de ley restrictiva de derechos fundamentales debe respetar exigencias relativas a su contenido con el objeto de evitar que la norma incurra en arbitrariedad, o lesione el principio de seguridad jurídica (art. 9.3 CE), del que deriva la necesidad de que la fijación del límite se haga de forma expresa y cierta. Así lo expresa también la STC 292/2000 (FJ 15):

De un lado, [...] esas limitaciones [...], además, han de ser proporcionadas al fin perseguido con ellas (SSTC 11/1981, FJ 5.º, y 196/1987, FJ 6.º). Pues en otro caso incurrirían en la arbitrariedad proscrita por el artículo 9.3 CE.

De otro lado, aun teniendo un fundamento constitucional y resultando proporcionadas las limitaciones del derecho fundamental establecidas por una Ley (STC 178/1985), éstas pueden vulnerar la Constitución si adolecen de falta de certeza y previsibilidad en los propios límites que imponen y su modo de aplicación. Conclusión que se corrobora en la jurisprudencia del Tribunal Europeo de Derechos Humanos que ha sido citada en el FJ 8.º y que aquí ha de darse por reproducida. Y ha de señalarse, asimismo, que no sólo lesionaría el principio de seguridad jurídica (art. 9.3 CE), concebida como certeza sobre el ordenamiento aplicable y expectativa razonablemente fundada de la persona sobre cuál ha de ser la actuación del poder aplicando el Derecho (STC 104/2000, FJ 7.º, por todas), sino que al mismo tiempo dicha Ley estaría lesionando el contenido esencial del derecho fundamental así restringido, dado que la forma en que se han fijado sus límites lo hacen irreconocible e imposibilitan, en la práctica, su ejercicio (SSTC 11/1981, FJ 15; 142/1993, de 22 de abril, FJ 4.º, y 341/1993, de 18 de noviembre, FJ 7.º). De suerte que la falta de precisión de la Ley en los presupuestos materiales de la limitación de un derecho fundamental es susceptible de generar una indeterminación sobre los casos a los que se aplica tal restricción. Y al producirse este resultado, más allá de toda interpretación razonable, la Ley ya no cumple su función de garantía del propio derecho fundamental que restringe, pues deja que en su lugar opere simplemente la voluntad de quien ha de aplicarla, menoscabando así tanto la eficacia del derecho fundamental como la seguridad jurídica. [Véanse también las SSTC 58/1998, FJ 3.º, y 219/2001, FJ 7.º]

El canon es otro cuando lo examinado es un acto de aplicación de los límites previamente creados por el legislador. En el sistema constitucional español ni quienes tienen atribuida la función jurisdiccional ni la administración pública pueden crear límite a los derechos (excepto lo ya dicho sobre el art. 25.2 CE). Su función es exclusivamente la de aplicar en un tiempo, espacio y forma concretos los límites que previamente ha creado el legislador, y en los estrictos términos de la norma con rango de ley que los ha creado. En el desempeño de esa función, jueces y tribunales y administración pública están sujetos a una estricta y rigurosa vinculación positiva a la norma con rango de ley restrictiva de derechos fundamentales. Por este motivo ese acto aplicativo siempre requiere una expresa y precisa habilitación legal y, además, debe ser un acto especialmente motivado y sometido al principio de proporcionalidad. Dicho con las palabras del TC, «cualquier restricción en el ejercicio de un derecho fundamental necesita encontrar una causa específica prevista por la ley y que el hecho o la razón que la justifique debe explicitarse para hacer cognoscibles los motivos que la legitiman» (STC 177/1998, FJ 3.º).

El acto restrictivo del derecho debe expresar, en primer lugar, su fundamento, esto es, su previa habilitación legal y el bien constitucional que persigue amparar dentro únicamente de los enumerados por la ley habilitante; en segundo lugar, las razones por las cuales se ha considerado que el comportamiento individual o colectivo es de aquellos a los que les es aplicable la restricción legal del derecho fundamental en cuyo objeto encontrarían inicialmente acomodo; y, en tercer y último lugar, debe exteriorizarse el juicio de proporcionalidad con el que el juez y tribunal o la administración pública realizan, de ser ése el caso, el debido juicio de optimización de la libertad impuesto por el derecho fundamental en su condición de norma de principio. En esto consiste ese deber reforzado de motivación que el TC ha exigido a los actos de aplicación de límites a los derechos.

Sólo así este acto limitativo será controlable jurídicamente con el fin de comprobar si en realidad aplica un límite constitucionalmente conforme o si simplemente está vulnerando el derecho fundamental en cuestión. Pero, además, también únicamente con aquella exigencia de una rigurosa motivación, se sabrá si el acto de aplicación es arbitrario o no, o si en la interpretación de la legalidad restrictiva de derechos fundamentales se ha optado por una interpretación constitucionalmente conforme de la misma, cierta y previsible, sin provocar en los titulares de derechos un «efecto de desaliento» en su ejercicio ante el temor de que sus expectativas de conducta sean sancionadas por el ordenamiento pese a que en rigor se acomodan al objeto del derecho fundamental.

Dice la STC 196/2002 (FJ 5.º), cuya doctrina debe extenderse también a las resoluciones administrativas:

> Al respecto, hemos de comenzar recordando que sobre las resoluciones judiciales que incidan en el contenido de un derecho fundamental sustantivo pesa un deber de motivación reforzada, por comparación con el específicamente derivado del derecho a la tutela judicial efectiva proclamado en el artículo 24.1 contenido esencial [entre otras, SSTC 214/2000, de 18 de septiembre, FJ 4.º; 63/2001, de 17 de marzo, FJ 7.º, y 68/2001, de 17 de marzo, FJ 6.º*a*)]. Ese plus de motivación hace referencia a exigencias de orden cualitativo y no cuantitativo, al ser perfectamente posible que existan resoluciones judiciales que satisfagan las exigencias del meritado artículo 24.1 contenido esencial, pues expresen las razones de hecho y de derecho que fundamenten la medida acordada, pero que, desde la perspectiva del libre ejercicio de los derechos fundamentales, no expresen de modo constitucionalmente adecuado las razones justificativas de las decisiones adoptadas (STC 14/2002, de 28 de enero, FJ 5.º).
>
> Por lo que a la validez constitucional de la aplicación de las normas sancionadoras se refiere, ésta depende tanto del respeto al tenor literal del enunciado normativo, que marca en todo caso una zona indudable de exclusión de comportamientos, como de su previsibilidad

(SSTC 151/1997, de 29 de septiembre, FJ 4.º, y 236/1997, de 22 de diciembre, FJ 3.º), hallándose en todo caso vinculadas por los principios de legalidad y de seguridad jurídica, aquí en su vertiente subjetiva (según la expresión utilizada en la STC 273/2000, de 15 de noviembre, FJ 11), que conlleva la evitación de resoluciones que impidan a los ciudadanos «programar sus comportamientos sin temor a posibles condenas por actos no tipificados previamente» [STC 133/1987, de 21 de julio, FJ 5.º, y, en el mismo sentido, SSTC 137/1997, de 21 de julio, FJ 7.º; 151/1997, de 29 de septiembre, FJ 4.º, y 64/2001, de 17 de marzo, FJ 4.º*a*)]. Concretamente, la previsibilidad de tales decisiones debe ser analizada desde las pautas axiológicas que informan nuestro texto constitucional y conforme a modelos de argumentación aceptados por la propia comunidad jurídica (SSTC 137/1997, de 21 de julio, FJ 7.º; 151/1997, de 29 de septiembre, FJ 4.º; 161/1997, de 2 de octubre, FJ 12; 42/1999, de 22 de marzo, FJ 4.º, y 87/2001, de 2 de abril, FJ 8.º). Desde esta doble perspectiva es preciso examinar en qué medida el ejercicio del poder punitivo supera las exigencias del juicio de proporcionalidad en sede constitucional.

Para ello es preciso que la decisión judicial sancionadora identifique (o bien sea posible hacer la identificación a partir de su contenido y estructura) el bien jurídico de relevancia constitucional por el que se limita el derecho fundamental afectado [...]. Asimismo, ese juicio ponderativo ha de venir informado por el principio del *favor libertatis*, lo que conlleva que las limitaciones al ejercicio del derecho fundamental sean interpretadas y aplicadas de tal modo que no sean más intensas que las estrictamente necesarias para la preservación de ese otro bien jurídico constitucionalmente relevante con el que se enfrenta. En palabras de la STC 151/1997, es preciso que se hagan «expresas las razones que determinan la antijuridicidad material del comportamiento, su tipicidad y cognoscibilidad y los demás elementos que exige la licitud constitucional del castigo» (FJ 3.º).

Estas exigencias tienen una capital importancia para la aplicación de las normas restrictivas de derechos, ya que como ha dicho el TC en numerosas ocasiones, y en particular respecto de la aplicación del *ius puniendi* del Estado, el legítimo ejercicio de un derecho fundamental no puede ser a la vez una conducta sancionable. De ser así, la norma sancionadora vulneraría ese derecho fundamental y el principio de legalidad penal del artículo 25.1 CE ya que se estaría condenando por una conducta que en modo alguno puede ser objeto de sanción (civil, penal o administrativa; en este sentido, STC 88/2003). Una regla fundamental para la interpretación de las normas sancionadoras restrictivas de derechos.

3. LA DELIMITACIÓN DE LOS DERECHOS FUNDAMENTALES A TRAVÉS DE SUS «LÍMITES INTERNOS». LÍMITES LÓGICOS O INMANENTES Y LÍMITES POSITIVOS

Es posible que haya derechos fundamentales ilimitables en el sentido de que la Constitución no les prevé límites externos; esto es, no prevé que un poder público pueda imponerles límites. Sin embargo, ningún derecho es ilimitado, porque todos, incluso los antes mencionados, están sujetos a límites inmanentes derivados de su coexistencia con otras normas constitucionales. Por eso se dice que no hay derechos fundamentales. Valga como ejemplo lo dicho en la STC 2/1982 (FJ 5.º):

> En efecto, no existen derechos ilimitados. Todo derecho tiene sus límites que, como señalaba este Tribunal en Sentencia de 8 de abril de 1981 (*Boletín Oficial del Estado* de 25 de abril) en relación a los derechos fundamentales, establece la Constitución por sí misma en algunas ocasiones, mientras en otras el límite deriva de una manera mediata o indirecta de tal norma, en cuanto ha de justificarse por la necesidad de proteger o preservar no sólo otros derechos constitucionales, sino también otros bienes constitucionalmente protegidos. [Véase también la STC 120/1990, FJ 8.º]

Un derecho fundamental está contenido en una norma de rango constitucional que convive con otras de igual rango, lo que impone (principio de unidad constitucional) ajustar el contenido de una y otras de forma que ninguna de ellas se vea preterida en su vigencia. La igualdad de rango jurídico y el principio de unidad excluyen toda posible contradicción entre esas normas, con lo que la autodeterminación de la conducta objeto de cierto derecho fundamental no puede negar otras autodeterminaciones objeto de otros derechos fundamentales ni la protección constitucional de otros bienes e intereses constitucionales. En consecuencia, el ámbito normativo de un derecho fundamental no puede extenderse a tal extremo que su aplicación suponga el desconocimiento de otras normas de rango igualmente constitucional que también son aplicables al caso. Y de esta circunstancia derivan sus primeros y principales límites. Un derecho fundamental no puede dar cobertura a vulneraciones de otras normas constitucionales. Estos límites son los denominados «límites lógicos» o «límites inmanentes».

Si la garantía de la libertad de expresión protegiese todas las posibles conductas expresivas imaginables, incluidas el insulto o las pintadas, colisionaría con los derechos también fundamentales al honor y a la propiedad privada de forma que habría que reconocer que ninguno de los dos posería protección constitucional frente a la libertad de expresión, degradando su rango ya que estarían sometidos a esa libertad. Para no incurrir en esta aporía sólo cabe reconocer que el derecho al honor y a la propiedad limitan la libertad de expresión. El insulto o las pintadas no pueden ser objeto de la libertad de expresión porque los excluye la garantía del honor y la propiedad ajenos. Sin perjuicio de lo dicho, merece una reflexión la afirmación hecha por el TC en su Sentencia 151/1997, FJ 5.º: «en efecto, salvo contadas excepciones como la del derecho a no ser sometido a torturas, los derechos fundamentales no son absolutos [...]». ¿Puede torturarse a alguien alegando que se limita su derecho fundamental para garantizar el de otros? Imaginemos el caso de un terrorista detenido al que se le interroga para conocer la localización de un artefacto explosivo. Las palabras del TC antes citadas no son cosa baladí.

Pero los derechos fundamentales no sólo encuentran sus límites internos en estos límites lógicos o inmanentes. Algunos derechos fundamentales incorporan a su enunciado la enumeración de expectativas de conducta a las que la propia Constitución de forma expresa priva de protección a pesar de que inicialmente dichas expectativas hubieran podido encuadrarse en el objeto del derecho fundamental en cuestión. Éstos son los llamados «límites positivos» de los derechos fundamentales. Éste es el caso, por ejemplo, de la libertad ideológica y religiosa del artículo 16 CE y el orden público protegido por la ley, de la libertad personal y el plazo máximo de la detención en el artículo 17.2 CE, la inviolabilidad del domicilio y el delito flagrante del artículo 18.2 CE, la veracidad de la información en el artículo 20.1.*d*) CE, o la prohibición de asociaciones secretas y paramilitares del artículo 22.5 CE.

Los límites internos de cada derecho fundamental, sean los lógicos o los positivos, en rigor constituyen parte esencial de la delimitación del objeto del derecho fundamental porque expresan expectativas no garantizadas por el derecho fundamental. Justamente, ese carácter *inmanente* a la definición constitucional del derecho fundamental contagia a estos límites internos de la misma inmunidad frente al legislador de la que goza todo derecho fundamental. El legislador no puede disponer de ellos, como tampoco lo pueden hacer los órganos judiciales o la Administración Pública, su existencia es necesaria y no depende de una decisión legislativa, ni los jueces y tribunales o la Administración Pública pueden obviar su existencia y eficacia directa. Sin perjuicio, naturalmente, de que el legislador pueda concretar esa existencia *interpretando* su alcance y fijándolo en una ley (por ejemplo, trazando en una ley los límites entre la libertad de expresión y el derecho al honor; ésta es la función de la Ley Orgánica 1/1982, de 5 de mayo, de protección civil del derecho al honor, a la intimidad personal y familiar y a la propia imagen, o de los delitos de injurias y calumnias). El legislador, un juez o tribunal o la Administración Pública tampoco pueden crear límites internos que no estén ya en la propia Constitución. Ni pueden elevar el rango de derechos, bienes o intereses infraconstitucionales para emplearlos como límites a derechos fundamentales ni pueden descubrir límites positivos donde la propia Constitución no los establece expresamente. No existen límites *implícitos* o inherentes *por definición* a los derechos fundamentales, latentes en *la naturaleza de las cosas*.

Pongamos por caso el derecho fundamental del artículo 21.1 CE. Ya dice su enunciado que se garantiza el derecho de reunión y manifestación «pacífica y sin armas». Esta última mención constituye un claro límite positivo al derecho de reunión que excluye del objeto del derecho fundamental las reuniones y manifestaciones violentas o armadas. No es necesario que una ley concrete o excluya ese tipo de reuniones y manifestaciones para que éstas carezcan de protección constitucional. La propia Constitución lo ha hecho. Tampoco pueden pertenecer al objeto del derecho fundamental las reuniones que conlleven, por ejemplo, la invasión de un domicilio particular sin el consentimiento de su titular. La garantía de la inviolabilidad del domicilio del artículo 18.2 CE excluye del objeto del artículo 21 la expectativa de reunirse en el domicilio de un vecino sin su consentimiento. Ninguna de las conductas aludidas, una reunión o manifestación violenta o armada, o en la casa del vecino sin su consentimiento, son objeto posible del derecho fundamental de reunión y manifestación. Dicho esto sin perjuicio de que el legislador pueda *concretar* en una norma con rango de ley qué ha de entenderse por reunión violenta o armada, o, a falta de norma con rango de ley, que un juez o un funcionario de policía puedan realizar la misma *interpretación* en el caso concreto. Sin embargo, no es posible sostener que el derecho de reunión y manifestación está limitado por la «moral pública», impidiendo así, por ejemplo, una manifestación nudista. La moral pública no es ni un límite inmanente, ni un límite positivo de ese derecho fundamental y el artículo 21 CE no prevé la existencia de límites externos, por lo que tampoco el legislador podría crear ese límite. Así pues, en la CE ni el legislador, ni los jueces y tribunales ni la Administración Pública podrían prohibir una manifestación nudista arguyendo que existe un límite *implícito* al derecho de reunión y manifestación consistente en la defensa de la moral pública.

4. Los límites de los derechos fundamentales en sentido propio: los límites externos

Estos límites son los límites en sentido propio de los derechos fundamentales. Tienen un carácter *externo, contingente* y *constitutivo*. Su principal característica es que son restricciones que para su establecimiento la Constitución habilita a un poder público, normalmente el legislador. Es por ello que son límites externos, ya que no derivan de la coexistencia del derecho fundamental con otras normas constitucionales o están fijados expresamente por el propio enunciado iusfundamental. La Constitución llama a un poder constituido para que cree esos límites. Así pues, estos límites sólo existen si ese poder constituido los crea. Mientras el habilitado por la Constitución no haga uso del apoderamiento para crear restricciones a los derechos fundamentales, esas restricciones no existen. El límite externo es contingente, y, además, su creación es constitutiva. El acto de creación del límite no es una simple concreción de lo que ya está en la Constitución. El poder público apoderado a tal fin no se limita a *declarar* las restricciones inmanentes a la norma constitucional iusfundamental; sin perjuicio de que en ocasiones el texto constitucional establezca en qué términos el habilitado puede crear esos límites. El poder público *constituye* el límite, no se limita a *concretarlo*.

La proyección del límite externo sobre el objeto del derecho fundamental también es distinta. Los límites externos, al contrario que los límites internos, no contribuyen a la delimitación del derecho fundamental, de tal manera que la expectativa de conducta que pueden excluir del ámbito de garantía iusfundamental es, en principio, una de las posibles, objeto de ese derecho fundamental. Así pues, en el caso de que el sujeto habilitado por la Constitución, habitualmente el legislador, no haga uso de la potestad para fijar ese límite, tal límite no existe y la expectativa de conducta que pudiere verse afectada por ese límite sigue gozando de la protección del derecho fundamental.

Por otro lado, la habilitación constitucional, como antes se dijo, no sólo puede exigir una forma (ley orgánica del art. 81.1 CE) o un rango (normas con rango de ley del art. 17.1 CE) para la norma que crea el límite, o habilitar sólo a uno de los poderes públicos para ejercer esa potestad (el legislador en España, por ejemplo). Lo habitual es que la habilitación se sirva de la técnica de la reserva de ley para lograr su propósito. Pero lo que interesa destacar ahora es que en ocasiones la propia Constitución, como antes se dijo, establece las pautas para la creación de ese límite. Permite a un poder público crearlo, pero dentro de ciertos parámetros. De este modo la propia Constitución fija un criterio objetivo para el control de la constitucionalidad de la creación del límite externo.

Por ejemplo, las leyes penales militares pueden imponer la pena de muerte para tiempos de guerra en virtud de lo dispuesto en el artículo 15 CE. Pero, si no lo hacen —como sucede en el caso español pues la Ley Orgánica 11/1995, de 27 de noviembre, de reforma del Código Penal Militar, abolió la pena de muerte también en tiempo de guerra— la pena capital tampoco existe aun en tiempos de guerra. El artículo 19.2 CE establece que los españoles tienen derecho a entrar y salir libremente de España en los términos que la ley establezca. Asimismo, ese precepto también impone límites al límite: el derecho a entrar y salir de España no estará limitado por motivos políticos o ideológicos. La ley podrá crear límites a la entrada y salida de los españoles del territorio del Estado, y, sólo si así lo hace, esa libertad quedará restringida en los estrictos términos de la ley en cuestión. Ahora bien, esa ley, que en principio podrá fijar cuantos límites estime oportunos a la entrada y salida de españoles del país, siempre que dichas restricciones no se funden en motivos políticos o ideológicos. Por tanto, el legislador puede dejar sin garantía constitucional ciertas expectativas de entrar o salir de España, pero nunca privarlas por motivos políticos o ideológicos (véase la STC 169/2001).

Por el hecho de que los límites externos sean contingentes y constitutivos, el canon del control de su constitucionalidad posee una intensidad y alcance diversos al empleado para el control de la constitucionalidad de la concreción de los límites internos. Por paradójico que resulte el poder público llamado a crear esos límites externos, que al menos en la CE es el legislador, posee un mayor margen de maniobra del que goza cuando *delimita* el derecho fundamental concretando sus límites internos. La razón es muy simple. Mientras que el poder público cuando interpreta el enunciado del derecho fundamental para concretar sus límites internos procede a una concreción de la norma iusfundamental que no puede ir más allá de lo que la propia norma iusfundamental contiene y cobija, cuando ese poder público crea límites externos lo hace en ejercicio de un permiso constitucional por el cual la propia Constitución le permite establecer restricciones a los derechos fundamentales no previstas en el enunciado iusfundamental.

El poder público en la concreción de los límites internos está más intensamente vinculado a la definición abstracta del derecho fundamental hecha por su enunciado normativo porque la Constitución no le habilita para decir lo que no está ya dicho en la propia Constitución. Sin embargo, cuando hace uso de una habilitación constitucional para crear límites externos a un derecho fundamental la propia habilitación atribuye al poder público la potestad de decidir aquello que no está en la Constitución. La Constitución en el caso de los límites externos quiere que sea el poder público quien decida qué bienes o intereses jurídicos se erigirán en restricción de un derecho fundamental. Y esto sin perjuicio de que ese poder público siga estando vinculado positivamente a esa definición abstracta que del derecho fundamental da su enunciado constitucional, así lo impone su carácter de norma indisponible (ésta es la función del «contenido esencial» del art. 53.1 CE); y siempre a salvo de lo que la propia Constitución disponga, pues ella misma puede fijar de antemano los términos en los que el poder público puede crear dichos límites externos. Respetados estos términos allá donde la Constitución los fije, el poder público será libre para crear límites externos al derecho fundamental siempre que respete su *contenido esencial*, que no deja de ser la expresión de la indisponibilidad de todo derecho fundamental.

Dicho esto, en modo alguno varía el canon de constitucionalidad de los límites, internos o externos, a los que se ha hecho mención más arriba según se trate de una u otra modalidad de restricción. También la creación de un límite externo a un derecho fundamental en el sistema constitucional español debe contenerse en una norma con rango de ley, no incurrir en arbitrariedad y, además, respetar el principio de seguridad jurídica (lo que impone que la creación del límite sea expresa, cierta y previsible), y, por último pero no menos importante, todo límite externo debe fundarse en la protección de un derecho, bien o interés constitucional.

Esta doctrina del TC según la cual todo límite a un derecho fundamental, sin distinguir entre los externos y los internos, debe tener un fundamento constitucional, cuyo más acabado ejemplo es la ya citada STC 292/2000, se compadece mal con el sentido y función constitucionales de los límites externos. Por ejemplo, en la STC 201/1997 (FJ 6.º) se consideró que sólo eran justificables las restricciones a las comunicaciones privadas de un recluso en aplicación del artículo 51.1 de la Ley Orgánica 1/1979, de 26 de septiembre, General Penitenciaria (las restricciones «impuestas por razones de seguridad, de interés de tratamiento y del buen orden del establecimiento»), en aplicación de lo dispuesto en el artículo 25.2 CE (que autoriza a la ley penitenciaria para limitar los derechos de los reclusos) si podían atentar contra algún interés constitucional protegido. Si el poder público, en el caso español el legislador, sólo puede hacer uso de la habilitación constitucional para establecer límites fundados en cualquier caso en derechos, bienes o intereses constitucionales no estará sino concretando los límites inmanentes a todo derecho fundamental. Si es así, no hay diferencia alguna entre límites internos y externos, de manera que las habilitaciones constitucionales para limitar los derechos fundamentales resultarán superfluas. A nuestro juicio, tales habilitaciones sirven precisamente para permitir que el poder público apoderado pueda restringir los derechos fundamentales con fundamento en otros derechos, bienes o intereses distintos a los que la propia Constitución ampara. Ahora bien, esto en modo alguno significa que el legislador, o el poder público correspondiente, pueda fundar ese límite externo en la genérica garantía de un «interés público» o «general» (STC 37/1989, FJ 7.º) o en «intereses superiores de terceros» (STC 292/2000). Dice la primera de las Sentencias citadas que:

> Para apreciar si una actuación judicial, como la que examinamos, respetó o no la intimidad de la persona no es suficiente, sin embargo, con advertir que en dicha actuación se hicieron valer ante el sujeto afectado los intereses (públicos también, por definición), a los que ha de servir toda decisión de la autoridad, pues la protección que la Constitución dispensa se delimita aquí, una vez reconocido su objeto, atendiendo a las exigencias públicas en presencia, y bien se comprende que si bastara, sin más, la afirmación de ese interés público para justificar el sacrificio del derecho, la garantía constitucional perdería, relativizándose, toda eficacia.

Ocurre que cuando de la creación de un límite externo se trata, lo exigible no es que la definición de ese límite sea compatible y conforme a la norma iusfundamental, como para los límites internos, sino que simplemente no contraríe la definición constitucional abstracta del derecho fundamental.

No por ello el poder público habilitado está vinculado negativamente a los derechos fundamentales que puede limitar. Lo que sucede es que ese poder público tiene libertad para fijar límites externos a un derecho fundamental sólo donde la Constitución expresamente se lo permite. La vinculación positiva a los derechos fundamentales estriba en que el poder público sólo pueda crear límites en los términos y con respeto a la definición constitucional abstracta del derecho fundamental en cuestión, lo que dependerá de la opción dogmática elegida en los términos de una interpretación constitucionalmente conforme de los derechos. Un freno al poder de limitación que se concreta en que únicamente cabe crear límites cuando la Constitución expresamente lo autoriza, de modo que no quepa deducir de los enunciados iusfundamentales cláusulas implícitas de limitación externa de los derechos; sin perjuicio de que la Constitución pueda establecer una habilitación general expresa de limitación de los derechos fundamentales (como la contenida en el art. 19 LFB). El propio TC, como ya se ha mencionado, asevera que no hay más límites que los que expresamente contempla el enunciado iusfundamental (SSTC 58/1998, FJ 3.º; 14/2003, FJ 9.º). Y, en segundo lugar, que la creación de ese límite externo siempre tendrá que respetar el «contenido esencial» del derecho fundamental restringido; esto es, que el límite sirva exclusivamente para privar de la garantía iusfundamental a ciertas expectativas de conducta, pero que no vacíe de contenido al propio derecho fundamental de forma tal que su objeto considerado en su conjunto quede a disposición del poder público habilitado para limitarlo.

No caben, pues, *límites implícitos* a los derechos fundamentales allá donde no haya una cláusula constitucional que expresamente habilite a un poder público para establecer las restricciones a los derechos fundamentales; posea esa cláusula alcance general o afecte únicamente a un derecho fundamental específico. ¿Qué sucede, entonces, con aquellos derechos fundamentales cuyo enunciado no contemple la existencia de estos límites externos (los denominados *derechos fundamentales sin reserva de limitación*) en un sistema constitucional que tampoco posea una cláusula que habilite con carácter general a un poder público para restringir los derechos (una reserva general de limitación de derechos), como es el caso español, a nuestro juicio?

En la CE, según creemos, no hay una reserva general de limitación (no es ésta la función del art. 53.1 CE ni del art. 81.1 CE). Tampoco lo cree así el TC, ya que, a pesar de afirmar que también la reserva del artículo 53.1 CE sirve para restringir derechos al regular su ejercicio (STC 292/2000, FJ 11), ha afirmado reiteradamente que los derechos fundamentales sólo ceden ante aquellos límites contemplados expresamente en la Constitución y los que se derivan de la garantía de otros bienes o intereses constitucionales (por todas, STC 14/2003, FJ 9.º). Lo que sí hay son derechos fundamentales con reserva específica de limitación; los menos, es cierto. En el primer caso (por ejemplo, los arts. 17.1 ó 19.2 CE), el legislador podrá fijar mediante ley los límites que estime oportunos en los términos de la reserva de limitación establecida en el enunciado iusfundamental. Como hemos visto, los límites a esa fijación legislativa de los derechos fundamentales deberán buscarse en el respeto por el legislador a la opción u opciones dogmáticas soportables por el derecho fundamental (función de la cláusula del «contenido esencial» del art. 53.1 CE) y al principio de proporcionalidad.

Para el segundo caso, los derechos fundamentales sin reserva específica de limitación, es decir, que no poseen habilitación alguna para fijarles límites externos (caso del art. 20.1 CE en relación con su apartado 4, o el art. 18.1 CE), que son la mayoría, y dado que ni el artículo 53.1 y tampoco el 81.1 son reservas generales de limitación de los derechos fundamentales, a nuestro juicio el legislador sólo podrá *desarrollar* lo que ya está contenido en el derecho fundamental. En fin, sólo podrá concretar sus límites internos sin que pueda crear otros distintos.

Así pues, en el sistema constitucional español, no es posible que el legislador eleve a límite de un derecho fundamental un derecho, bien o interés jurídico que carezca de rango constitucional si el enunciado del derecho fundamental en cuestión no contiene una cláusula expresa de habilitación para fijarle límites externos (una reserva de limitación).

II. LOS LÍMITES DE LOS LÍMITES: EL CONTENIDO ESENCIAL DE LOS DERECHOS FUNDAMENTALES

Hasta el momento hemos hablado de la limitación (interna y externa) de los derechos. Pero esa limitación también debe tener límites pues así lo requiere la indisponibilidad por el legislador de la existencia del derecho fundamental mismo. De ahí la necesidad de buscar un equilibrio entre el derecho fundamental y sus límites sin que ninguno de los dos deba sacrificarse en aras del otro. El equilibrio entre el derecho y sus límites se alcanza mediante dos técnicas: la del denominado «contenido esencial» de los derechos fundamentales y la del principio de proporcionalidad. Sin perjuicio de la existencia de otras (la ponderación de bienes o el principio de concordancia práctica) de las que algo se dirá en las páginas que siguen.

Con la primera de ellas, la técnica del contenido esencial, lo que se pretende es asegurar la vinculación positiva del legislador a los derechos fundamentales de forma que éste sólo pueda fijar sus límites (tanto los internos como los externos) en los estrictos términos que predetermina la propia Constitución. Si el límite impuesto al derecho fundamental afecta a su *contenido esencial*, como ha dicho la STC 227/1988 (FJ 11), en realidad no se está limitando el derecho, sino suprimiéndolo o privando a su titular de su disfrute. Con la segunda técnica, la del principio de proporcionalidad, se superpone a la anterior exigencia del respeto al contenido esencial una segunda. Una vez que el límite sea de los que la Constitución permite, además, debe concretarse (límites internos) o crearse (límites externos) de forma tal que se conserve el equilibrio inexcusable entre la norma constitucional iusfundamental y aquella norma constitucional o del rango exigido por la Constitución que concreta o crea sus límites. El principio de proporcionalidad emerge como el criterio con el que lograr ese equilibrio final entre el derecho y su límite, exigible tanto respecto de las normas sobre los límites de los derechos fundamentales (efecto de reciprocidad), como de los actos de aplicación al caso concreto de esas normas limitativas del derecho fundamental. Ahora nos vamos a ocupar del contenido esencial.

El artículo 53.1 CE menciona el *contenido esencial* de cada derecho fundamental como un límite a la competencia del legislador para regular su ejercicio. Este precepto parece decir, y así lo ha entendido en varias ocasiones el propio TC, que todo derecho fundamental consiste en la suma de dos círculos concéntricos. Uno, el círculo interior que encerraría el núcleo realmente indisponible del derecho en cuestión. Otro, el círculo exterior, que albergaría un posible contenido del derecho fundamental que sólo existe si el legislador no le priva de la garantía iusfundamental mediante la imposición de un límite cuando regula su ejercicio. El primero de los círculos sería el contenido esencial y el segundo el contenido no esencial del derecho fundamental. A nuestro juicio, por el contrario, el contenido constitucional de un derecho no se estructura en círculos concéntricos. Cada derecho fundamental no tiene más que un único contenido (titularidad, objeto, contenido en sentido estricto y límites) constitucional, el definido en abstracto en la norma iusfundamental. Ese contenido es por eso precisamente el *esencial*, no por ser el contenido mínimo o imprescindible del derecho, sino el indisponible al legislador, el que define qué sea constitucionalmente el derecho fundamental. O dicho de otro modo, el contenido del derecho que por mandato constitucional está a disposición de su titular.

Por otro lado, ese mismo artículo 53.1 CE parece incurrir en la paradoja de que sólo prevé ese límite del contenido esencial para el caso de la regulación del ejercicio de los derechos, pero no para el de su desarrollo (art. 81.1 CE). Por tanto, el legislador orgánico podría regular sin límite el derecho fundamental, en fin disponer de él; o todo lo contrario, ya que cabría considerar, y así lo consideramos nosotros, que para el legislador orgánico todo el contenido del derecho fundamental es *contenido esencial*.

El TC ha añadido un tercer círculo a los dos mencionados en el caso de la libertad sindical (art. 28 CE), y una técnica similar ha empleado en el caso del derecho a la tutela judicial (art. 24.1 CE) y de los derechos fundamentales de los extranjeros (art. 13.1 CE), es el denominado contenido *adicional* de estos derechos fundamentales. Se trata de aquellas expectativas de conducta o facultades o poderes jurídicos que incorporan al objeto o contenido constitucional de aquellos derechos fundamentales las leyes (incluso normas reglamentarias), que desarrollan el derecho fundamental o que regulan su ejercicio o los procedimientos u organizaciones necesarias para su disfrute. Esta doctrina, que se inicia con la STC 39/1986 (FJ 3.º), señala que la enumeración de derechos comprendidos en el de libertad sindical que contiene el artículo 28.1 de la Constitución no debe considerarse exhaustiva, sino meramente indicativa, pues la conexión de ese precepto con lo dispuesto en el artículo 7 CE y los tratados internacionales sobre libertad sindical conduce a que esa libertad comprenda «inexcusablemente también aquellos medios de acción que contribuyen a que el sindicato pueda desenvolver la actividad a que está llamado desde el propio Texto constitucional». «Es perfectamente claro —sigue diciendo el TC— que los sindicatos pueden recibir del legislador más facultades y derechos que engrosan el núcleo esencial del artículo 28.1 de la Constitución y que no contradicen el Texto constitucional.» La STC 201/1999 (FJ 4.º) glosa a la perfección esta doctrina: «Reiteradamente ha destacado este Tribunal que el artículo 28.1 CE integra, además de la vertiente organizativa de la libertad sindical, los derechos de actividad y medios de acción de los sindicatos, y que, junto a los anteriores, los sindicatos pueden ostentar derechos o facultades adicionales atribuidos por normas legales o Convenios Colectivos que pasen a añadirse a aquel núcleo esencial. Así, el derecho fundamental se integra, no sólo por su contenido esencial, sino también por esos derechos o facultades adicionales, de modo que los actos contrarios a estos últimos son susceptibles de infringir el artículo 28.1 CE. Estos derechos adicionales, en la medida en que sobrepasan el contenido esencial que ha de ser garantizado a todos los sindicatos, pueden ser atribuidos sólo a algunas organizaciones sin que se vulnere el artículo 28.1 CE con ese trato diferenciado; son creación infraconstitucional y deben ser ejercitados en el marco de su regulación, pudiendo ser alterados o suprimidos por la norma que los establece, no estando su configuración sometida a más límite que el de no vulnerar el contenido esencial del derecho de libertad sindical (SSTC 39/1986, 104/1986, 187/1986, 9/1988, 51/1988, 61/1989, 127/1989, 30/1992, 173/1992, 164/1993, 1/1994, 263/1994, 67/1995, 188/1995, 95/1996, 145/1999).»

Esta tesis de incorporación de contenidos a un derecho fundamental a través de las normas infraconstitucionales que lo regulan se ha extendido, al menos de forma clara y reiterada, al derecho a la tutela judicial efectiva. De modo evidente en la doctrina del derecho de acceso a los recursos, según la cual, no existe un derecho a la existencia de recursos judiciales en el seno de los procesos (salvo la doble instancia penal, y éste con matices, véase la STC 70/2002), pero, una vez que el legislador procesal los haya creado, el acceso a ese recurso se integra en el contenido del artículo 24.1 CE de forma que la inadmisión por el juez o tribunal competente de dicho recurso al margen de lo previsto en su norma rectora o fruto de una interpretación irrazonable, arbitraria o de una aplicación incursa en error patente constituye una lesión del derecho a la tutela judicial efectiva (por todas, STC 37/1995, FJ 5.º). En nuestra opinión, con esta doctrina del contenido adicional de los derechos fundamentales, el TC no hace sino aplicar a ciertos derechos fundamentales con vocación prestacional, como son el derecho a la tutela judicial efectiva o la libertad sindical, e incluso para el caso de los derechos fundamentales de los extranjeros, la técnica propia de los derechos de prestación y las garantías de organización y procedimiento, donde el legislador está llamado a complementar el contenido constitucional del derecho (sin obviar las dificultades que plantea, por ejemplo, que una norma reglamentaria o un convenio colectivo puedan ser fuente de contenidos de un derecho fundamental).

EL TC ha interpretado desde la STC 11/1981 que la cláusula del contenido esencial del artículo 53.1 CE contiene un *límite a los límites* de los derechos fundamentales. Y no se equivoca al definir de este modo la cláusula del contenido esencial, pues, en efecto, su función es ser un límite a los límites, pero de modo diverso al pensado por el TC. Así define el TC en la Sentencia 11/1981 (FJ 8.º), y ha reiterado hasta el presente, qué sea ese contenido esencial del derecho fundamental:

> Para tratar de aproximarse de algún modo a la idea de «contenido esencial», que en el artículo 53 de la Constitución se refiere a la totalidad de los derechos fundamentales y que puede referirse a cualesquiera derechos subjetivos, sean o no constitucionales, cabe seguir dos caminos. El primero es tratar de acudir a lo que se suele llamar la naturaleza jurídica o el modo de concebir o de configurar cada derecho. Según esta idea hay que tratar de establecer una relación entre el lenguaje que utilizan las disposiciones normativas y lo que algunos autores han llamado el metalenguaje o ideas generalizadas y convicciones generalmente admitidas entre los juristas, los jueces y, en general, los especialistas en Derecho. Muchas veces el *nomen* y el alcance de un derecho subjetivo son previos al momento en que tal derecho resulta recogido y regulado por un legislador concreto. El tipo abstracto del derecho preexiste conceptualmente al momento legislativo y en este sentido se puede hablar de una recognoscibilidad de ese tipo abstracto en la regulación concreta. Los especialistas en Derecho pueden responder si lo que el legislador ha regulado se ajusta o no a lo que generalmente se entiende por un derecho de tal tipo. *Constituyen el contenido esencial de un derecho subjetivo aquellas facultades o posibilidades de actuación necesarias para que el derecho sea recognoscible como pertinente al tipo descrito y sin las cuales deja de pertenecer a ese tipo y tiene que pasar a quedar comprendido en otro desnaturalizándose, por decirlo así.* Todo ello referido al momento histórico de que en cada caso se trata y a las condiciones inherentes en las sociedades democráticas, cuando se trate de derechos constitucionales.
>
> *El segundo posible camino para definir el contenido esencial de un derecho consiste es tratar de buscar lo que una importante tradición ha llamado los intereses jurídicamente protegidos como núcleo y médula de los derechos subjetivos. Se puede entonces hablar de una esencialidad del contenido del derecho para hacer referencia a aquella parte del contenido del derecho que es absolutamente necesaria para que los intereses jurídicamente protegibles, que dan vida al derecho, resulten real, concreta y efectivamente protegidos.* De este modo, se rebasa o se desconoce el contenido esencial cuando el derecho queda sometido a limitaciones que lo hacen impracticable, lo dificultan más allá de lo razonable o lo despojan de la necesaria protección.
>
> Los dos caminos propuestos para tratar de definir lo que puede entenderse por «contenido esencial» de un derecho subjetivo no son alternativos, ni menos todavía antitéticos, sino que, por el contrario, se pueden considerar como complementarios, de modo que, al enfrentarse con la determinación del contenido esencial de cada concreto derecho pueden ser conjuntamente utilizados para contrastar los resultados a los que por una u otra vía pueda llegarse. [La cursiva es nuestra.]

Las palabras del TC ubican su percepción sobre el contenido esencial del derecho fundamental en aquella teoría mencionada de los dos círculos concéntricos que compondrían un derecho fundamental y que está ligada al origen en la interpretación del artículo 19.2 LFB de la doctrina sobre el contenido esencial como límite a los límites de los derechos fundamentales.

En efecto, la redacción del artículo 53.1 CE se ha inspirado en la cláusula homónima del artículo 19 LFB. Y esa misma inspiración quizá haya sido el motivo por el que en España también se haya reproducido la misma polémica habida en la doctrina y jurisprudencia alemana sobre cómo opera esa cláusula de *limitación de los límites* a los derechos fundamentales, cuando pese a su parentesco ambas cláusulas poseen un fundamento y sirven a objetivos distintos. La razón por la que la cláusula del contenido esencial del artículo 19 LFB es distinta a la española, y al margen de que el artículo 53.1 CE se refiere a la regulación del ejercicio de los derechos y no a sus límites, estriba en que el enunciado normativo de muchos de los derechos fundamentales contenidos en la LFB contienen *reservas de limitación*. Estas reservas habilitan al legislador para fijar con un gran margen de libertad los límites de un derecho fundamental (por ejemplo, así lo hace el art. 5.2 LFB respecto de la libertad de expresión y la libertad de información: «estos derechos encuentran sus límites en los preceptos de leyes generales»; o el art. 11, libertad de tránsito: este derecho sólo puede ser limitado por una ley o con fundamento en una ley, enumerando a continuación los casos en los que la propia LFB permite la limitación legal del derecho de tránsito). En esos casos la LFB habilita al legislador para fijar a su voluntad los límites que pueden imponerse a ciertos derechos fundamentales, lo que hace comprensible la precaución del constituyente al establecer a su vez límites a esa inicial libertad del legislador. Ésta es la función que cumple el artículo 19 LFB que dice en sus dos primeros apartados: «1. En tanto en esta LFB un derecho fundamental pueda ser limitado por una ley o con el fundamento de una ley, esa ley debe valer como general y no para un caso concreto. Además, la ley debe nombrar el derecho fundamental con indicación de su precepto.» «2. En ningún caso, puede ser menoscabado un derecho fundamental en su contenido esencial.» La doctrina alemana ha tratado de encontrarle un sentido a esta cláusula del contenido esencial del artículo 19.2 LFB que no sea meramente declarativo de algo por otra parte obvio, toda norma constitucional posee un *contenido esencial*, es decir, tiene un contenido que es indisponible al legislador, lo que resulta de su posición jerárquica suprema. Precisamente, en el esfuerzo ímprobo de encontrarle un sentido al artículo 19.2 LFB que no sea el meramente declarativo, se formularon las teorías relativa y absoluta del contenido esencial de los derechos fundamentales. Según la primera, el límite a los límites es la razonabilidad de la restricción impuesta al derecho fundamental. El límite al derecho debe ser razonable, prohibiéndose todo límite arbitrario. El resultado de la aplicación de esta teoría es que el *contenido esencial* del derecho fundamental es lo que queda si se considera razonable y justificado el límite impuesto. Si el límite es razonable no ha invadido el contenido esencial del derecho. El derecho fundamental se delimita por sus límites, y éstos valen si son razonables. Para la segunda, la teoría absoluta (que es, parece, la mayoritaria en Alemania y también aquí en España), el contenido esencial de un derecho fundamental es ciertamente su contenido indisponible al poder limitativo de la ley. El derecho fundamental debe ser previamente delimitado conceptualmente para identificar cuál sea su *contenido esencial*, y cuál su contenido no esencial, para así saber cuál sea el ámbito en el que el legislador puede imponerle límites (siempre al contenido no esencial), que además deben seguir siendo *razonables*.

A nuestro juicio, sin embargo, no es aplicable al caso español la doctrina de la cláusula del contenido esencial como *límite a los límites* del artículo 19.2 LFB en los términos en los que ésta se ha planteado en Alemania. Esa doctrina tiene su origen último en la consideración del artículo 19.1 y 2 LFB como una habilitación genérica al legislador para que fije los límites de los derechos fundamentales aun cuando el precepto constitucional correspondiente no les prevea restricción alguna. Esta consideración del artículo 19 LFB como una reserva genérica de limitación que alcanza a todos los derechos y se superpone a las reservas específicas, y la gran libertad que posee el legislador alemán para fijar límites a los derechos fundamentales, o para permitir que jueces y tribunales o la Administración Pública lo hagan, explica la conveniencia de la cláusula del contenido esencial. Pero en España el artículo 53.1 CE no puede considerarse una reserva genérica de limitación de los derechos, tampoco el artículo 81.1 CE. No se olvide, sobre todo, que el arículo 53.1 CE establece una reserva general para *regular el ejercicio* de los derechos, no para limitarlos. Así pues, la cláusula del contenido esencial del artículo 53.1 CE, en puridad, es un límite a la regulación del derecho no a sus límites.

Volviendo a nuestro Derecho, la jurisprudencia del TC ha ido evolucionando hacia una consideración del contenido esencial de un derecho fundamental alejada de la doctrina de los círculos concéntricos, en la que el contenido esencial se identifica con un mínimo irrenunciable e ilimitable de todo derecho fundamental. Inicialmente el TC identificó ese contenido esencial con el contenido *necesario* de todo derecho fundamental para ser recognoscible como tal y/o para cumplir su función de garante de ciertos bienes o intereses constitucionales (entre muchas, SSTC 13/1984, FJ 3.º; 161/1987, FJ 5.º; 196/1987, FJ 5.º; 185/1999, FJ 4.º). Recientemente el TC parece haber abandonado esa visión minimalista para acercarse a la que hoy parece mayoritaria en la doctrina española según la cual el contenido esencial de un derecho fundamental es su titularidad, objeto, contenido y límites tal y como los define en abstracto la norma iusfundamental. Por tanto, ya no hay un contenido esencial, mínimo o necesario, y un contenido no esencial disponible al legislador; sino un contenido abstractamente definido en la Constitución y un contenido concretado por los poderes público que debe respetar escrupulosamente el contenido constitucional abstracto del derecho. La concreción del derecho por los poderes públicos debe reconocerse en su contenido constitucional y servir al propósito garantista que lo alienta (lo que depende de la elección de los modelos dogmáticos sobre los derechos soportados por la Constitución).

Recuerda la STC 292/2000 (FJ 10), reiterando la doctrina de la STC 11/1981 (FJ 8.º) que:

> se rebasa o se desconoce el contenido esencial cuando el derecho queda sometido a limitaciones que lo hacen impracticable, lo dificultan más allá de lo razonable o lo despojan de la necesaria protección.

Y en su FJ 15 añade:

> De otro lado, [...] ha de señalarse, asimismo, que [...] dicha Ley estaría lesionando el contenido esencial del derecho fundamental así restringido, dado que la forma en que se han fijado sus límites lo hacen irreconocible e imposibilitan, en la práctica, su ejercicio (SSTC 11/1981, FJ 15; 142/1993, de 22 de abril, FJ 4.º, y 341/1993, de 18 de noviembre, FJ 7.º).

La consecuencia de este cambio de perspectiva es que el respeto al *contenido esencial* es una cláusula general de garantía de la indisponibilidad del derecho fundamental y de su disponibilidad por su titular aplicable a toda concreción que los poderes públicos hagan de él. Así pues, los poderes públicos deben sujetarse a ese contenido esencial tanto cuando se limitan a aplicarlo a sus relaciones jurídicas con los particulares o a las de éstos entre sí, cuanto cuando fijan sus límites. Entonces, también el legislador orgánico del artículo 81.1 CE está sujeto al *contenido esencial* de los derechos fundamentales que desarrolla sin necesidad de que expresamente así se diga, pues sólo puede *desarrollar* lo que ya está definido en la Constitución (STC 173/1998, FJ 8.º). En este sentido el contenido esencial es efectivamente un límite a los límites. Pero ¿en qué sentido actúa como tal límite?

En las últimas ocasiones en las que el TC se ha pronunciado sobre el contenido esencial de un derecho, y de las que resulta paradigmática la STC 292/2000, ha identificado ese contenido con la definición abstracta que del derecho en cuestión hace la Constitución. Esto es, para el TC el contenido esencial del derecho fundamental termina por ser el que le da la Constitución interpretado su enunciado junto con el resto de las normas constitucionales. Así pues, el contenido esencial de un derecho es su titularidad (quién disfruta del derecho), su objeto (el conjunto de expectativas de conducta que se cobijan en la garantía iusfundamental), su contenido en sentido técnico (el haz de facultades y poderes jurídicos que son necesarios para que el conjunto de expectativas de conducta que componen el objeto del derecho fundamental puedan ser efectivamente realizadas por su titular), y, claro está, los límites internos y las habilitaciones para la creación de límites externos que la Constitución prevea. En suma, el contenido esencial de un derecho fundamental es el resultado de su delimitación. Y es ese contenido el que debe respetar el legislador tanto cuando regula el ejercicio del derecho fundamental como cuando lo desarrolla.

No se olvide que los límites a un derecho fundamental, sean los internos, pero sobre todo, los externos, también forman parte de su contenido esencial, lo que supone que no hay más límites que los que expresamente prevé la Constitución o deriven de la coexistencia del derecho con otras normas de igual rango constitucional. Si el legislador pretende fijar unos límites no previstos en la Constitución en los términos antedichos, también está vulnerando el *contenido esencial* del derecho fundamental. Es en este sentido en el que el contenido esencial opera como un límite a los límites.

Pero, si esto es así, ¿qué función cumple la cláusula del artículo 53.1 CE? Pues en definitiva la referencia al contenido esencial no haría sino *declarar* algo obvio, la vinculación de los poderes públicos a los derechos fundamentales, en cuanto no podrían regular su ejercicio o imponerles restricciones contrarias a lo que la propia Constitución disponga al respecto. Si lo hiciesen, no es que hayan vulnerado el *contenido esencial* de un derecho fundamental, simplemente habrían infringido la Constitución al vulnerar un derecho fundamental.

En primer lugar, el artículo 53.1 CE no contiene una reserva genérica de limitación de los derechos fundamentales. Simplemente establece una reserva de ley para la regulación del ejercicio de los derechos. Sólo el legislador puede regular el ejercicio de un derecho, y sólo puede hacerlo por ley. Éste es el sentido del aludido precepto, y así parece considerarlo también el TC en su más reciente doctrina (así, en las SSTC 58/1998, FJ 3.º; 292/2000, FJ 11, o 14/2003, FJ 9.º).

Los derechos fundamentales tienen los límites, y únicamente los límites, que la Constitución le impone expresamente (límites positivos y externos) y los que resultan de su coexistencia con otros derechos, bienes o intereses constitucionales (límites inmanentes). Fuera de estos casos ni el poder público, ni siquiera el legislador, puede crear otros límites, ni el artículo 53.1 CE da cobertura constitucional para hacerlo.

El ejercicio de un derecho fundamental es la concreción espacio-temporal y modal (el lugar, el tiempo y el modo) de las expectativas de conducta abstractamente garantizadas en el objeto del derecho fundamental. El legislador podrá regular la concreción espacio-temporal y modal del derecho, pero siempre ha de ser la concreción de lo abstractamente definido en la norma iusfundamental. Esto supone que cuando se regula el ejercicio de un derecho fundamental no es posible someterlo a limitaciones que lo hagan impracticable, lo dificulten más allá de lo razonable o lo despojen de la necesaria protección, porque sería tanto como disponer de su existencia. Es decir, no es posible regular el ejercicio del derecho privando de garantía a expectativas de conducta cuya exclusión del objeto del derecho fundamental no estuviese prevista ya por la propia Constitución.

Por ejemplo, el legislador podrá regular el ejercicio del derecho de reunión y manifestación en lugares de tránsito público. Pero sólo podrá restringir el ejercicio de este derecho en esos lugares en los términos que el propio artículo 21.2 CE fija: cuando se pueda alterar el orden público, y, además, si esa alteración supone un peligro para personas o bienes; sin que la previa comunicación a la autoridad pública que el precepto contempla pueda concretarse como un remedo de autorización administrativa para el ejercicio de derechos fundamentales (en este sentido, véanse las SSTC 36/1982, 59/1990 y 66/1995).

En segundo lugar, pese a lo dicho, la cláusula del contenido esencial del artículo 53.1 CE no es superflua o meramente declarativa, cumple una capital función: la de vincular positivamente al legislador en el ejercicio de su competencia general para regular el ejercicio de un derecho fundamental a su interpretación constitucionalmente adecuada.

El legislador está llamado a concretar la definición abstracta que de los derechos fundamentales hace la Constitución. Y tal concreción debe llevarla a cabo tanto cuando regula el ejercicio de un derecho, como cuando regula sus límites, sean éstos los internos como los externos, o lo desarrolla. Para realizar dicha operación, el legislador interpretará el enunciado constitucional que contiene el derecho fundamental y lo hará conforme a un modelo dogmático. El propio TC ha reconocido en diversas ocasiones que esto es así al hablar de las resoluciones judiciales que deben interpretar y aplicar derechos fundamentales, las cuales han «de fundarse necesariamente en una determinada concepción de estos bienes y derechos y de su recíproca relación. Si esta concepción no es la constitucionalmente adecuada, la decisión judicial, como acto del poder público, habrá de reputarse lesiva de uno u otro derecho fundamental, sea por haber considerado ilícito su ejercicio, sea por no haberle otorgado la protección que, de acuerdo con la Constitución y la Ley, debería otorgarle» (SSTC 171/1990, FJ 4.º; 76/1995, FJ 5.º, y 34/1996, FJ 4.º). Lo mismo cabría decir del legislador.

Pero existe una capital diferencia entre la posición de jueces y tribunales y Administración Pública respecto de la Constitución y la que ocupa el legislador.

Esa diferencia estriba en que los primeros son, si cabe emplear esta expresión, «ejecutores» de las normas constitucionales pues su vinculación a la Constitución es radicalmente positiva. Sin embargo, el legislador no es un simple ejecutor de la Constitución. Su legitimidad democrática invierte el signo de su vinculación a la Constitución, bastando con que sus leyes no la infrinjan frontalmente. La propia Constitución quiere que el legislador democrático le esté vinculado negativamente para que pueda ejercer sus funciones de representante de la voluntad popular y concretar como estime pertinente las opciones políticas que la apertura constitucional ampara. Esta posición constitucional del legislador le permitiría delimitar a su antojo cada derecho fundamental, lo que se ve favorecido por la estructura abstracta y abierta de los derechos y su condición de normas de principio. El legislador de hecho dispondría de la existencia del derecho fundamental si en su desarrollo legal del derecho fundamental o la regulación de su ejercicio puede elegir a su discreción el modelo dogmático para su delimitación. El límite del respeto al *contenido esencial* de los derechos fundamentales le sujeta al o los modelos dogmáticos que la Constitución soporta y con ayuda de los cuales se efectúa la interpretación constitucionalmente conforme de los derechos.

No cabe ocultar, y quede aquí únicamente apuntado, que el corolario de esta doctrina es un Tribunal Constitucional omnipotente que en su condición de intérprete supremo de la Constitución en último término será él quien defina ese contenido esencial del derecho. En definitiva, los derechos fundamentales terminarán por ser lo que el TC diga que son. Y, pese al esfuerzo del TC en aminorar la severidad de esta constatación apelando a su autorrestricción al afirmar que no es él el intérprete único de los derechos fundamentales (SSTC 160/1997, FJ 4.º; 5/2002, FJ 4.º, y 77/2002, FJ 3.º), lo cierto es que ese resultado difícilmente podrá evitarse siendo como es el órgano que posee en exclusiva la potestad de declarar la inconstitucionalidad de la ley.

III. LA RESOLUCIÓN DE CONFLICTOS ENTRE DERECHOS FUNDAMENTALES. EL PRINCIPIO DE PROPORCIONALIDAD

1. ¿EXISTEN LOS CONFLICTOS ENTRE DERECHOS FUNDAMENTALES? ¿PONDERACIÓN DE BIENES O DELIMITACIÓN DE LOS DERECHOS?

En rigor habría que decir que los conflictos, si existen, lo son entre el derecho fundamental y sus límites; y, en la medida en que entre sus límites están los derechos fundamentales o constitucionales de terceros, sí se puede decir que existen conflictos entre derechos fundamentales. Lo que ocurre es que esta forma de expresarse es engañosa ya que hace pensar en una *colisión entre derechos* cuando la colisión es entre el derecho fundamental y sus límites. Y, para ser más exactos, ni siquiera en puridad se pueda hablar de conflictos o colisiones, porque los límites de un derecho fundamental no colisionan con él, sino que justamente sirven para solventar sus posibles colisiones con otros derechos, bienes e intereses.

Es cierto que las expectativas de conducta amparadas en un derecho fundamental en ocasiones sólo pueden hacerse realidad (ejercicio del derecho fundamental) a costa de otras expectativas de conducta objeto de protección constitucional o infraconstitucional. Insultar a una persona puede ser una expectativa de conducta objeto de la libertad de expresión, pero la protección del insulto es a costa del honor del insultado. Este hecho provoca la, a nuestro parecer, falsa apariencia de que hay un conflicto entre el derecho fundamental y los derechos, bienes o intereses que cobijan aquellas otras normas constitucionales o infraconstitucionales. Un conflicto que, piensan algunos, sólo puede resolverse *ponderando* los derechos, bienes o intereses en presencia. Siguiendo con el ejemplo anterior, ¿debe protegerse la libertad de expresión sacrificando el derecho al honor o viceversa?

Las técnicas de resolución de estos conflictos (ponderación, concordancia práctica, razonabilidad, cláusula de comunidad, proporcionalidad) pueden reconducirse fácilmente a dos: la ponderación de bienes o la delimitación de los derechos en presencia. La técnica de la *ponderación de bienes* considera que tales conflictos existen y que el aludido solapamiento de expectativas de conducta sólo puede resolverse sopesando unas y otras, indagando que valor o interés último persiguen y dando valor preferente en el caso concreto a aquella expectativa que persiga el valor o interés más cualificado o importante (no es lo mismo insultar a un desconocido en el contexto de una riña de tráfico, que a un político en un acto electoral o a un personaje famoso en una revista de cotilleos). La que aquí denominados *delimitación de los derechos*, antes al contrario, mantiene que en rigor no hay conflicto entre derechos, sino con sus límites, en el sentido de que en el caso concreto debe confrontarse cada derecho fundamental en presencia con sus límites constitucionales y solventar así su supuesta colisión. Para esta técnica no es necesario jerarquizar los derechos según el caso concreto y conforme un orden de valores o intereses preferentes en cada situación, sino examinar sus recíprocos límites y constatar cuál de las expectativas de conducta solapadas no está privada de protección.

El TC ha empleado durante sus primeros años el método de la ponderación de bienes para resolver las colisiones entre derechos fundamentales y otros derechos, bienes e intereses, y muy en particular en el caso de los ligados a la comunicación pública garantizados en el artículo 20 CE y los derechos al honor, intimidad y propia imagen —también ha recurrido a esa técnica habitualmente en el caso de la libertad sindical (art. 28 CE) o en el del derecho a la tutela judicial efectiva (art. 24 CE)—. Su doctrina sostenía que «La solución al problema que plantea la colisión o encuentro entre derechos y libertades fundamentales consistirá en otorgar la preferencia de su respeto a uno de ellos, justamente aquel que lo merezca, tanto por su propia naturaleza, como por las circunstancias concurrentes en su ejercicio. No se trata, sin embargo, de establecer jerarquías de derechos ni prevalencias *a priori*, sino de conjugar, desde la situación jurídica creada, ambos derechos o libertades, ponderando, pesando cada uno de ellos, en su eficacia recíproca, para terminar decidiendo y dar preeminencia al que se ajuste más al sentido y finalidad que la Constitución señala, explícita o implícitamente» (STC 320/1994, FJ 2.º).

Quizá el ejemplo proverbial del uso de esta técnica sea el caso del conflicto entre la libertad de expresión y el derecho al honor. Cuando se pondera para resolver el conflicto, no se parte de la existencia de límites a uno y otro derecho fundamental. No se parte, por ejemplo, de que el insulto no puede ser el objeto de la libertad de expresión porque de serlo privaría al insultado de su derecho al honor y no lo sometería tan sólo a un límite —límite que bien podría derivar del interés general que cabe predicar de la opinión sujeta a examen—. Cuando se pondera en casos como éste, lo que se indaga es cuál de los dos derechos merece en el caso concreto una protección preferente, de manera que, una vez optado por uno de ellos el otro pierde toda vigencia; por ejemplo, la capital importancia que para el sistema democrático tiene un debate libre y robusto de ideas justificaría la prevalencia del insulto proferido por un político en campaña electoral dirigido contra su adversario, o la de un espectador presente en un mitin político que se alza para insultar a uno de los oradores, sobre el derecho al honor del injuriado. El límite ya no deriva de una norma constitucional —la que dice que el insulto no es objeto de la libertad de expresión—, sino de la resolución ponderada del caso concreto —el insulto está protegido en ese caso porque está ligado a la expresión de opiniones políticamente durante un acto electoral— (véanse, por ejemplo, la SSTC 105/1990, insultos de un periodista a un político, o las SSTC 171/1990 y 172/1990, en las que el TC realiza una ponderación bien distinta de la libertad de información y el derecho al honor en un caso similar en las que dos periódicos dan cuenta de un accidente aéreo).

Sin embargo, desde finales de los años noventa el TC ha abandonado paulatinamente esta técnica y ha seguido un método de delimitación de los derechos fundamentales con el que ha tratado de resolver los supuestos conflictos. El TC persigue resolver las colisiones delimitando el derecho fundamental y aplicándole sus límites para así concluir si la expectativa de conducta sujeta a su examen es o no objeto del derecho fundamental en cuestión.

Volviendo al ejemplo de los artículos 20 y 18 CE, el TC ya no resuelve los amparos en los que se esgrime la libertad de expresión o información y los derechos al honor, la intimidad o a la propia imagen acudiendo al paradigma de la formación de la opinión pública libre como hizo en SSTC tan ilustradoras de esa técnica ponderativa como las 171/1990 y 172/1990. El TC ya no considera que deba darse protección preferente a las libertades del artículo 20 frente a los derechos del artículo 18 porque y siempre que las opiniones o informaciones cuestionadas sirvan al valor superior de la realización del Estado democrático mediante la formación de una opinión pública libre. Un canon que, por cierto, y dada la posición del TC en la resolución del recurso de amparo respecto de los jueces y tribunales ordinarios, le llevaba en ocasiones a limitarse a examinar la razonabilidad de la ponderación hecha por la resolución judicial impugnada ante él. Sin embargo, como decíamos, sobre todo desde 1998, el TC ha abandonado esa forma de razonar. Advierte en sus Sentencias que su juicio no puede limitarse a un examen externo de la razonabilidad de la ponderación efectuada por la decisión judicial impugnada, como si de un amparo en el que se invoca el artículo 24 se tratara. Es su función, dice en estas Sentencias, comprobar que además de razonable, la interpretación que de los derechos en presencia ha hecho la resolución judicial impugnada se corresponde con una interpretación conforme con la CE, único punto de partida idónea, no para resolver un conflicto entre derechos, sino para concluir si ha habido o no vulneración del derecho fundamental invocado. Ejemplos recientes de esta técnica se pueden encontrar en las SSTC 49 y 204, ambas del 2001.

El reproche que cabe hacerle a la técnica de la ponderación de bienes estriba en que resuelve los conflictos entre derechos no a partir de los límites que la Constitución impone a los derechos fundamentales, sino de los datos del caso concreto que son los que determinan cual de los derechos, bienes o intereses en conflicto debe prevalecer. La ponderación de bienes relativiza el contenido del derecho fundamental porque las expectativas de conducta efectivamente protegidas por el derecho fundamental ya no dependen del examen de sus límites, sino de la circunstancia del caso concreto que a juicio del llamado a resolver el conflicto provoca que prevalezca uno de los términos en conflicto al margen de sus límites. De hecho la ponderación de bienes antes que a los límites constitucionales de los derechos fundamentales atiende al valor jurídico cuya realización se persigue con la garantía del derecho para decidir en cada caso qué valor debe sacrificarse en aras del encarnado por el derecho, bien o interés en liza. Porque en realidad, el conflicto para la ponderación de bienes no se produce entre los derechos fundamentales y otros derechos, bienes o intereses constitucionales o infraconstitucionales, sino entre los valores o intereses que según quien pondera se encarnan en aquellos derechos. Por eso el conflicto no se resuelve examinando los límites de unos y otros, sino decidiendo en cada caso cuál de esos valores o intereses debe prevalecer; en fin, jerarquizando los valores o intereses en presencia.

Así los derechos fundamentales tendrán el contenido que resulte de la resolución del conflicto según la jerarquía de valores presupuesta, y no un contenido delimitable previamente. Por otro lado, la ponderación conduce inevitablemente a la jerarquización entre los derechos fundamentales, por cuanto la resolución de sus conflictos no se solventará examinando sus recíprocos límites, sino postergando la aplicación de uno en beneficio de la aplicación del otro según la jerarquía de los valores o intereses que encarnen. Ya no se aplican ambos derechos fundamentales al caso, sino que se acuerda suspender la vigencia de uno de los derechos en ese caso concreto (que puede recuperar, sin embargo, en otro posterior similar) para aplicar en plenitud el elegido en la ponderación.

¿Puede justificarse el uso de la tortura o el trato inhumano y degradante si con ello se pueden salvar cientos de vidas inocentes? Imaginemos que se detiene a una persona que sabe en qué lugar, a qué hora y de qué forma se puede desactivar un artefacto explosivo ubicado en un gran centro comercial. La CE, en su artículo 15, prohíbe el uso de la tortura y de los tratos inhumanos y degradantes. Sin embargo, empleando la técnica de la ponderación de bienes, lo que debe sopesarse es qué valor o interés último se persigue en el caso con uno u otro derecho: el derecho a la vida y a la integridad física y moral del detenido o de las personas inocentes. Para la ponderación este conflicto no se puede resolver en abstracto sino atendiendo a las circunstancias del caso concreto, de forma que en este caso concreto debe prevalecer el derecho de los ciudadanos inocentes frente a los del detenido ya que sólo así se podrá salvar la vida de los primeros. La ponderación podría justificar el empleo de los malos tratos o la tortura con el fin de salvar la vida de las personas que se hallaren en el centro comercial no aplicando al terrorista en ese caso las garantías del artículo 15 CE.

A nuestro juicio, ésta es una forma incorrecta de resolver esos conflictos. Primero, porque relativiza el valor normativo de los derechos fundamentales, y, en último término el de la Constitución misma; en segundo lugar, porque para resolver el conflicto debe jerarquizar a los derechos, ya que uno de ellos debe ceder en su aplicabilidad frente al de valor preferente (de hecho el TC ha reiterado en muchas ocasiones que no es posible jerarquizar entre sí a los derechos fundamentales: SSTC 324/1990, FJ 2.º, o la 11/2000, FJ 7.º); y, en tercer lugar, porque plantea los conflictos como una colisión entre los valores e intereses jurídicos encarnados en aquellos derechos, fundamentales y no fundamentales, bienes e intereses constitucionales e infraconstitucionales, cuando en realidad ni siquiera hay colisión por cuanto se trata de fijar los límites del derecho fundamental en cuestión.

En efecto, sólo se pueden sortear aquellas objeciones y ser coherente con la posición normativa de los derechos fundamentales si esos conflictos se conciben como lo que en realidad son, un problema de delimitación y luego de limitación de los derechos fundamentales en presencia. Hay ocasiones en que la propia norma iusfundamental excluye del objeto de uno de los derechos la conducta que aparentemente lesiona el otro derecho, bien o interés en conflicto (si no están protegidas las asociaciones paramilitares o secretas, su prohibición no es un caso de colisión con el art. 22 CE). En otros casos operan los límites inmanentes del derecho fundamental, de forma que no puede ser su objeto de protección una conducta que niega la existencia de otra norma constitucional (por ejemplo, la libertad de expresión no puede amparar el insulto porque de hacerlo, sencillamente priva del derecho al honor a cualquier persona). Otro tanto cabe decir de los límites externos al derecho fundamental, siempre que el límite cumpla con su canon constitucional (si la Constitución permite que la ley prohíba la libre sindicación de los miembros de las fuerzas armadas, si así lo hace el legislador, la sanción a un militar por estar sindicado no será una lesión del art. 28 CE).

Por tanto, el límite al derecho fundamental preterido en el aparente conflicto no emana del resultado de una previa ponderación de bienes, sino que precede a toda ponderación, porque para resolver la colisión, primero hay que delimitar el derecho fundamental y aplicarle sus límites, fijando así el ámbito de su protección. Como se ve, es una cuestión de *interpretación* (delimitación/limitación) de los derechos fundamentales y especialmente de interpretación/aplicación de sus límites y no de ponderación de los valores que encarnan.

Volviendo al caso de la bomba en unos grandes almacenes, y siguiendo el método propuesto, es claro que la CE en su artículo 15 prohíbe tajantemente el uso de la tortura o el trato inhumano y degradante sea cual sea su clase. Pero la CE no garantiza un derecho fundamental a no ser torturado o sometido a tratos inhumanos o degradantes. El artículo 15 lo que garantiza como derecho fundamental no es esta prohibición, sino el derecho a la vida y a la integridad física y moral. Es decir, el detenido tiene derecho a la vida y a la integridad física y moral, y la propia CE establece que «en ningún caso» esos derechos puedan ser objeto de límites (que siempre serán inmanentes, ya que la CE no les prevé límite positivo o externo alguno) consistentes en la aplicación de torturas o el empleo de tratos inhumanos o degradantes. Estos medios para limitar los derechos del artículo 15 están absolutamente prohibidos en la CE. Así pues, la CE permite la restricción del derecho a la vida, a la integridad física o moral con fundamento en la garantía de otros derechos, bienes o intereses constitucionales (véanse las SSTC 215/1994, sobre la esterilización de disminuidos psíquicos; 207/1996, sobre diligencias de prueba consistentes en intervenciones corporales, y 154/2002 relativa a la negativa de un testigo de Jehová a recibir una transfusión de sangre), pero «en ningún caso» esa limitación puede justificar el recurso a la tortura o los tratos inhumanos y degradantes. En consecuencia, los poderes públicos bajo ningún concepto podrán acudir a la tortura o a tratos inhumanos o degradantes para hacer confesar al detenido.

2. El principio de proporcionalidad

La imposición de los límites que correspondan al derecho fundamental examinado en cada caso constituye un momento capital del método expuesto de delimitación de los derechos fundamentales. Pero en ocasiones no basta con fijar e imponer esos límites para hallar la regla jurídica concreta por la que se resolverá finalmente si determinada conducta es o no objeto del derecho fundamental. Puede ocurrir que el límite no se plasme únicamente en la negación de la garantía iusfundamental a una determinada conducta (por ejemplo, el insulto no está garantizado por la libertad de expresión) y que requiera ser concretado en su alcance y los medios específicos de su aplicación (piénsese en la autorización judicial de una entrada y registro domiciliar o la práctica de una prueba consistente en una intervención corporal como arrancar un cabello o tomar una muestra de saliva o de sangre).

En aquellos casos en los que sea posible emplear medios distintos para imponer un límite o éste admita distintas intensidades en el grado de su aplicación, es donde debe acudirse al principio de proporcionalidad porque es la técnica a través de la cual se realiza el mandato de optimización que contiene todo derecho fundamental y el principio de efecto recíproco. A través del principio de proporcionalidad se asegura que la intensidad de la restricción o el medio para su aplicación sea el indispensable para hacerlo efectivo, de manera que el límite cumpla su función (negar protección constitucional a determinada conducta que se pretende encuadrada en el objeto de un derecho) sin que ese límite constituya un remedo de sanción por la creencia errónea de que se estaba ejerciendo un derecho fundamental, ni una forma de disponer de la existencia del derecho mismo. La finalidad última del principio de proporcionalidad es, obviamente, evitar que el poder público que tenga atribuida la competencia para aplicar los límites a un derecho fundamental vulneren en su aplicación su contenido esencial. En palabras de la STC 18/1999 (FJ 3.º):

> Por último conviene indicar, como se recordaba en la STC 58/1998, que los derechos fundamentales reconocidos por la Constitución sólo pueden ceder ante los límites que la propia Constitución expresamente imponga, o ante los que de manera mediata o indirecta se infieran de la misma al resultar justificados por la necesidad de preservar otros derechos o bienes jurídicamente protegidos (SSTC 11/1981 y 2/1982). Las limitaciones que se establezcan no pueden obstruir el derecho fundamental más allá de lo razonable (STC 53/1986), de donde se desprende que todo acto o resolución que limite derechos fundamentales ha de asegurar que las medidas restrictivas sean necesarias para conseguir el fin perseguido (SSTC 62/1982 y 13/1985), ha de atender a la proporcionalidad entre el sacrificio del derecho y la situación en la que se halla aquel a quien se le impone (STC 37/1989) y, en todo caso, ha de respetar su contenido esencial (SSTC 11/1981, 196/1987, 120/1990, 137/1990 y 57/1994).

O como ha dicho la STC 14/2003 (FJ 9.º):

> Por ello no es ocioso recordar aquí, como tiene declarado con carácter general este Tribunal, que los derechos fundamentales reconocidos por la Constitución sólo pueden ceder ante los límites que la propia Constitución expresamente imponga, o ante los que de manera mediata o indirecta se infieran de la misma al resultar justificados por la necesidad de preservar otros derechos o bienes jurídicamente protegidos (SSTC 11/1981, de 8 de abril, FJ 7.º; 2/1982, de 29 de enero, FJ 5.º, entre otras). Ni tampoco que, en todo caso, las limitaciones que se establezcan no pueden obstruir el derecho fundamental más allá de lo razonable (STC 53/1986, de 5 de mayo, FJ 3.º). De donde se desprende que todo acto o resolución que limite derechos fundamentales ha de asegurar que las medidas limitadoras sean necesarias para conseguir el fin perseguido (SSTC 61/1982, de 13 de octubre, FJ 5.º; 13/1985, de 31 de enero, FJ 2.º), ha de atender a la proporcionalidad entre el sacrificio del derecho y la situación en la que se halla aquel a quien se le impone (STC 37/1989, de 15 de febrero, FJ 7.º) y, en todo caso, ha de respetar su contenido esencial (SSTC 11/1981, de 8 de abril, FJ 10; 196/1987, de 11 de diciembre, FFJJ 4.º a 6.º; 120/1990, de 27 de junio, FJ 8.º; 137/1990, de 19 de julio, FJ 6.º; 57/1994, de 28 de febrero, FJ 6.º).

En otras palabras, de conformidad con una reiterada doctrina de este Tribunal, la constitucionalidad de cualquier medida restrictiva de derechos fundamentales viene determinada por la estricta observancia del principio de proporcionalidad.

El TC ha dicho «que la exigencia constitucional de proporcionalidad de las medidas limitativas de derechos fundamentales requiere, además de la previsibilidad legal, que sea una medida idónea, necesaria y proporcionada en relación con un fin constitucionalmente legítimo» (STC 169/2001, FJ 9.º). «En este sentido —ha aseverado también el TC— [...] para comprobar si una medida restrictiva de un derecho fundamental supera el juicio de proporcionalidad, es necesario constatar si cumple los tres siguientes requisitos o condiciones: "si tal medida es susceptible de conseguir el objetivo propuesto (juicio de idoneidad); si, además, es necesaria, en el sentido de que no exista otra medida más moderada para la consecución de tal propósito con igual eficacia (juicio de necesidad); y, finalmente, si la misma es ponderada o equilibrada, por derivarse de ella más beneficios o ventajas para el interés general que perjuicios sobre otros bienes o valores en conflicto (juicio de proporcionalidad en sentido estricto)"» (STC 207/1996, FJ 4.º; véanse también las SSTC 66/1995, 207/1996, 37/1998 y 154/2002).

Éstos son los elementos del juicio de proporcionalidad:

1) Exigencia de *idoneidad* o *adecuación* de la medida limitativa concreta al fin perseguido con el límite impuesto al derecho fundamental. Como dice el TC el primer canon para precisar la proporcionalidad de una medida es que ésta sea susceptible de alcanzar el objetivo perseguido con ella, limitar el derecho fundamental. La medida proporcionada es aquella que sirve para limitar el derecho y no de cualquier forma. Además de esa idoneidad para ser medida restrictiva, sólo es válida la que además es funcionalmente idónea, esto es, aquella medida restrictiva que además de serlo, lo es para limitar el derecho por la razón que justifica la existencia del límite.

Si en el curso de una instrucción penal es necesario practicar una prueba de ADN para esclarecer un caso de violación, que requiere la intervención corporal de uno de los imputados en el proceso, el bien constitucional de la averiguación de los delitos puede justificar un límite a la integridad física del imputado y justificar dicha intervención corporal. Pero esa intervención corporal sólo está justificada si su objeto es la obtención de evidencias que sirvan para el esclarecimiento de los hechos supuestamente delictivos, y no, por ejemplo, para comprobar si el imputado es consumidor o no de sustancias estupefacientes o padece cierta enfermedad.

2) La exigencia de *necesidad* o *intervención mínima*, que consiste en que la medida limitativa debe ser necesaria e imprescindible para alcanzar el fin perseguido con el límite, en el sentido de que no debe existir otro medio menos oneroso para lograrlo. La medida restrictiva no sólo debe ser idónea material y funcionalmente para limitar el derecho en razón de su fundamento; además, de entre las posibles maneras de imponer la medida restrictiva, sólo cabe elegir la forma o el medio que resulte menos gravosa para alcanzar aquella finalidad.

Volviendo al ejemplo anterior, hay diversas maneras de practicar aquella intervención corporal. Si la prueba de ADN se puede obtener con una muestra de saliva, resultaría desproporcionado un análisis de sangre que es una intervención más agresiva.

3) La exigencia de *proporcionalidad en sentido estricto* entre el sacrificio exigido al derecho fundamental limitado por esa medida y el concreto derecho, bien o interés jurídico que pretende garantizarse con aquel límite. Criterio que suele traducirse en la necesidad de probar que el daño de estos últimos era real y efectivo, y no sólo una sospecha o presunción (por lo que no son admisibles medidas preventivas si carecen de habilitación legal), es decir, que hubo un *riesgo cierto y actual* y no tan sólo un *riesgo futuro e hipotético*. Y, una vez probada la realidad del riesgo, que los sacrificios entre bienes están compensados respecto del objeto perseguido.

Siguiendo con el ejemplo propuesto, la prueba de ADN mediante la toma de muestras de saliva sólo se justificará en el curso de la instrucción penal si resulta imprescindible practicar esta prueba de forma anticipada y no en el juicio oral al existir el riesgo real y cierto de que el imputado pueda huir, y si esa prueba resulte además decisiva para esclarecer los hechos objeto del proceso penal hasta el punto de que, de no practicarse, se frustraría la averiguación del delito de violación. Ahora bien, la muestra de saliva debe tomarse de la forma menos gravosa para el imputado y con todas las garantías, sacrificando su derecho a la integridad física en la medida necesaria para salvaguardar la función objetiva del proceso penal, averiguar y castigar los delitos.

Efectivamente, la medida, además de ser idónea material y funcionalmente para limitar el derecho y hacerlo para proteger los otros derechos, bienes o intereses que imponen el límite, y necesaria e imprescindible, en el sentido de que entre las posibles sea la menos gravosa pero suficiente para ser idónea, debe ser equitativa en el reparto de los sacrificios. El derecho fundamental debe ser limitado en lo estrictamente necesario para asegurar la protección de aquellos otros derechos, bienes o intereses que lo limitan. Por tanto, el daño a estos últimos debe ser real o un riesgo cierto, y mayor que el que sufrirían si el derecho fundamental no se limitase. Pero el derecho fundamental no debe ser limitado más allá de lo requerido para evitar ese mal mayor, ya que con el límite no se trata de garantizar en toda su posible extensión e intensidad los derechos, bienes e intereses en liza, sino sólo en lo estrictamente necesario para que no sufran el daño que les puede producir la realización de una de las expectativas de conducta objeto del derecho fundamental en cuestión.

De estos criterios del principio de proporcionalidad ha derivado el TC una capital exigencia: la necesaria motivación de los actos de los poderes públicos que apliquen límites a los derechos fundamentales. Para el TC la falta de dicha motivación de la medida restrictiva causa la lesión del derecho fundamental (SSTC 151/1997, FFJJ 5.º y 6.º; 175/1997, FJ 4.º; 49/1999, FJ 7.º). Como ha afirmado el TC: «Las exigencias de motivación de las resoluciones judiciales limitativas de derechos fundamentales derivadas de su proporcionalidad requieren que consten en las resoluciones los elementos que permiten a este Tribunal apreciar que se ha efectuado la ponderación requerida por el juicio de proporcionalidad» (STC 161/2001, FJ 10). La falta de motivación o la motivación defectuosa de una medida limitativa de un derecho constituye una vulneración del mismo (entre muchas, STC 151/1997, FJ 5.º; 177/1998, FJ 2.º). Una motivación de la medida adoptada que debe ser expresa, pues sólo así el TC podrá controlar la recta aplicación del principio de proporcionalidad (STC 200/1997, FJ 4.º) y no limitada simplemente a ser razonable conforme al canon del artículo 24 CE (que la resolución no incurra en irrazonabilidad, arbitrariedad o error patente). El TC le ha exigido a esa motivación que exprese el juicio de proporcionalidad como modo de poner de manifiesto que la resolución ha tenido en cuenta suficientemente el derecho fundamental en cuestión, ha hecho de él una interpretación constitucional conforme y además también ha interpretado la legalidad ordinaria conforme a la mayor efectividad del derecho fundamental (STC 5/2002, FJ 4.º).

¿Puede emplearse el principio de proporcionalidad como un canon de constitucionalidad de la ley limitativa de derechos y no sólo de sus actos de aplicación? Se trata ésta de una cuestión ciertamente polémica. El TC viene considerando que «el principio de proporcionalidad no constituye en nuestro ordenamiento constitucional un canon de constitucionalidad autónomo. Mas la desproporción entre el fin perseguido y los medios empleados para conseguirlo puede dar lugar a un enjuiciamiento desde la perspectiva constitucional cuando esa falta de proporción implica un sacrificio excesivo e innecesario de los derechos que la Constitución garantiza» (STC 136/1999, FJ 22, recordando las palabras de la STC 55/1996, FJ 3.º; véase también la STC 73/2000). Esta apreciación le ha servido al TC para aplicar también a las leyes limitativas de los derechos (en particular las penales) el canon del principio de proporcionalidad. Parece sin embargo que la posición del legislador en el sistema constitucional democrático no se compadece bien con el empleo de ese principio como canon de constitucionalidad de sus leyes limitativas de derechos. El margen de libre apreciación con el que el legislador puede decidir en qué términos limita un derecho fundamental, salvadas, claro está, las exigencias de forma y fondo que la Constitución le imponga para este propósito, pugna con la posible exigencia de que además los límites que la Constitución le permite concretar o crear sean «proporcionados». Tal exigencia, dicen sus críticos, supone que el legislador ya no puede elegir las medidas restrictivas del derecho fundamental a pesar de que la Constitución le habilita para ello, erigiéndose el TC en quien decide qué medidas puede adoptar el legislador al excluir otras por tenerlas por desproporcionadas. Además, la proporcionalidad es en rigor un canon de la aplicación de los límites pero no de su creación. En fin una serie de argumentos en contra del empleo del principio de proporcionalidad para enjuiciar la constitucionalidad de la ley limitativa de derechos que no obstante también tienen sus debilidades. El principio de proporcionalidad dota de un instrumento con el que se puede medir la propia razonabilidad del control de constitucionalidad que de esas leyes haga el TC. Además, la vinculación positiva del legislador al contenido esencial de los derechos fundamentales reduce aquel margen de maniobra y difícilmente justifica que el legislador pueda elegir cualquier tipo de límite a los derechos por mucho que cumpla con las exigencias constitucionales de fondo y forma. Proteger el derecho a la propiedad puede justificar que se tipifique penalmente los actos que lo lesionen, pero no parece que el artículo 33 CE permita al legislador penal sancionar con cadena perpetua a quien realice una pintada en la pared del vecino. Y esto no es que sea «irrazonable», es «desproporcionado».

IV. BIBLIOGRAFÍA

ABA CATOIRA, Ana: *La limitación de los derechos en la jurisprudencia del Tribunal Constitucional español*, Tirant lo Blanch, Valencia, 1999.

BACIGALUPO, Mariano, y VELASCO, Francisco: «La aplicación de la doctrina de los "límites inmanentes" a los derechos fundamentales sometidos a reserva de limitación legal», *Revista Española de Derecho Constitucional*, n.º 38, 1993, pp. 297 ss.

BOROWSKI, Martin: «Las restricciones de los derechos fundamentales», *Revista Española de Derecho Constitucional*, n.º 59, 2000, pp. 29 ss.

DIEZ PICAZO, Luis María: «Desarrollo y regulación de los derechos fundamentales», *Cuadernos Aranzadi del Tribunal Constitucional*, n.º 20, 2002, pp. 13 ss.

—*Sistema de derechos fundamentales*, Cívitas, Madrid, 2003.

GAVARA DE CARA, Juan Carlos: *Derechos fundamentales y desarrollo legislativo*, Centro de Estudios Constitucionales, Madrid, 1994.

GONZÁLEZ BEILFUSS, Markus: «El principio de proporcionalidad en la jurisprudencia del Tribunal Constitucional», *Cuadernos Aranzadi del Tribunal Constitucional*, Aranzadi/Thomson, Pamplona, 2003.

JIMÉNEZ CAMPO, Javier: *Derechos fundamentales. Concepto y garantías*, Trotta, Madrid, 1999.

MARTÍNEZ-PUJALTE, Antonio Luis: *La garantía del contenido esencial de los derechos fundamentales*, Centro de Estudios Constitucionales, Madrid, 1997.

MEDINA GUERRERO, Manuel: *La vinculación negativa del legislador a los derechos fundamentales*, McGraw-Hill, Madrid, 1996.

— «El principio de proporcionalidad», *Cuadernos de Derecho Público*, n.º 5, 1998.

OTTO Y PARDO, Ignacio de: «La regulación del ejercicio de los derechos y libertades. La garantía de su contenido esencial en el artículo 53.1 de la Constitución», en Lorenzo Martín-Retortillo Baquer e Ignacio de Otto y Pardo, *Derechos fundamentales y Constitución*, Cívitas, Madrid, 1988.

RODRÍGUEZ DE SANTIAGO, José María: *La ponderación de bienes e intereses en el Derecho Administrativo*, Marcial Pons, Madrid/Barcelona, 2000.

CAPÍTULO 7

EL LEGISLADOR DE LOS DERECHOS FUNDAMENTALES

I. EL LEGISLADOR DE LOS DERECHOS FUNDAMENTALES

Son varias las formas en las que los sistemas constitucionales habilitan a terceros, sean o no órganos del Estado, para intervenir en el ámbito protegido de un derecho fundamental. Las más evidentes son los apoderamientos para la limitación de los derechos fundamentales. Pero hay otras tanto o más importantes, como las habilitaciones para concretar el contenido y objeto del derecho, en fin, para *delimitarlo* (por ejemplo, el art. 23.1 CE) o para crear instrumentos de garantía del pleno disfrute de dicho derecho fundamental (los llamados *deberes positivos de protección* de los derechos; así, art. 27.3 y 9 CE) mediante prestaciones de bienes o servicios o instaurando órganos y procedimientos.

No en todos los casos se necesita de una específica habilitación constitucional para poder intervenir en el ámbito de un derecho fundamental. En rigor, y así se ha explicado páginas más arriba, las únicas intervenciones que requieren de una expresa y específica habilitación constitucional son aquellas cuyo propósito es el de crear sus límites externos. Ello es así porque en ambos casos se establece una excepción al permiso constitucional de autodeterminación de la propia conducta o a la prohibición constitucional del uso de poder público en que consisten los derechos fundamentales. Las restantes intervenciones, en la medida en que no supongan introducir poder público en el ámbito de un derecho fundamental, para su licitud sólo necesitan sujetarse a las reglas generales del sistema de fuentes.

En un caso u otro esas intervenciones encuentran un límite infranqueable en la *fundamentalidad* de los derechos fundamentales, esto es, en su indisponibilidad al legislador. No obstante, los derechos fundamentales pueden ser *regulados* sin que por ese motivo el derecho pierda su *fundamentalidad*. Ocurre que dicha posible regulación infraconstitucional no puede ser tan extensa e intensa como para disponer sobre la existencia misma del derecho fundamental en el ordenamiento jurídico. Ésta es la función ya explicada del denominado *límite del contenido esencial* de los derechos fundamentales: que la intervención de un tercero en el ámbito de un derecho fundamental siempre sea conforme al contenido abstracto con el que la Constitución le ha dotado (así, por ejemplo, sólo cabría imponerle aquellos límites que la propia Constitución le reconoce y en los términos que ella le impone).

La CE establece una serie de reglas generales sobre todas esas intervenciones. El artículo 9.2 CE impone a los poderes del Estado el deber positivo de proteger los derechos y garantizar su pleno disfrute removiendo los obstáculos que lo impidan. El artículo 13.1 CE remite a la ley y a los tratados internacionales para regular los términos en los que los extranjeros gozan en España de los derechos fundamentales. El artículo 53.1 CE reserva a la ley la regulación de su ejercicio. El artículo 81.1 CE reserva a la ley orgánica su desarrollo. El artículo 82.1 CE prohíbe la delegación legislativa para el desarrollo de los derechos fundamentales. El artículo 86.1 establece que los decretos-leyes no podrán afectar a los derechos, deberes y libertades de los ciudadanos. El artículo 94.1.*c*) CE exige previa autorización de las Cortes Generales para la firma de tratados internacionales que afecten a los derechos y deberes fundamentales del Título I CE. El artículo 117.4 CE permite a la ley la atribución a los jueces y tribunales de funciones en garantía de cualquier derecho, lo que incluye desde luego a los fundamentales. Finalmente, el artículo 149.1.1.ª CE reserva en exclusiva al Estado la regulación de las condiciones básicas que garanticen la igualdad de todos los españoles en el ejercicio de los derechos y en el cumplimiento de los deberes constitucionales.

Además de estas reglas generales, la CE es prolija en habilitaciones específicas.

El artículo15 remite a la ley penal militar en lo relativo a la prohibición de la pena de muerte. El artículo16.1, en cuanto a la fijación por la ley del orden público que ha de respetar la libre manifestación externa de la libertad ideológica, religiosa y de culto. El artículo17.1 remite a la ley para precisar los casos y formas de la pérdida de la libertad; su apartado 3 remite también a la ley para fijar los términos de la asistencia letrada al detenido; el apartado 4 del artículo 17 reserva a la ley la regulación del *habeas corpus* y la determinación del plazo máximo de la prisión preventiva. El artículo 18.2 y 3 permite que una resolución judicial autorice la entrada y registro del domicilio y la intervención de las comunicaciones; su apartado 4 remite a la ley para fijar los límites al uso de la informática. El artículo19.2 establece que la ley puede fijar límites a la entrada y salida de los españoles del territorio nacional. El artículo 20 remite a la ley para regular la cláusula de conciencia de los periodistas y el secreto profesional en el ejercicio de la libertad de información [apartado 1.*d*)], para la organización, el control parlamentario y la garantía del derecho de acceso a los medios de comunicación de titularidad pública (apartado 3); también remite a las leyes que desarrollen aquellos derechos fundamentales que limitan las libertades amparadas en este precepto (apartado 4), y establece que sólo una resolución judicial puede autorizar el secuestro de los medios de información. El artículo 21 habilita a la autoridad pública para prohibir reuniones y manifestaciones en determinadas circunstancias. El artículo 22 requiere de la ley para determinar qué asociaciones son ilegales y establece que sólo una resolución judicial puede disolver o suspender las actividades de una asociación. El artículo 23 garantiza el derecho de acceso a los cargos y funciones públicas en los términos que señalen las leyes. El artículo 24.2 apodera a la ley para establecer las excusas al deber de declarar en juicio. El principio de legalidad penal del artículo 25.1 CE no es sino una regla específica sobre la reserva de ley en materia penal; asimismo la ley penitenciaria puede regular el goce de los derechos por los reclusos (apartado 2). El artículo

27 impone una serie de deberes positivos de protección del derecho a la educación a cargo del Estado (apartados 3, 5, 8 y 9) y será la ley la que determine de qué forma la comunidad escolar participará en la gestión de los centros educativos sostenidos con cargo a fondos públicos y el alcance de la autonomía universitaria. El artículo 28.1 permite que la ley pueda limitar e incluso exceptuar el ejercicio de la libertad sindical para ciertos sujetos. Es la ley la que regulará el derecho de petición (art. 29). La ley también es la que regulará la objeción de conciencia (art. 30). Y la ley es la norma que regulará las formas de matrimonio (art. 32.2), la función social de la propiedad y las causas de privación de la propiedad (art. 33.2 y 3), la que regulará el derecho de fundación para fines de interés general (art. 34), el estatuto de los trabajadores (art. 35.2 CE), las peculiaridades de los Colegios Profesionales y del ejercicio de las profesiones tituladas (art. 36), el derecho de negociación colectiva y los conflictos colectivos (art. 37). Finalmente, es deber de los poderes públicos garantizar y promover el ejercicio de la libertad de empresa (art. 38). El artículo 25.2 CE establece una peculiar habilitación, ya que el fallo condenatorio, la legislación penitenciaria o el sentido de la pena pueden ser fuente de límites a los derechos de los reclusos.

En este capítulo nos vamos a ocupar exclusivamente del alcance de las habilitaciones y remisiones a la ley que contiene la CE. Examinaremos en primer lugar la naturaleza y relaciones entre las reservas de los artículos 53.1 y 81.1 CE y las específicas contenidas en los preceptos iusfundamentales; a continuación se analizará la función que cumplen estas reservas y remisiones, y finalmente se indagará la identidad del legislador de los derechos fundamentales.

1. Las reservas de los artículos 53.1 y 81.1 CE y las remisiones específicas a la ley

No cabe duda de que son éstas las dos principales habilitaciones constitucionales en materia de derechos fundamentales, y también probablemente las más problemáticas. Aquellas otras de carácter específico contenidas en cada precepto iusfundamental suscitan tan sólo las dificultades propias de la interpretación y concreción de su alcance. Las reservas de los artículos 53.1 y 81.1 CE suman a esa dificultad, que de suyo no es poca, la que deriva de su engarce en el conjunto del sistema constitucional español en general, y con las reservas específicas en particular. ¿El Estado sólo puede ejercer la competencia exclusiva del artículo 149.1.1.ª CE mediante leyes orgánicas? ¿La reserva del artículo 53.1 CE excluye al decreto-ley como norma idónea para regular el ejercicio de los derechos fundamentales? ¿Pueden las Comunidades Autónomas regular los derechos fundamentales? Éstas son sólo un ejemplo de las dificultades a las que antes hacíamos mención y que serán objeto de estudio en las páginas que siguen.

¿Contienen los artículos 53.1 y 81.1 sendas reservas generales de limitación de los derechos fundamentales por las que se habilita de forma genérica al legislador para fijar a los derechos fundamentales límites que su enunciado normativo no prevé? Ésta es la primera incógnita que debemos resolver. Cierto que un importante sector de la doctrina considera que ambas habilitaciones tienen justamente esa función: permitir que el legislador pueda establecer límites a los derechos incluso en los casos en los que su enunciado no prevea límites positivos o límites externos. La jurisprudencia del TC pudiere hacer creer que así es.

Es opinión pacífica que la materia de ambas reservas es distinta. A la ley orgánica le compete desarrollar el derecho fundamental y a ley ordinaria regular su ejercicio. Como ha dicho reiteradamente el TC la reserva del artículo 81.1 CE «tiene una función de garantía adicional que conduce a reducir su aplicación a las normas que establezcan restricciones de esos derechos y libertades o las desarrollen de modo directo, en cuanto regulen aspectos consustanciales de los mismos, excluyendo, por tanto, aquellas otras que simplemente afecten a elementos no necesarios sin incidir directamente sobre su ámbito y límites» (SSTC 101/1991, FJ 2.º, y 127/1994, FJ 3.º). O, como ha dicho la STC 140/1986 (FJ 5), el desarrollo de un derecho fundamental es la determinación de su alcance y límites en relación con otros derechos y con su ejercicio por las demás personas. Por su parte, la reserva del artículo 53.1 CE tiene por objeto la concreción normativa del tiempo, lugar y modo de ejercicio de los derechos fundamentales (SSTC 292/2000, FJ 11, y 53/2002, FJ 12). Así pues, cuando se delimita el derecho fundamental con carácter general, esto es, cuando se pretende concretar con carácter general el objeto, contenido y límites (internos o externos) de un derecho fundamental se le está *desarrollando*, y este desarrollo debe realizarse siguiendo el procedimiento de la ley orgánica. Si el propósito es regular la forma en la que ese derecho fundamental se puede ejercer en la realidad, fijando reglas sobre el tiempo de ejercicio, sobre la forma en la que puede ejercerse y sobre su dimensión espacial, sólo la ley es competente para hacerlo, sin necesidad de que esa ley se apruebe por el procedimiento de la ley orgánica.

Dicho esto, parece saltar a la vista que tanto a través de la ley orgánica como de la ley ordinaria se pueden establecer restricciones a los derechos fundamentales. Y, así, el TC no ha tenido reparos en referirse a ambas reservas como habilitaciones para fijar los límites directos (a su contenido y objeto) e indirectos (al ejercicio de ese contenido y objeto) de los derechos fundamentales (por ejemplo, STC 292/2000, FJ 11). Aseveración que ha llevado a pensar, y así lo ha hecho un sector importante de la doctrina y el propio TC en sus primeros años, que los artículos 53.1 y 81. CE contienen sendas reservas generales de limitación de los derechos.

La tesis que aquí se trata de defender es que no existen tales reservas generales de limitación. En realidad, así lo creemos, en los artículos 53.1 y 81.1 se contiene una única reserva general de ley cuya materia son los derechos fundamentales, de manera que toda regulación de un derecho fundamental debe efectuarse por normas con rango de ley. Cuando esa regulación suponga la concreción del contenido, objeto y límites internos y externos de un derecho fundamental debe seguirse el procedimiento de ley orgánica. Para los restantes casos, y siempre que la regulación del ejercicio del derecho fundamental no suponga el establecimiento de límites (internos o externos) basta con que la norma tenga rango de ley. Si la regulación del ejercicio de un derecho fundamental supone limitarlo (en el sentido propio de este término) ese límite sólo puede ser fijado mediante ley orgánica. La limitación de un derecho fundamental debe contenerse en una ley orgánica y ésta sólo puede concretar los límites internos del derecho y crear aquellos límites externos que expresamente le prevea la Constitución. En consecuencia, ni regular el ejercicio de un derecho por una norma con rango de ley permite introducir límites al derecho (sean límites internos o externos), ni la ley orgánica puede imponer límites a los derechos que no estén previa y expresamente previstos en la propia CE.

El TC no parece considerar, al menos en sus últimas Sentencias, que los artículos 53.1 y 81.1 contengan una reserva general de limitación que permita al legislador crear límites allí donde la Constitución no los prevé. En SSTC como la 58/1998 (FJ 3.º), 292/2000 (FJ 11) o 14/2003 (FJ 9.º) se exige que el límite esté previsto expresamente en una norma constitucional o derive de la garantía de otros derechos o bienes constitucionales, de lo que se deduce con toda claridad que aquellos preceptos no pueden contener una reserva general de limitación. Es decir, para el TC las reservas citadas servirán exclusivamente para concretar los límites internos del derecho en cuestión o para crear sus límites externos allí donde la CE lo prevea, bien mediante ley orgánica si esos límites son directos y referidos a elementos consustanciales al contenido y objeto del derecho, o bien mediante una norma con rango de ley si son restricciones a su ejercicio. Los artículos 53.1 y 81.1 en la jurisprudencia del TC, y así opinamos también nosotros, son reservas de ley en sentido estricto y no meras habilitaciones o remisiones al legislador. Es decir, apoderan al legislador y sólo a él para desarrollar los derechos fundamentales o regular su ejercicio incluso cuando el precepto iusfundamental no contenga una reserva o una remisión específica al legislador a tal fin. Pero no le permiten en uso de esta habilitación crear límites internos o externos que no tengan sustento en el enunciado iusfundamental.

Sin embargo, a nuestro parecer regular un derecho, en rigor y a pesar de lo dicho por el TC, no es lo mismo que limitarlo. O, dicho de otro modo, lo que el artículo 53.1 CE reserva al legislador ordinario, así lo creemos, es la regulación de los derechos fundamentales, no su limitación, porque limitar un derecho implica siempre un desarrollo del mismo que sólo puede hacerse mediante ley orgánica. El objeto de la regulación del ejercicio de un derecho no es privar a una de sus expectativas de garantía de protección constitucional, sino establecer reglas sobre el espacio, tiempo y modo de realización de las expectativas constitucionalmente protegidas por el derecho fundamental en cuestión. Ahora bien, si con ocasión de la regulación del ejercicio de un derecho fundamental se lo limita, dicha limitación sólo será constitucionalmente lícita si encuentra cobertura en los límites internos o los externos que a ese derecho le prevé la CE, y, además, la norma que lo haga deberá revestir la forma de orgánica. Sobre esto volveremos en el apartado dedicado al artículo 53.1 CE.

Así pues, siguiendo nuestro razonamiento, el artículo 53.1 es una reserva general de regulación del ejercicio que reserva esa materia al legislador ordinario. La reserva del artículo 81.1 especifica la del 53.1 mandando que, cuando esa regulación del ejercicio suponga su *desarrollo* al concretar los límites inmanentes o crear los límites externos de un derecho fundamental, esta *regulación* del ejercicio de ese derecho fundamental, deberá someterse al procedimiento de ley orgánica.

Las reservas de los artículos 53.1 y 81.1 CE no se solapan con aquellas específicas contenidas en los distintos enunciados iusfundamentales (por ejemplo, al del art. 17.1 CE). La función que cumplen estas reservas respecto de las específicas es la de establecer los límites del legislador en su uso. Por un lado, está el respeto al contenido esencial del derecho fundamental de lo que ya se ha hablado. Por otro lado, ambos preceptos fijan el procedimiento para aprobar la norma con rango de ley habilitada para regular el derecho fundamental: cualquiera de los procedimientos ordinarios de aprobación de normas con rango de ley previstos en el ordenamiento jurídico español (leyes estatales ordinarias, decretos legislativos, leyes autonómicas o tratados internacionales) para el caso de que esa regulación lo sea del ejercicio del derecho, o el procedimiento de ley orgánica si esa regulación es su desarrollo. Y sólo las normas con rango de ley pueden regular los derechos. Los artículos 53.1 y 81.1 CE son reservas de procedimiento pues establecen que proceder legislativo debe seguirse en cada uno de los casos establecidos en las reservas específicas de cada derecho.

En el sistema constitucional español sólo cabe reconducir a una de las siguientes posibilidades la pretensión de regular un derecho fundamental. Cierto que regularlo no es simplemente afectarlo, de ello se hablará más abajo. Pero, si de regular se trata, o esa regulación es un desarrollo del derecho, esto es, una concreción de su objeto, contenido y límites definidos en abstracto por la CE, o es una regulación de su ejercicio, es decir, una concreción espacio-temporal y modal de ese contenido constitucional abstracto del derecho o del que le haya concretado la ley de desarrollo. No cabe un tercer género de regulaciones. De ahí que toda *regulación* de un derecho fundamental siempre deba hacerse por una norma con rango de ley.

Ahora bien, esa regulación no excluye la delimitación que de los derechos fundamentales hagan jueces y tribunales y Administración Pública en su interpretación y aplicación a aquellos casos de los que conozcan en ausencia de norma con rango de ley reguladora del derecho fundamental en cuestión. Lo que la CE exige, a nuestro juicio, es que para que la delimitación que se haga de un derecho fundamental mediante la concreción de su contenido, objeto y límites o su sometimiento a reglas concretas sobre el espacio, tiempo y modo de ejercicio vinculen de forma general a todos los órganos del Estado y a los particulares, dicha regulación debe contenerse en una ley orgánica o en una norma con rango de ley, respectivamente. Pero esto no impide, es más, la indisponibilidad por el legislador y la propia eficacia directa de los derechos así lo exige, que los sujetos del ordenamiento habilitados para la aplicación de sus normas procedan a una concreción y aplicación al caso concreto de los derechos fundamentales con arreglo a su interpretación de los derechos en ausencia de leyes aplicables (arts. 5, 6 y 7 LOPJ). Bien entendido que en esa interpretación y aplicación en modo alguno pueden crearle límites externos al derecho, lo que está reservado a la ley orgánica (el art. 7.2 LOPJ se lo prohíbe expresamente a los jueces y tribunales ordinarios); sin perjuicio de que sí pueda delimitar el derecho al crear las reglas específicas para el caso interpretando el alcance de su objeto, contenido y límites internos.

2. La función de las reservas de ley relativas a derechos fundamentales. La colaboración internormativa

Las funciones de las reservas de los artículos 53.1 y 81.1 CE, así como las específicas contenidas en los preceptos iusfundamentales, no se limitan a ser normas sobre formas y procedimientos. Esas reservas, como cualquier otra reserva de ley en una Constitución que haga suyo el principio democrático, le imponen al legislador el deber de ser él y sólo él quien regule materialmente los derechos fundamentales (STC 49/1999, FJ 4.º).

Conviene detenerse un instante en una de las funciones que le toca cumplir a esas reservas de ley en el seno de una Constitución democrática. La «garantía adicional» de los derechos fundamentales (STC 101/1991, FJ 2.º, entre muchas) mediante el empleo de estas reservas consiste en asegurar que sean sólo y únicamente los «representantes de la colectividad» quienes acuerden los términos en los que se regulará ese derecho fundamental, de forma que toda «injerencia estatal» en ellos se haga conforme a lo establecido en la norma creada por esos representantes (en este sentido, la STC 292/2000, FJ 11).

El legislador no cumple con las reservas relativas a derechos fundamentales promulgando una ley en la que se limite a apoderar directa o indirectamente a otro poder público para que regule de forma efectiva el derecho fundamental en cuestión. Ni siquiera fijando los términos en los que ese otro poder público podría actuar sobre el derecho. La Sentencia 292/2000 (FJ 11) es rotunda:

> Por esta razón, cuando la Constitución no contempla esta posibilidad de que un Poder Público distinto al Legislador fije y aplique los límites de un derecho fundamental o que esos límites sean distintos a los implícitamente derivados de su coexistencia con los restantes derechos y bienes constitucionalmente protegidos, es irrelevante que la Ley habilitante sujete a los Poderes Públicos en ese cometido a procedimientos y criterios todo lo precisos que se quiera, incluso si la Ley habilitante enumera con detalle los bienes o intereses invocables por los Poderes Públicos en cuestión, o que sus decisiones sean revisables jurisdiccionalmente (que lo son en cualquier caso, con arreglo al art. 106 CE). Esa Ley habrá infringido el derecho fundamental porque no ha cumplido con el mandato contenido en la reserva de ley (arts. 53.1 y 81.1 CE), al haber renunciado a regular la materia que se le ha reservado, remitiendo ese cometido a otro Poder Público, frustrando así una de las garantías capitales de los derechos fundamentales en el Estado democrático y social de Derecho (art. 1.1 CE).

Y, aunque el TC hace esta afirmación refiriéndose únicamente a las leyes limitativas de derechos, lo cierto es que debe extenderse también para las leyes que regulan su ejercicio o desarrollan su objetivo y contenido. En ambos casos la reserva de ley impide al legislador «disponer de la reserva misma a través de remisiones incondicionadas o carentes de límites ciertos y estrictos, pues ello entrañaría un desapoderamiento del Parlamento a favor de la potestad reglamentaria que sería contrario a la norma constitucional creadora de la reserva» (STC 138/2000, FJ 6.º).

La consecuencia que se sigue de estas aseveraciones es que no es posible la colaboración entre normas legales e infralegales en la regulación de los derechos fundamentales (sobre la colaboración entre normas de rango legal algo se dirá al hablar de la ley orgánica). Así lo expresa la STC 83/1984 (FJ 6.º): «Este principio de reserva de Ley entraña, en efecto, una garantía esencial de nuestro Estado de Derecho, y como tal ha de ser preservado. Su significado último es el de asegurar que la regulación de los ámbitos de libertad que corresponden a los ciudadanos dependa exclusivamente de la voluntad de sus representantes, por lo que tales ámbitos han de quedar exentos de la acción del ejecutivo y, en consecuencia, de sus productos normativos propios, que son los reglamentos.» Pero la propia Sentencia, a renglón seguido, suaviza tan severa afirmación: «El principio no excluye, ciertamente, la posibilidad de que las Leyes contengan remisiones a normas reglamentarias, pero sí que tales remisiones hagan posible una regulación independiente y no claramente subordinada a la Ley, lo que supondría una degradación de la reserva formulada por la Constitución en favor del legislador.»

El TC ha sido tajante respecto de la colaboración entre ley y reglamento a la hora de fijar límites a los derechos fundamentales. Las reservas de limitación de los derechos fundamentales (y recordemos que para el TC también la reserva del art. 53.1 CE permite al legislador limitar a los derechos) son absolutas en el sentido de que sólo la ley puede concretar o crear esos límites. Dice el TC que «la fijación de los límites de un derecho fundamental, así lo hemos venido a decir en otras ocasiones, no es un lugar idóneo para la colaboración entre la Ley y las normas infralegales» (STC 292/2000, FJ 11). Aunque el TC admite que «esta posibilidad de colaboración debe quedar reducida a los casos en los que, por exigencias prácticas, las regulaciones infralegales sean las idóneas para fijar aspectos de carácter secundario y auxiliares de la regulación legal del ejercicio de los derechos fundamentales, siempre con sujeción, claro está, a la ley pertinente (SSTC 83/1984, de 24 de julio, FJ 4.º; 137/1986, de 6 de noviembre, FJ 3.º; 254/1994, de 15 de septiembre, FJ 5.º)» (ibídem). Esas remisiones posibles a la potestad reglamentaria deben reducir la presencia de las normas infralegales a mero complemento en lo indispensable de la regulación legal en extremos técnicos o de detalle, so pena de infringir el precepto que contenga la reserva de ley (STC 83/1984, FJ 4.º).

El mismo rigor debe mantenerse, a nuestro juicio, respecto de aquellas otras intervenciones no limitativas de la ley en los derechos fundamentales. La CE ha querido que sea el legislador quien realice esas intervenciones, regulando el ejercicio de los derechos o concretando el objeto del derecho fundamental o el haz de facultades que componen su contenido. De modo que también aquí están proscritas las remisiones generales a la potestad reglamentaria, sin perjuicio de que quepan aquellas destinadas a precisar cuestiones organizativas, técnicas o de detalle indispensables para esa regulación legal del derecho en cuestión.

3. Derecho al rango y derechos de configuración legal

Una consecuencia del carácter indisponible de los derechos fundamentales es el llamado por el TC «derecho al rango». En efecto, una parte integrante del contenido de todo derecho fundamental, en su condición de indisponible al legislador, es el derecho a que el legislador efectúe sus intervenciones en los derechos fundamentales respetando el rango y procedimiento de elaboración de normas que la CE le exige en cada caso. Si no lo hace así se vulnera el derecho fundamental en cuestión. De este modo se realiza la función de garantía de los derechos de las reservas de ley. La cuestión es si una persona puede hacer valer ante los tribunales, y en concreto a través del recurso de amparo ante el TC, esa lesión formal y objetiva (ya que el contenido de la norma puede ser respetuoso con el derecho en cuestión o, simplemente, no haber causado daño alguno al quejoso) del derecho fundamental por la falta de rango de la norma que lo regula. El TC sostiene que no al menos a través del recurso de amparo.

El TC ha afirmado que del artículo 81.1 CE (algo extensible al art. 53.1 CE o a cualquier otra reserva de ley específica en la materia) no nace derecho subjetivo alguno que pueda ser objeto de recurso de amparo (AATC 324/1982, FJ 5.º, y 87/1984, FJ único), aunque admite que se vulnera el derecho fundamental cuando no se respeta el rango de la norma habilitada para imponerle límites. En la STC 140/1986 (FJ 6) se plantea si «dentro del derecho reconocido en el artículo 17.1 de la Constitución, protegible en vía de amparo, se encuentra comprendido el derecho a que la norma en virtud de la cual se impone una condena concreta de privación de libertad revista tal carácter». Y el TC no pudo ser más claro (ibídem):

> La contestación a esta cuestión ha de ser también afirmativa, a la vista de los preceptos constitucionales. Pues es claro que a la hora de establecer garantías para los diversos derechos enunciados en la Constitución, el rango de la norma aplicable, es decir, que se trate de una norma con rango de ley o con rango inferior y, en su caso, el tipo de ley a que se encomienda la regulación o desarrollo de un derecho de ley orgánica u ordinaria representan un importante papel por cuanto las características «formales» de la norma (como son la determinación de su autor y el procedimiento para su elaboración y aprobación), suponen evidentemente límites y requisitos para la acción normativa de los poderes públicos que son otras tantas garantías de los derechos constitucionalmente reconocidos. El que se requiera que la norma penal se contenga en una ley orgánica, que exige un procedimiento específico de elaboración y aprobación, añade una garantía frente al mismo legislador a las demás constitucionalmente previstas para proteger el derecho a la libertad. No puede hablarse por ello de un «derecho al rango» de ley orgánica, como contenido en el artículo 17.1, sino más bien de que el derecho en ese artículo reconocido a la libertad y seguridad, incluye todas sus garantías previstas en diversos preceptos constitucionales (el mismo art. 17, los arts. 25.1, 53.1 y 2, y 81.1), cuya vulneración supone la del mismo derecho. La remisión a la ley que lleva a cabo ese artículo ha de entenderse, como dijimos, como remisión a la ley orgánica; de manera que la imposición de una pena de privación de libertad prevista en una norma sin ese carácter, viene a constituir una vulneración de las garantías del derecho a la libertad reconocido en el artículo 17.1 CE y, por ello, una violación de ese derecho protegible en la vía de amparo.

En fin, para el TC sólo puede hacerse valer la lesión de esa garantía formal de un derecho fundamental, la falta de rango de la norma que lo afecta, si, además, la aplicación de esa norma ha infringido un daño real y efectivo del derecho fundamental del recurrente.

Así, en el supuesto de la STC 140/1986, el recurrente pudo hacer valer la infracción de la reserva de ley en materia de libertad personal del artículo 17.1 CE porque ha sido privado de libertad por una norma que carece del rango exigido para ello por la CE. Pero de no haber sufrido esa privación de libertad en aplicación de dicha norma, el recurrente no hubiera podido impugnar en abstracto esa lesión del artículo 17.1 CE. En la STC 52/1995 el TC consideró que se había vulnerado la libertad de expresión del recurrente porque la norma que le impuso límites era reglamentaria; por el contrario, la STC 119/1991 (FJ 6.º) rechazó el argumento de la falta de rango de una norma reglamentaria al considerar que se impugnaba dicha norma reglamentaria en abstracto sin acreditar daño real efectivo en su libertad de expresión e información. Véanse también las SSTC 44/1995 y 88/1995.

En el fondo, el TC trata de delimitar su jurisdicción con esta doctrina sobre el derecho al rango antes que hacer juicio alguno sobre el contenido de los derechos fundamentales. Nuestra opinión es que, en ese contenido debe incluirse también el derecho a que la norma que regula el derecho fundamental tenga el rango requerido por la CE, so pena de infringirlo; así lo exige la indisponibilidad por el legislador del derecho fundamental. Distinto es, sin embargo, precisar si cabe hacer valer ante el TC esa infracción constitucional y a través de qué procesos. No cabe duda de que los procesos de control de constitucionalidad son un medio idóneo para este propósito. No es tan clara la respuesta cuando se acude al recurso de amparo porque depende de la naturaleza y función que al mismo se le atribuya. Si el recurso de amparo se concibe como un cauce subsidirario de reparación de lesiones subjetivas e individualizables de derechos fundamentales (un amparo «frente al juez»), el derecho al rango sólo podrá invocarse si está ligado a una lesión real y efectiva del derecho fundamental en cuestión. Si, por el contrario, el amparo se concibe como un recurso más para la depuración del ordenamiento (amparo «frente a ley»), no sería necesario exigir ese daño real y efectivo del derecho fundamental para impugnar ante el TC esa norma no respetuosa con el rango constitucionalmente exigido.

Otro asunto complejo es el relativo a los denominados por el TC «derechos fundamentales de configuración legal». El TC en diversas ocasiones ha distinguido una clase de derechos fundamentales que se caracterizan por la circunstancia de que son derechos para cuya plena eficacia, bien porque así lo exige la propia CE (por ejemplo, el art. 23.2 CE) o «por su naturaleza» (caso del art. 24 CE) resulta indispensable su delimitación por el legislador (SSTC 15/1982, FJ 8.º, respecto del derecho a la objeción del conciencia —art. 30 CE—; 24/1990, FJ 2.º; 25/1990, FJ 6.º; 26/1990, FJ 4.º; 214/1998, FJ 3.º, relativo al derecho a participar en los asuntos públicos —art. 23.2 CE—). Aparentemente la diferencia estriba en que, mientras unos derechos fundamentales tienen todo su contenido, objeto y límites abstractamente definido en el precepto constitucional que los contiene y el legislador sólo puede concretar lo que ya está en la Constitución; en los de configuración legal, sin embargo, la Constitución sólo establece un «mínimo contenido» del derecho a partir del cual el legislador puede (o debe, según el caso) definir su diseño final. Para el TC, y recordando la aludida teoría de los círculos, ese contenido mínimo sería el círculo más interior, un núcleo dentro del contenido esencial de un derecho fundamental, como el contenido derivado de ciertos derechos sería su círculo más exterior.

No por ello, y así lo ha dicho el TC (ibídem), estos derechos están a disposición del legislador. Su existencia como derechos, y por eso siguen siendo fundamentales, no depende de la decisión legislativa de regularlos. Ocurre que, en palabras del TC, sólo un «mínimo contenido» del derecho fundamental en cuestión gozaría de eficacia directa, necesitando de la intervención del legislador para la delimitación de su objeto, contenido y límites. Dicho en otros términos, a salvo ese contenido mínimo, el objeto, contenido y límites de ese derecho fundamental serán aquellos con los que le dote la norma con rango de ley que lo regule. Los derechos fundamentales de configuración legal se asemejarían a una garantía institucional cuyo objeto es un derecho individual y no una institución jurídica.

A pesar de que el derecho fundamental de configuración legal tendrá el contenido que la norma legal le dé, no por ello el legislador puede configurar libremente ese contenido. La indisponibilidad del derecho fundamental se lo impide (así la STC 24/1990, FJ 2.º).

La STC 214/1998 (FJ 3) reitera esta doctrina, y añade también que

> en atención a la función creadora que desempeña la legalidad en la propia delimitación del contenido de estos «derechos de configuración legal», no puede tampoco dejar de reconocerse que a los Jueces y Tribunales integrantes del Poder Judicial debe corresponder, en línea de principio, un cierto margen de apreciación en la resolución de los casos en que estén en juego derechos de esta naturaleza. Para decirlo en términos anteriormente empleados a propósito de este mismo derecho. «Para este Tribunal, en efecto, no es indiferente la interpretación del alcance de los derechos llevada a cabo por los Tribunales ordinarios, particularmente en la medida en que lo que se encuentra implicada es la interpretación de la legalidad» (STC 287/1994, FJ 4.º).

Revisión en la que se enjuiciará si ese contenido legal respeta el «mínimo contenido» del derecho fundamental. Contenido mínimo que, en nuestra opinión y no podría ser de otro modo, no es otro que el contenido esencial del derecho en el sentido que se le ha dado a esta noción en el presente libro.

Esta tesis del TC plantea alguna que otra dificultad. Por un lado, para el TC parece que son derechos fundamentales de configuración legal todos aquellos que necesitan ser regulados o desarrollados por el legislador para alcanzar su plenitud de efectos, es decir, todos aquellos que hacen de las posibilidades que ofrecen las reservas de los artículos 53.1 y 81.1 una necesidad. De ser así, todos los derechos fundamentales serían derechos de configuración legal en potencia. Incluso en cierta medida todos los son por cuanto todos pueden ser desarrollados por ley orgánica y su contenido será el que dicha ley les haya concretado.

Por otro lado, la consecuencia lógica de esta doctrina es que lo que sea el derecho fundamental viene definido por el legislador de manera que la lesión de la norma legal que configura el derecho es una vulneración de éste. Si esto es así, surge el problema, no resuelto por el TC, de saber si el haz de facultades o poderes jurídicos con los que la norma legal ha constituido el contenido de ese derecho fundamental son *derechos constitucionales* o únicamente *legales*. La cuestión no es baladí, ya que está en juego el parámetro que deba emplearse para controlar esa ley configuradora del derecho fundamental y el alcance de la jurisdicción del TC. La STC 214/1998, antes citada, pone de manifiesto la trascendencia de la cuestión, ya que si las facultades o poderes jurídicos que la ley incorpora al derecho fundamental en su labor configuradora son meros derechos legales, su interpretación y aplicación corresponde a la jurisdicción ordinaria, de manera que el TC estará sometido a esta interpretación en tanto él no es el juez de la legalidad. Sin embargo, a nuestro juicio esto no es así. Para los aplicadores de la ley configuradora del derecho fundamental su contenido es contenido de un derecho fundamental y no simple legalidad ordinaria. Para quien ese contenido es mera legalidad, en el sentido de que puede ser modificada por una legalidad posterior, es, justamente, para el legislador. Acaso deba repararse en que una cosa es que los contenidos incorporados por la ley al derecho fundamental que configura puedan hacerse valer ante la jurisdicción ordinaria o la constitucional como elementos de la delimitación del derecho cuya infracción lo es también de éste, y otra cosa es que ese contenido se eleve a rango constitucional, sin perjuicio de que con esa ley se forme un *bloque constitucional* en materia de derechos fundamentales.

En nuestra opinión, la categoría de los derechos fundamentales de configuración legal no es sino la manera con la que el TC se refiere a todos aquellos derechos fundamentales cuya dimensión subjetiva no se articula técnicamente con derechos de libertad. Hay en efecto derechos fundamentales cuyas expectativas de conducta que integran su objeto sólo pueden existir y realizarse si media la colaboración del poder público pues requieren para su ejercicio prestaciones de bienes o servicios o el establecimiento de normas de procedimiento y organización. En estos casos en los que la disposición por el titular del derecho de su objeto y contenido requiere de la previa actuación de los poderes públicos (y no su abstención como es lo habitual), y en concreto, para el caso español, del legislador, estaremos ante derechos fundamentales de configuración legal, que no son otros que aquellos cuyo contenido no sean derechos de libertad o reaccionales, sino de prestación o que impongan la existencia de normas de organización y procedimiento. Así pues, esa configuración del derecho fundamental es la concreción y creación de las prestaciones, organizaciones o procedimientos indispensables para que el titular del derecho pueda disponer y realizar las expectativas de conducta que constituyen su objeto. Y será de configuración legal porque en su condición de derecho fundamental la habilitación para configurarlo sólo puede recaer en el legislador en los términos de los artículos 53.1 y 81.1 CE. El legislador habrá configurado la dimensión subjetiva del derecho fundamental, de forma que ésta sólo podrá ejercerse en los términos de la norma legal que la configura, y la lesión de esa legalidad implica también la lesión del derecho fundamental que configura.

Tanto la tutela judicial efectiva (art. 24.1 CE) cuanto los derechos de participación en los asuntos públicos (art. 23 CE) son ejemplos paradigmáticos de lo que se acaba de decir. Para poder acceder a los tribunales con el fin de hacer valer nuestras pretensiones o para poder ejercer el derecho de sufragio (que todo ello son expectativas de conductas constitucionalmente garantizadas) se requiere de normas procesales y una organización judicial y de normas electorales y de una organización electoral. Extremos que en la CE sólo la ley puede crear, que será orgánica u ordinaria según esa configuración sea un desarrollo del derecho o su mero ejercicio. Así, por ejemplo, los derechos de defensa, de acceso al proceso o de acceso al recurso, deben ejercerse en los términos de la legalidad procesal, de forma que, ni del artículo 24.1 CE cabe derivar un derecho a la existencia de trámites inexistente (en conexión con su carácter de derecho de configuración legal, SSTC 66/1985, FJ 2.º, y además las Sentencias 245/1991, 115/2002, 124/2002, 184/2002), ni puede considerarse lesionado uno de estos derechos de configuración legal cuando se han ejercido sin atender a los requisitos que esa legalidad le ha impuesto (STC 80/2002). Así, por ejemplo, es condición de la admisibilidad de los recursos de amparo en los que se invoca el derecho a la prueba pertinente (art. 24.2 CE) si se ha solicitado el recibimiento de la prueba rechazada o no practicada en tiempo y forma (STC 1/1996).

Bien entendido que la configuración de la dimensión subjetiva del derecho mediante prestaciones o normas sobre procedimiento y organización debe respetar en todo caso el contenido esencial del derecho fundamental.

Cabe también la posibilidad de que la Constitución establezca que, en el caso de que el legislador decida crear cierta situación jurídica o institución o regular cierta realidad, las personas sean titulares de un derecho fundamental relacionado con esa creación legislativa. En estos casos también el derecho fundamental es de configuración legal, pues la realización de las expectativas de conducta depende de que el legislador decida crear el ámbito de realidad o jurídico en el que eso sea posible. La misma ley que regula la condición de la existencia del derecho fundamental debe regular por mandato constitucional el derecho fundamental que la Constitución española ha aparejado a esa decisión legislativa. El legislador no tiene por qué tomar esa decisión, que no es el objeto del mandato constitucional. Pero, si la toma, la Constitución le ordena configurar un derecho fundamental. El legislador no dispone del derecho mismo, por eso es fundamental, ya que su existencia es necesaria siempre que el legislador adopte aquella decisión.

Éste pudiera ser el caso del derecho de acceso a los medios de comunicación pública (art. 20.3 CE), el derecho al beneficio de justicia gratuita (art. 119 CE) o el derecho a participar en la administración de justicia por medio del jurado (art. 125 CE). La existencia de medios de comunicación públicos, del jurado o de aquel beneficio puede que no sea un mandato constitucional. Pero si el legislador decide crearlos, tiene la obligación de configurar el derecho fundamental de acceso a esos medios, o a participar mediante el jurado o a reconocer el beneficio de justicia gratuita a quien acredite insuficiencia de medios para ligar ya que así lo exige la CE en cada caso.

4. ¿Quién es el legislador de los derechos fundamentales?

Hasta el momento siempre nos hemos referido de forma genérica al «legislador» de los derechos fundamentales, a la «ley» o a las «normas con rango de ley». Ningún problema plantea la identificación del legislador orgánico porque en la CE sólo hay uno: las Cortes Generales. Pero bien es sabido que la CE prevé la existencia de varios legisladores no orgánicos: el estatal, el autonómico, el internacional, el de urgencia, el legislador por delegación. Todos ellos crean normas con rango de ley y en principio todos ellos podrían verse concernidos por la expresión «sólo por ley» del artículo 53.1 CE.

Y, a nuestro juicio, así es. La aludida expresión se refiere de forma genérica a las normas con rango de ley que prevé la CE. De manera que el legislador de los derechos fundamentales, además de ser las Cortes Generales, también lo son las Asambleas legislativas de las Comunidades Autónomas, el propio legislador internacional a través de los tratados internacionales, y el Gobierno de la Nación mediante los decretos legislativos del artículo 82 CE, pero no con el decreto-ley. En este sentido cabría entender las palabras del TC en su STC 37/1981 (FJ 2.º) cuando afirma que es equivocada «una interpretación del artículo 53.1 de la Constitución que identifica el concepto genérico de ley con el más restringido de ley general o ley emanada de los órganos generales del Estado. Tal interpretación se conjuga difícilmente con otros preceptos constitucionales, de una parte, y vendría a restringir muy acentuadamente, de la otra, el ámbito competencial que conceden a las Comunidades Autónomas sus respectivos Estatutos». «La interpretación del artículo 53 de la Constitución —sigue diciendo el TC en ese mismo FJ 2.º— en el marco general de ésta obliga a entender, en consecuencia, que, si bien la regulación del ejercicio de los derechos y libertades reconocidos en el Capítulo Segundo del Título I de la Constitución requiere siempre una norma de rango legal, esta norma sólo ha de emanar precisamente de las Cortes Generales cuando afecte a las condiciones básicas que garanticen la igualdad de todos los españoles en el ejercicio de los derechos y en el cumplimiento de los deberes constitucionales» (para las referencias genéricas de la CE a la ley, véase la STC 60/1986, FJ 2.º).

II. LA RESERVA DE LEY ORGÁNICA DEL ARTÍCULO 81.1 CE

La CE reserva a la ley orgánica el «desarrollo» de los derechos fundamentales. La función que cumple esta reserva es indudablemente la de someter la regulación general directa de los derechos a la «democracia de consenso», en palabras de la STC 224/1993 (FJ 3.º). La CE ha querido que la intervención del Estado en los derechos se articule únicamente a través de la expresión normativa de la voluntad de los representantes de la colectividad (STC 83/1984, FJ 4.º); y, además, ha querido que, cuando esa intervención suponga un «desarrollo» de los derechos, esa voluntad sólo pueda manifestarse una vez seguidos los cauces del procedimiento de la ley orgánica de manera que la intervención exprese el acuerdo de la mayoría absoluta de aquellos representantes (STC 173/1998, FJ 7.º).

El TC ha puesto cierto empeño en exigir una interpretación precisa y restrictiva de la materia reservada a la ley orgánica. A su juicio, una interpretación extensiva del alcance de la reserva, como ocurre con la teoría formal de la ley orgánica, «podría producir en el ordenamiento jurídico una petrificación abusiva en beneficio de quienes en un momento dado gozasen de la mayoría parlamentaria suficiente y en detrimento del carácter democrático del Estado, ya que nuestra Constitución ha instaurado una democracia basada en el juego de las mayorías, previendo tan sólo para supuestos tasados y excepcionales una democracia de acuerdo basada en mayorías cualificadas o reforzadas» [STC 5/1981, FJ 21.A)]. Es por ello por lo que el TC ha exigido «un criterio de interpretación estricto» tanto para esclarecer a que se refiere el término «desarrollar», cuanto a la materia de la reserva (STC 53/2002, FJ 12).

Cosa que ha hecho de forma reiterada el TC al considerar que ese desarrollo no es sino la delimitación que del objeto, contenido y límites del derecho haga el legislador. Para ser exactos, por desarrollo de un derecho el TC ha considerado la regulación de los aspectos sustanciales del contenido de los derechos y de sus límites internos (con los que se delimita también el objeto del derecho) y externos que no supongan meras restricciones al tiempo, modo y lugar de ejercicio de los derechos (SSTC 101/1991, FJ 2.º; 127/1994, FJ 3.º; 292/2000, FJ 11; 53/2002, FJ 12).

En consecuencia, el TC ha reservado a la ley orgánica la regulación de los «aspectos esenciales del contenido del derecho en lo tocante a la titularidad, a las facultades elementales que lo integran en sus varias vertientes, al alcance del mismo en las relaciones *inter privatos*, a las garantías fundamentales necesarias para preservarlo frente a las injerencias de los poderes públicos y, muy especialmente, dada su naturaleza de derecho de libertad, corresponde en exclusiva al legislador orgánico la precisión de los límites» (STC 173/1998, FJ 8.º). En pocas palabras, al legislador orgánico le corresponde concretar la definición abstracta que de los derechos hace la CE, ejerciendo esa función de «constituyente permanente» a la que se ha referido en diversas ocasiones el TC al hablar de esta reserva (STC 173/1998, FFJJ 7.º y 8.º). Al legislador orgánico le atañe regular aquellas facultades y poderes jurídicos indispensables para el disfrute del derecho fundamental y su función garantista. Y esa regulación no se reduce, a nuestro juicio, a los aspectos esenciales o mínimos de esas facultades o poderes jurídicos. Lo esencial no es lo mínimo. El legislador orgánico de los derechos no es un legislador de lo básico o de lo mínimo, sino de lo indispensable y necesario. Es a él a quien está reservada la concreción en toda su extensión del haz de facultades que constituyen el contenido *esencial* del derecho fundamental y que son imprescindibles para que su titular pueda realizar el conjunto de expectativas de conducta que son su objeto, dejando a la ley ordinaria otras facetas del contenido del derecho contingentes para su fin garantista.

Así, por ejemplo, serán objeto de la reserva de ley orgánica los derechos de prestación indispensables para el ejercicio de un derecho de libertad o la realización de una garantía institucional. Pero no lo será aquella otra prestación contingente para la vigencia de uno y otra, que podrá regularse por ley ordinaria. Las subvenciones a la prensa no son una prestación indispensable para el ejercicio de la libertad de información, por ello pueden regularse por ley ordinaria. Pero la regulación del Poder Judicial y de los procesos judiciales en sus elementos procedimentales indispensables para la garantía del acceso a los tribunales, el ejercicio de los derechos de defensa y el derecho a una resolución fundada en Derecho y efectiva sí son prestaciones que «desarrollan» el artículo 24.1 CE (en sentido contrario, en cambio, STC 22/1986, FJ 3.º).

También es cosa del legislador orgánico cumplir con las remisiones expresas que el derecho fundamental haga a la ley para la creación de límites al derecho, y concretar sus límites internos, con los que delimita el objeto del derecho.

Todo ello puede hacerlo el legislador orgánico en una «regulación directa, general y global del [derecho] o en una parcial o sectorial, pero, igualmente, relativa a aspectos esenciales del derecho, y no, por parcial, menos directa o encaminada a contribuir a la delimitación y definición legal del derecho» (STC 173/1998, FJ 7.º).

El propio TC, en esa misma Sentencia, advierte, no obstante, de las dificultades caso a caso para saber cuándo se está o no ante un desarrollo de un derecho. Dice el TC que «ciertamente, esta pauta interpretativa no puede ser aplicada de forma mecánica, ya que con suma frecuencia resulta difícil distinguir dónde acaba el desarrollo del derecho en cuanto tal y dónde comienza la regulación de la materia sobre la que éste se proyecta. [...] En algunos casos, para determinar si una norma concreta se refiere al derecho en cuanto tal y, por ello, debe encuadrarse en el ámbito de la reserva de ley orgánica, deberá atenderse no sólo al objeto regulado, sino también al contenido de esa regulación e incluso a la intensidad y trascendencia de lo regulado en relación al contenido del derecho, ya que estas decisiones fundamentales puede considerarse que corresponden al legislador orgánico en su tarea que hemos calificado de "constituyente permanente"». Prueba de estas dificultades son por ejemplo la tortuosa jurisprudencia del TC sobre si está reservada a la ley orgánica la legislación penal y sancionadora siempre y en toda su extensión o si lo está toda privación de libertad (SSTC 140/1986, 129/1999 y 53/2002). No deja de resultar paradójica la circunstancia de que la CE haya querido reservar a un procedimiento legislativo tan gravoso el «desarrollo» de los derechos fundamentales cuando aspectos de ese «desarrollo» pueden y deben ser concretados necesariamente por los jueces y tribunales, e incluso la administración pública, al tiempo de aplicar los derechos y en atención a su eficacia directa. En efecto, los jueces y tribunales, a falta de ley orgánica que lo haga, deberán establecer por sí mismos los límites internos de un derecho fundamental, pese a ser un «desarrollo» de ese derecho. Ya se ha visto en otro capítulo cómo la delimitación de un derecho, que no es más que su «desarrollo», no puede ser competencia exclusiva del legislador orgánico porque lo impide la eficacia directa de los derechos.

No estará de más recordar que también el legislador orgánico está sujeto al contenido esencial de los derechos fundamentales que desarrolla (STC 173/1998, FJ 7.º). Su concreción del derecho fundamental debe encuadrarse siempre en los estrictos términos de la definición abstracta que hace la Constitución de cada derecho fundamental.

En lo tocante a la colaboración internormativa entre la ley y el reglamento puede reiterarse aquí lo ya dicho sobre el particular. Como dice la STC 77/1985 (FJ 14), nada empece a que el legislador orgánico remita al reglamento para completar su desarrollo de los derechos. Ahora bien, en modo alguno esto permite que el legislador orgánico abdique de su obligación de ser él quien regule en efecto la materia que tiene reservada. La llamada a la norma reglamentaria es constitucionalmente lícita en los mismos términos que antes se expusieron con carácter general para la ley ordinaria (STC 101/1991, FJ 3.º).

Lo peculiar en este caso es si el legislador orgánico puede remitir al ordinario la regulación de aspectos complementarios del desarrollo de un derecho. La respuesta es similar, que no idéntica (STC 137/1986, FJ 3.º), a la anterior. El propio TC ha señalado las ventajas de que el legislador orgánico llame al ordinario para regular aspectos complementarios de su desarrollo de un derecho fundamental evitando así la técnica más dificultosa de las «materias conexas». Una colaboración especialmente conveniente, dice el TC, para «la ordenación de los ámbitos institucionales o vitales en los que el "desarrollo" del derecho en cuestión debe desplegar sus efectos», o cuando se está ante «derechos prestacionales o de participación», y resulta ser un «imperativo constitucional» según el TC «cuando de articular las competencias estatales con las autonómicas se trata».

La STC 137/1986 (FJ 3.º) ha declarado:

> [...] no existe, de principio, imposibilidad constitucional para que la Ley Orgánica llame a la ordinaria a integrar en algunos extremos sus disposiciones «de desarrollo», dando así lugar, y con las mismas garantías constitucionalmente exigibles (STC 83/1984, FJ 4.º), a una colaboración entre normas que no diferirá en este plano de la integración entre distintos preceptos de la relación que en los casos de reserva de Ley pueda establecerse entre esta última fuente y el Reglamento. En realidad, la Constitución sólo impide que esta colaboración internormativa se establezca, a través de fórmulas delegantes, con los Decretos legislativos gubernamentales (art. 82.1), de tal manera que, cuando la remisión presente en la Ley Orgánica lo es a la Ley formal, no existiría, sólo por ello, obstáculo para el reconocimiento de su regularidad constitucional. El problema es, más bien, el de cuál sea el carácter de tal remisión y el de la sujeción que la misma entrañe sobre el legislador ordinario, pues ciertamente habría de reputarse ilegítimo todo reenvío en blanco o con condiciones tan laxas que viniesen a defraudar la reserva constitucional en favor de la Ley Orgánica. Si esto no se produce y aquí podrían trasladarse las consideraciones de la citada STC 83/1984, la colaboración entre Leyes orgánica y ordinaria para disciplinar la materia reservada a la primera no parece pueda excluirse, de principio.

Nada impide, pues, la colaboración entre ambos tipos normativos. Sin perjuicio de que el legislador ordinario también está sujeto en la satisfacción de dicho llamamiento a los límites que la propia CE le impone; a saber, su intervención sólo sería apta o para regular el ejercicio de los derechos o para cumplir con aquellas remisiones constitucionales a la ley previstas en los enunciados iusfundamentales que no supongan la fijación de un límite interno o externo al derecho en cuestión.

El TC también ha precisado que los derechos fundamentales a los que se refiere el artículo 81.1 CE son exclusivamente los comprendidos en la Sección 1.ª del Capítulo II del Título I de la CE (SSTC 76/1983, FJ 2.º; 160/1987, FJ 2.º; 116/1999, FJ 3.º). El TC ha tratado de justificar esta reducción del ámbito de la reserva apelando a la necesidad de interpretar en términos restrictivos el artículo 81.1 CE para evitar así petrificaciones del ordenamiento y la alteración del principio de mayorías no cualificadas que rige en la CE (STC 173/1998, FJ 3.º). A nuestro juicio, sin embargo, ese razonable criterio interpretativo, que posee fundamento cuando se trata de precisar qué sea «desarrollo» de un derecho, no justifica esa reducción de la materia reservada. Si hay una posible amenaza al juego de las mayorías, ésta está en la expansión indeseada de la reserva orgánica mediante una interpretación extensiva de lo que sea el «desarrollo» de un derecho (y con ese fin esgrimió el TC la necesidad de una interpretación estricta del art. 81.1 CE en sus primeras Sentencias), no por los derechos fundamentales que son objeto de esa reserva. Los derechos fundamentales de la CE no son sólo los comprendidos en aquella Sección y resulta incoherente rechazar el empleo de la ubicación o la intitulación de una parte de la Constitución para identificar en ella sus derechos fundamentales y apelar a este expediente con el objeto de delimitar una reserva de ley relativa a derechos fundamentales (¿por qué razón el derecho a la propiedad —art. 33 CE— o la libertad de empresa —art. 38 CE— no deben desarrollarse por ley orgánica?). No parece que del artículo 81.1 CE ni de cualquier otra norma constitucional se infiera razón alguna que justifique esa reducción de la materia de la reserva a la aludida Sección 1.ª

De todo lo dicho quizá debiera extraerse una consecuencia sorprendente: la ley orgánica de desarrollo de los derechos fundamentales formaría con el precepto constitucional que contenga el derecho que desarrolla un remedo de bloque de la constitucionalidad (que no bloque constitucional). En Sentencias como la 173/1998 (FFJJ 7.º y 8.º) parece latir esta idea. Si la ley orgánica de desarrollo no hace sino concretar el contenido abstracto del derecho, en fin, delimitarlo, una vez exista esa ley orgánica y mientras no sea declarada inconstitucional, el contenido concreto del derecho fundamental en ese ordenamiento será el que le ha fijado su ley orgánica de desarrollo. La ley orgánica completaría la prescripción constitucional mediante su delimitación. Una delimitación contingente, desde luego, pero que de existir es de obligada observancia para los Poderes públicos y los particulares y constituirá un canon de control de la constitucionalidad de los actos u omisiones de cualquiera de ellos. La lesión de un precepto de la ley orgánica conllevaría la vulneración del derecho que desarrolla porque el contenido de éste es el que le fija aquélla. En consecuencia, si la Ley Orgánica 9/1983, de 15 de julio, reguladora del Derecho de Reunión, establece en su artículo 1.2 que por reunión se entiende la concurrencia concertada y temporal de más de veinte personas, toda concentración de personas menor de veintiuna personas no será una «reunión» y el derecho que estarían ejercitando sería, acaso, el de libertad de expresión, pero no el derecho de reunión y manifestación del artículo 21 CE. La infracción de ese artículo 1.2 sería, entonces, una lesión del artículo 21 CE. La eventual impugnabilidad de la ley orgánica de desarrollo ante el TC mediante los procedimientos de control de constitucionalidad, y muy en particular mediante los incidentales, son la garantía efectiva de la indisponibilidad del derecho fundamental. En definitiva, ante la inevitable necesidad de que los derechos fundamentales deben ser delimitados para su efectiva aplicación directa, la Constitución ha preferido que sean las Cortes Generales quienes puedan realizar esa delimitación con eficacia *erga omnes*. Pero la posición que ocupa en el ordenamiento la ley orgánica conlleva que para jueces y tribunales y para la administración, incluso para los particulares, no haya más contenido de un derecho fundamental que el establecido, de crearse, en su ley orgánica de desarrollo, a la que están rigurosamente sometidos.

III. EL LEGISLADOR DEL ARTÍCULO 53.1 CE

1. Regular el ejercicio de los derechos fundamentales

El artículo 53.1 CE habilita al legislador para concretar con carácter general la manera en la que puede manifestarse en la realidad un derecho fundamental estableciendo sus condiciones de ejercicio en el espacio, tiempo y manera. Para el TC, como hemos visto, la reserva del artículo 53.1 también permite introducir límites a los derechos, sólo que esas restricciones únicamente pueden afectar al tiempo, lugar y modo de realización práctica de su contenido y objeto (SSTC 292/2000 y 53/2002). A nuestro juicio, por el contrario, esta reserva no autoriza restringir los derechos fundamentales (mucho menos a crearles límites imprevistos en su enunciado constitucional), sólo regular las condiciones formales y espacio-temporales de su ejercicio, como pone de manifiesto el ejemplo ofrecido más abajo.

Propiamente esta concreción de las formas en las que un derecho fundamental se puede realizar en la práctica no es lo mismo que limitarlo. Lo que permite el artículo 53.1 CE es que el legislador regule aquellas condiciones formales y espacio-temporales del disfrute de un derecho sin que esto pueda conllevar en caso alguno la privación de la garantía iusfundamental a una de las posibles expectativas de conducta que se encuadre en su objeto. Si el legislador desea privar de esa garantía a una de las posibles expectativas de conducta objeto del derecho por medio de la regulación de sus condiciones formales y espacio-temporales de ejercicio, sólo podrá llevarlo a cabo haciendo uso de los límites internos o los externos que la CE haya previsto para ese derecho fundamental en concreto (ni cabe acudir a límites implícitos, ni el art. 53.1 CE es una reserva general de limitación) y mediante el procedimiento de ley orgánica.

Cuando el artículo 10 de la Ley Orgánica 9/1983, de 15 de julio, reguladora del Derecho de Reunión, permite que la autoridad pública del artículo 21.2 CE proponga un itinerario por el que debe transcurrir una manifestación, no cabe duda que está regulando el ejercicio de este derecho fundamental sin que por ello se prive de garantía constitucional a esa conducta objeto del artículo 21 CE, pues este precepto tiene por objeto el hecho mismo de manifestarse y no la decisión sobre el lugar concreto por el que la manifestación deba transcurrir. El objeto del derecho no se ve alterado por la decisión gubernativa por cuanto la manifestación se puede celebrar (otra cosa es que esa propuesta resulte lesiva del contenido esencial del derecho al hacerle perder a éste su finalidad o encubrir una manera sutil de privar de su disfrute, por ejemplo, si la manifestación debe transcurrir por un polígono industrial abandonado y alejado de la ciudad; véanse, en general, SSTC 59/1990 y 66/1995). Ahora bien, si esa Ley estableciese que no cabe efectuar manifestaciones por lugares de tránsito público que afecten el corte del tráfico rodado, el legislador estaría privando de garantía iusfundamental a una de las posibles conductas del artículo 21 CE ya que no se limita a fijarle un tiempo o un espacio, sino que limita el derecho a manifestarse por lugares de tránsito público al excluir de la garantía constitucional las posibles manifestaciones en uno de esos espacios (véase la STC 42/2000 sobre la sanción recaída con ocasión del corte de tráfico durante el transcurso de una manifestación autorizada). En este caso, la ley vulneraría el artículo 81.1 CE ya que no se limita a regular el espacio del ejercicio del de reunión y manifestación, si no que le impone un límite con arreglo al artículo 21.2 CE.

Recuérdese que el propio TC, en su STC 292/2000 (FJ 11), reconocía que había otros modos de regular el ejercicio de un derecho fundamental que no consisten en ponerle límites (por ejemplo, y por referirnos al art. 24.1 CE, la mayor parte de las normas procesales sobre plazos, lugares de presentación de escritos o sobre su forma). También la reserva del artículo 53.1 CE requiere de una interpretación, si no restrictiva, si estricta, pues, parafraseando la STC 234/1997 (FJ 10), esta reserva de ley no se extiende a cualquier regulación que pueda afectar o incidir sobre los derechos y libertades fundamentales, sino sólo a las que regulen el ejercicio de tales derechos.

Para concluir este apartado no se debe dejar de mencionar el artículo 13.1 CE, según el cual los extranjeros gozarán en España de los derechos fundamentales en los términos que establezcan los tratados y la ley. Cabría preguntarse si este precepto no es superfluo por ser una redundancia del artículo 53.1 CE (véase el Voto Particular de la STC 115/1987); y del artículo 14 CE, que autoriza el trato desigual entre españoles y extranjeros. La singularidad del artículo 13.1 CE no está, según jurisprudencia del TC que compartimos (por todas, STC 99/1985, FJ 2.º), en que ese precepto establezca que los extranjeros sólo gozarán de aquellos derechos fundamentales que les reconozca el legislador nacional o internacional. El artículo 13.1 CE cabe interpretarlo como una especie dentro del género de las reservas de ley relativas a los derechos fundamentales. Lo que distingue esta remisión a la ley, nacional o internacional, es la desigual intensidad con la que ese legislador puede configurar el contenido (esto es, su objeto, haz de facultades que lo componen y límites) de los derechos fundamentales de los extranjeros respecto de la que la CE le otorga para hacer lo propio cuando el titular del derecho fundamental es un español. De ello se hablará más adelante.

2. El legislador del ejercicio de los derechos: la ley estatal y la ley autonómica

El artículo 53.1 CE reserva a la «ley» la regulación del ejercicio de los derechos fundamentales. El TC ya ha aclarado que no cabe identificar «el concepto genérico de ley con el más restringido de Ley general o Ley emanada de los órganos generales del Estado». Una interpretación sistemática del artículo 53.1 CE con los artículos 82, 94.1.*c*) y 149.1.1.ª y con las distintas competencias legislativas de las Comunidades Autónomas que de un modo u otro afectan a los derechos fundamentales impide alcanzar esa conclusión. Dice el TC en su Sentencia 37/1981 (FJ 2.º):

> La interpretación del artículo 53 de la Constitución en el marco general de ésta obliga a entender, en consecuencia, que, si bien la regulación del ejercicio de los derechos y libertades reconocidos en el Capítulo Segundo del Título I de la Constitución requiere siempre una norma de rango legal, esta norma sólo ha de emanar precisamente de las Cortes Generales cuando afecte a las condiciones básicas que garanticen la igualdad de todos los españoles en el ejercicio

de los derechos y en el cumplimiento de los deberes constitucionales. Cuando la norma legal, aunque con incidencia sobre el ejercicio de derechos, no afecte a las condiciones básicas de tal ejercicio, puede ser promulgada por las Comunidades Autónomas cuyos Estatutos le atribuyan competencia legislativa sobre una materia cuya regulación implique necesariamente, en uno u otro grado, una regulación del ejercicio de derechos constitucionalmente garantizados [STC 37/1981, FJ 2.º].

Así pues, el legislador del ejercicio de los derechos puede ser tanto el legislador estatal (Cortes Generales y Gobierno) como el autonómico. Las Comunidades Autónomas podrán regular el ejercicio de los derechos fundamentales en el marco de aquellas materias que sean de su competencia (SSTC 37/1981, 157/1992, 173/1998 y 290/2000). Asimismo el Estado podrá hacerlo en el marco de las suyas.

La cuestión es saber si el artículo 53.1 CE atribuye al Estado una competencia genérica y universal para regular el ejercicio de los derechos fundamentales, desligada de las materias competenciales del Estado, que incluso se sobreponga a las regulaciones sectoriales del ejercicio del derecho en cuestión efectuadas por las Comunidades Autónomas. Nada ha dicho expresamente sobre este extremo el TC y las veces que se ha pronunciado ha sido para vincular la ley estatal o al desarrollo de los derechos del artículo 81.1 CE (STC 173/1998) o al artículo 149.1.1.ª CE (SSTC 37/1981 y 290/2000). A nuestro juicio, y dado que el artículo 149.3 no atribuye ninguna competencia universal al Estado ni siquiera para crear normas supletorias (SSTC 15/1989 y 118/1996), éste carece de esa competencia genérica a salvo lo dispuesto en el artículo 141.1.1.ª CE. Como dice la citada STC 37/1981, la ley del artículo 53.1 CE sólo será ley de Cortes Generales cuando con esa regulación genérica del ejercicio de los derechos el Estado pretenda establecer las condiciones básicas que garanticen la igualdad de todos los españoles en su ejercicio. Para el resto de los casos, la regulación del ejercicio de un derecho fundamental será competencia de aquel que tenga atribuida la de la materia en la que se encuadre dicha regulación. Así lo expresa la STC 173/1998 (FJ 7.º):

> Pues bien, uno de los criterios fundamentales que, junto a los ya mencionados, ha orientado la realización de esta tarea de definición sistemática ha sido la de reservar al Estado *ex* artículo 81.1 CE la regulación de los aspectos esenciales, el desarrollo directo del derecho fundamental considerado en abstracto o «en cuanto tal», en tanto que se atribuye la regulación de la «materia» sobre la que se proyecta el derecho al legislador ordinario, estatal o autonómico, con competencias sectoriales sobre la misma (SSTC 127/1994, 61/1997 y, en relación concretamente con el derecho de asociación, SSTC 67/1985 y 157/1992).

3. El artículo 149.1.1.ª CE y las condiciones básicas de garantía de la igualdad en el disfrute de los derechos fundamentales

Acabamos de ver cómo la única habilitación genérica que el legislador ordinario estatal posee es la que deriva del artículo 149.1.1.ª CE. La jurisprudencia del TC sobre este precepto constitucional no ha sido del todo uniforme. Inicialmente de la jurisprudencia del TC pareció desprenderse la tesis según la cual ni el artículo 81.1 ni el 53.1 CE son normas de distribución de competencias. El

Estado no gozaría de una competencia universal para desarrollar los derechos mediante una ley orgánica ni para regular su ejercicio con una ley ordinaria. La norma atributiva de la competencia sería el artículo 149.1.1.ª, de forma que el legislador estatal sólo sería competente para regular los elementos esenciales de un derecho o su ejercicio con el objeto de garantizar la igualdad en su disfrute por todos los españoles (STC 37/1981, FJ 2.º, y muy claramente en la STC 61/1997, FJ 8.º; todavía se percibe esta tesis en la STC 173/1998, FFJJ 7.º y 9.º).

Sin embargo, desde la STC 173/1998 (y a pesar de que el TC trata de decir lo contrario en dicha Sentencia) es innegable que el artículo 81.1 CE sí que atribuye al Estado, o para ser más precisos, a las Cortes Generales, la competencia exclusiva sobre el desarrollo de los derechos fundamentales, tenga o no por objeto garantizar aquella igualdad en el ejercicio de los derechos. En consecuencia, el artículo 53.1 CE, al establecer una reserva general a favor de cualquier norma con rango de ley entre las que también se cuentan las autonómicas, no atribuye titularidad competencial alguna, debiendo acudir al artículo 149.1.1.ª para realizar el reparto entre el Estado y las Comunidades Autónomas de la regulación del ejercicio de los derechos (en este sentido, incluso la propia STC 37/1981).

Para el TC, y ésta sí que es una jurisprudencia reiterada (no exenta de contradicciones como es fácil de colegir de esta su descripción), el artículo 149.1.1.ª otorga al Estado un título competencial con contenido propio que le apodera para regular «el contenido primario del derecho, las posiciones jurídicas fundamentales (facultades elementales, límites esenciales, deberes fundamentales, prestaciones básicas, ciertas premisas o presupuestos previos)» (hablando de contradicciones, repárese en que el objeto de esa regulación coincide con la materia reservada a la ley orgánica: SSTC 61/1997, FJ 8.º, y 173/1998, FJ 9.º). Esas condiciones básicas deben ser las imprescindibles para garantizar la igualdad en el ejercicio de los derechos, lo que no quiere decir que el Estado pueda imponer la identidad o uniformidad del disfrute de los derechos en todo su territorio porque esto se opone a la existencia misma de Comunidades Autónomas y a la diversidad que con ellas ha querido también garantizar la CE (SSTC 75/1990, FJ 5.º; 61/1997, FJ 8.º, y 173/1998, FJ 9.º). Su materia son los derechos constitucionales en sí mismos considerados, es decir, con arreglo a su contenido constitucional, no los sectores materiales en los que éstos se insertan o sobre los que se proyectan. Para el TC, «el artículo 149.1.1.ª CE sólo presta cobertura a aquellas condiciones que guarden una estrecha relación, directa e inmediata, con los derechos que la Constitución reconoce. De lo contrario, dada la fuerza expansiva de los derechos y la función fundamentadora de todo el ordenamiento jurídico [...] quedaría desbordado el ámbito y sentido del artículo 149.1.1.ª CE, que no puede operar como una especie de título horizontal, capaz de introducirse en cualquier materia o sector del ordenamiento por el mero hecho de que pudieran ser reconducibles, siquiera sea remotamente, hacia un derecho o deber constitucional» [SSTC 61/1997, FJ 7.º*b*), y 173/1998, FJ 9.º].

Es jurisprudencia reiterada también que la competencia del artículo 149.1.1.ª es esencialmente normativa, pues el precepto se refiere a la «regulación» de esas condiciones básicas, y dentro de esas «condiciones básicas» el TC ha incluido «aquellos criterios que guardan una relación necesaria e inmediata con aquéllas, tales como el objeto o ámbito material sobre el que recaen las facultades que integran el derecho [...]; los deberes, requisitos o condiciones básicas en que ha de ejercerse un derecho [...]; los requisitos indispensables o el marco organizativo que posibilitan el ejercicio mismo del derecho» (STC 61/1997, FJ 8.º; 173/1998, FJ 9.º), sin que esas condiciones básicas, dice el TC, deban confundirse con el «contenido esencial» de los derechos, en el sentido en que el TC entiende esta noción [teoría de los círculos concéntricos: STC 61/1997, FJ 7.º*a*)]. No obstante, el TC también ha admitido que las regulaciones estatales dictadas al amparo de este precepto pueden contener, cuando sea imprescindible para garantizar la eficacia del derecho fundamental o la igualdad de todos los españoles en su disfrute, una dimensión institucional [y, así, el TC ha respaldado en el art. 149.1.1.ª CE la creación de ciertas instituciones, como la Oficina del Censo Electoral (STC 154/1988, FJ 3.º), el Consejo Nacional de Objeción de Conciencia (STC 160/1987, FJ 5.º) y la Agencia de Protección de Datos (STC 290/2000, FJ 14)].

Con todo, el TC también ha impuesto lindes a esta competencia. Su alcance queda «limitado a las condiciones básicas que garanticen la igualdad, que no el diseño completo y acabado de su régimen jurídico [...]. Las condiciones básicas que garanticen la igualdad, por definición, no pueden consistir en un régimen jurídico acabado y completo de los derechos y deberes constitucionales afectados. La regulación de esas condiciones básicas sí corresponde por entero y en exclusiva al Estado, pero con tal normación, como es evidente, no se determina ni se agota su entero régimen jurídico» [SSTC 61/1997, FJ 7.º*b*); 173/1998, FJ 9.º]. Ahora bien, «la legislación que con base en este precepto constitucional pueda dictar el Estado deberá sin duda ser respetada por el legislador autonómico titular de la competencia sobre determinadas asociaciones. Constituirá también un *prius* del que deberá partir la regulación de las mismas. Sin embargo, en tanto que esa legislación estatal no se haya dictado, resultará sumamente difícil atribuir a la legislación autonómica una invasión competencial, ya que el artículo 149.1.1.ª CE, más que delimitar un ámbito material excluyente de toda intervención de las Comunidades Autónomas, lo que contiene es una habilitación para que el Estado condicione [...] el ejercicio de esas competencias autonómicas con el objeto de garantizar la igualdad de todos los españoles en el ejercicio de sus derechos y en el cumplimiento de sus deberes constitucionales. En suma, si el Estado considerara necesario establecer en el futuro esas condiciones básicas y al dictarlas éstas entraran en contradicción con preceptos de leyes autonómicas en vigor, estos últimos quedarían automáticamente desplazados por aquéllas [...]» (STC 173/1998, FJ 9.º).

Quizá unas de las críticas que deba hacerse a esta doctrina del TC, al margen de que no termina por despejar la relación del artículo 81.1 CE con el artículo 149.1.1.ª CE, estriba a nuestro juicio en que ha hecho del precepto un remedo de ley de bases sobre la igualdad en el ejercicio de los derechos (así, por ejemplo, en la STC 290/2000, FJ 14) a pesar del empeño puesto en su STC 61/1997, FJ 7.º, por negarlo. La dicción literal indica a nuestro parecer una función bien distinta. En efecto, lo que el artículo 149.1.1.ª CE establece es que el Estado es competente para regular *las condiciones básicas* que garanticen aquella igualdad. No le atribuye al Estado competencia alguna para regular la igualdad básica de los españoles en el ejercicio de los derechos, haciendo de la ley estatal del artículo 53.1 CE ese remedo de legislación básica en materia de derechos fundamentales. Sin embrago, el TC, en las SSTC 61/1997 (FJ 7.º) y 164/2001 (FJ 5.º), considera que es la igualdad de los españoles el fin de este título competencial.

Creemos que es justamente aquella dimensión institucional, que el TC parece encajar en el precepto sólo de forma excepcional, la que constituye el núcleo normativo de la competencia atribuida en el artículo 149.1.1.ª al Estado, por cuanto le atribuye competencias para crear aquellas instituciones, garantías, procedimientos y normas mínimas sobre ejercicio de los derechos fundamentales destinadas a preservar aquella igualdad en el disfrute de los derechos.

4. Decretos legislativos y decretos-leyes

La claridad con la que la CE delimita el ámbito del decreto legislativo en el artículo 82 CE contrasta con las dificultades interpretativas que en cambio suscita el artículo 86. El artículo 82.1 CE es meridiano: la delegación legislativa a favor del Gobierno no puede recaer sobre la materia reservada a ley orgánica. En consecuencia, el decreto legislativo podría ser un instrumento normativo idóneo para regular el ejercicio de los derechos fundamentales e incluso para cumplir con aquellas remisiones a la ley de los enunciados iusfundamentales que no supongan un «desarrollo» del derecho fundamental en cuestión (de hecho, la STC 137/1986, citada más arriba, ya advierte que esta prohibición impide la colaboración entre ley orgánica y decretos legislativos).

Con todo, hay que decir que el TC ha insistido que la función de las reservas de los artículos 81.1 y 53.1 CE es la de asegurar que sea el legislador, esto es, «los representantes» de la colectividad, quien regule efectivamente la materia reservada, vedando cualquier fórmula delegante, lo que podría llevar a la conclusión de que el decreto legislativo también tiene vedada la regulación del ejercicio de los derechos. Al margen de que esta interpretación tan estricta no se compadece con la circunstancia de que la propia CE señale como límite a los decretos legislativos únicamente la reserva de ley orgánica y que, en cambio, sí que el artículo 86 extienda expresamente la prohibición para el caso del decreto-ley, tampoco lo hace con la función constitucional del decreto legislativo. Es un supuesto de delegación previsto constitucionalmente que sólo tiene vedada la materia reservada a ley orgánica y, en rigor, no es un caso de abdicación legislativa o de delegación en blanco, ya que, en un caso el propio legislador parlamentario fija las condiciones y principios delimitadores de la delegación misma mediante una ley de bases, y en el otro el ejecutivo sólo puede innovar el ordenamiento previa expresa y específica autorización legislativa. En fin, el decreto legislativo obraría un supuesto particular de colaboración internormativa con la ley ordinaria en materia de derechos fundamentales.

Como hemos adelantado, las dificultades surgen con el decreto-ley dada la ambigüedad con la que limita su empleo en lo tocante a los derechos fundamentales. El artículo 86.1 CE establece que los decretos-leyes no podrán «afectar [...] a los derechos, deberes y libertades de los ciudadanos regulados en el Título I». Es evidente que el ámbito material vedado al decreto-ley es más amplio que el reservado a la ley orgánica en la jurisprudencia del TC. Esta vez sí que la CE es clara al extender la materia a todos los derechos fundamentales de la CE. El problema surge, obviamente, a la hora de precisar qué debe entenderse por «afectar».

Desde la STC 182/1997 (FJ 8.º) el TC ha matizado sutilmente su jurisprudencia sobre el alcance del verbo afectar del artículo 86.1 CE. En esa Sentencia (reiterada últimamente por la STC 137/2003, FJ 6.º) se desligó definitivamente ese límite al decreto-ley de las reservas de ley en materia de derechos fundamentales, en el sentido de que ya no se considera que «afectar» consiste en regular la materia que esté reservada a ley formal (por ejemplo, el ejercicio de un derecho fundamental), como parecía hacer la jurisprudencia anterior (SSTC 6/1983 y 111/1983). Y, lo que es aún más importante si cabe, en esa Sentencia el TC aclara que lo prohibido al decreto-ley no es sólo la regulación «general» del régimen del derecho, es decir, la creación de una norma que establezca el régimen general del derecho, sino también la posibilidad de que se regulen aspectos concretos o singulares del derecho en cuestión, aunque no suponga una regulación general del mismo, siempre que esos aspectos o singularidades sean «elementos esenciales» del derecho (STC 182/1997, FFJJ 6.º y 7.º). Sin perjuicio de que, como afirmó la STC 234/1997, FJ 10:

> [...] la reserva de ley del artículo 53.1 no se extiende a cualquier regulación que pueda afectar o incidir sobre los derechos y libertades fundamentales reconocidos en el capítulo II del título primero de la Constitución, sino sólo a las que regulen «el ejercicio de tales derechos».

Es claro que el decreto-ley no puede entrar en el terreno propio de la ley orgánica ni toda «afectación» de un derecho es un desarrollo del mismo [STC 127/1994, FFJJ 2.º*b*) y 3]; pero sí puede hacerlo en el de las reservas de ley no orgánica relativas a derechos fundamentales siempre que se dé el presupuesto habilitante para su existencia, esa necesidad extraordinaria y urgente, y no se produzca la «afectación» del derecho fundamental. Y por afectación el TC ha considerado toda regulación del régimen general o del contenido o los elementos esenciales del derecho fundamental en cuestión. Con ello el TC ha querido preservar el decreto-ley frente a su completo vaciamiento en caso de hacer una interpretación extensiva de la noción «afectar»; pero evitando que el decreto-ley pueda convertirse en un instrumento para el desarrollo o la regulación «general» de un derecho fundamental (STC 111/1983, FJ 8.º). Es obvio que esta solución impide ofrecer un criterio general que permita determinar *a priori* cuando se está ante una afectación o no, ya que tal cosa depende de la configuración constitucional de cada derecho fundamental (SSTC 182/1997, FJ 8.º, y 137/2003, FJ 6.º).

A nuestro juicio, el decreto-ley no puede regular el derecho fundamental, su objeto, contenido o límites, ni siquiera su ejercicio, sin prejuicio de que sí pueda hacerlo del ámbito material sobre el que se proyecta el derecho en cuestión y la forma en la que el derecho se proyecta en él con arreglo a su «contenido esencial», es decir, a su contenido constitucional y, en su caso, al que le hayan concretado la pertinente ley orgánica que lo desarrolle o la ordinaria que regule con carácter general su ejercicio. No tiene sentido constitucional negarle a las Comunidades Autónomas que poseen una competencia constitucional ordinaria para hacer leyes, lo que se pretende reconocer en cambio al decreto-ley que es producto de una competencia constitucional legislativa extraordinaria. Ésta es justamente la clave constitucional para interpretar el alcance del decreto-ley. Lo que el ejecutivo puede hacer, en nuestra opinión, es regular el ámbito material y la forma en la que sobre el mismo se proyectan los derechos fundamentales, como pueden hacer las Comunidades Autónomas, pero en modo alguno definir elemento alguno de su objeto, contenido o límites o del régimen general de su ejercicio (esto último sí que pueden hacerlo las Comunidades Autónomas). La razón de ello es que la regulación general de un derecho fundamental no se compadece en nada con el presupuesto habilitante de los decretos-leyes. No se alcanza a entender qué extraordinaria y urgente necesidad puede justificar la regulación de un derecho fundamental mediante una norma en principio de vigencia provisional.

IV. TRATADOS INTERNACIONALES Y DERECHOS FUNDAMENTALES

Finalmente, la CE también permite que sea el legislador internacional quien intervenga en la regulación de los derechos fundamentales. En otro capítulo de este libro ya se ha examinado el significado del artículo 10.2 CE. El artículo 13.1 CE permite a los tratados desarrollar los derechos fundamentales cuando sus titulares son los extranjeros. Y el artículo 94.1.*c*) CE establece el procedimiento para la incorporación de estos tratados sobre derechos humanos en el ordenamiento español. Según este precepto los tratados que «afecten [...] a los derechos y deberes fundamentales establecidos en el Título I» requieren de la previa autorización de las Cortes Generales para su ratificación. Una vez más la CE vuelve a identificar la materia con el conjunto de los derechos fundamentales del primero de sus Títulos, y emplea de nuevo el término «afectar» como en el caso de los decretos-leyes.

El TC no se ha pronunciado hasta el presente sobre el alcance del artículo 94.1.*c*) CE ni sobre el papel de estos tratados internacionales que «afectan» a los derechos fundamentales. Parece deducirse de este precepto que los tratados que afecten a derechos fundamentales sólo pueden integrarse en el ordenamiento español cuando las Cortes Generales lo autoricen previamente a su ratificación. Estos tratados que afectan a derechos fundamentales cumplen una serie de funciones. Pueden regular el ejercicio de los derechos fundamentales e incluso ser la norma legal de las remisiones previstas en los enunciados iusfundamentales; siendo discutible si también pueden desarrollar un derecho fundamental. Pueden ser normas que introduzcan como derechos legales algunos de sus contenidos que no se corresponden con ningún derecho fundamental de la CE. Pueden ser las normas de desarrollo y de regulación del ejercicio de los derechos fundamentales de los extranjeros en España en virtud de lo dispuesto en el artículo 13.1 CE. Por último, pero no menos importante, el artículo 10.2 CE les otorga, además, una función interpretativa de primer orden.

La ley del artículo 53.1 CE, incluso la de las remisiones a la ley previstas en algún precepto iusfundamental, bien puede ser un tratado internacional (por ejemplo, así fue con el límite a la informática del art. 18.4 CE en la STC 254/1993, donde se le dio ese valor al Convenio del Consejo de Europa, hecho en Estrasburgo el 28 de enero de 1981, para la Protección de las Personas con respecto al Tratamiento Automatizado de Datos de Carácter Personal). El tratado internacional, ratificado previa autorización de las Cortes Generales conforme lo dispuesto en el artículo 94.1.*c*) CE, obraría en estos casos como norma de rango legal reguladora de los derechos fundamentales. Al término «afectar» debe dársele, a nuestro juicio, el mismo alcance que el dado en el artículo 86.1 CE a esa misma palabra. Pero para el caso de los tratados «afectar» no refiere a un límite a su ámbito material, sino que expresa justamente la materia que puede ser su objeto.

El tratado internacional puede ser fuente de nuevos derechos de rango legal en aquella parte de su contenido que no se corresponde con los derechos fundamentales de la CE. En el ordenamiento español no hay más derechos fundamentales que los enumerados expresamente por la CE. El TC lo ha subrayado en una jurisprudencia continua desde sus inicios al hilo de la interpretación del artículo 10.2 CE: los tratados no son fuente de nuevos derechos fundamentales, ni el artículo 10.2 otorga a los derechos consagrados en los tratados rango constitucional (SSTC 36/1991, FJ 5.º, y 64/1991, FJ 4.º, reiteradas en Sentencias como la 245/1991, 41/2002 y 70/2002).

Así, por ejemplo, el artículo 8.1 CEDH reconoce un derecho a la vida familiar que no está previsto en la CE y en el que se ha estribado el derecho al reagrupamiento familiar de las distintas legislaciones sobre extranjería de los Estados europeos (Capítulo II de la LODLE) e incluso la Directiva 2003/86/CE del Consejo, de 22 de septiembre de 2003, sobre el derecho a la reagrupación familiar. Ese derecho a la vida familiar y al reagrupamiento que le está anudado serían, en principio, meros derechos legales en España.

El artículo 13.1 CE por su parte, otorga a los tratados una función respecto de los extranjeros que se hallaren en España sumamente peculiar. El artículo 13.1 CE, así lo creemos, no es una norma sobre la titularidad de los derechos fundamentales de forma que los extranjeros sólo lo sean de los reconocidos en el tratado internacional o en la ley. Para los extranjeros, los tratados internacionales no son sólo normas interpretativas en el sentido del apartado 2 del artículo 10 CE, sino normas de desarrollo de sus derechos fundamentales en España de forma que el contenido de sus derechos será el que establezcan esos tratados a los que la ley nacional está sujeta en virtud de lo dispuesto en el artículo 96.1 CE. A nuestro juicio, el artículo 13.1 CE permite al legislador nacional e internacional extender a los extranjeros el goce de derechos que la CE sólo prevé para españoles (con la excepción del art. 23 CE, en relación con lo dispuesto en el apartado 2.º del propio art. 13 CE) y delimitar el contenido de los derechos fundamentales de los extranjeros en España con un alcance que no tiene reconocido en la CE para los españoles. La reserva de ley orgánica se vería de este modo excepcionada en virtud de un permiso constitucional según el cual los extranjeros «gozan» en España de los derechos fundamentales en los términos de la ley o los tratados. El término «gozar», más amplio que el «ejercer» del artículo 53.1 CE, permite llegar a esta conclusión.

Esto autorizaría a los tratados internacionales (como a la ley) para desarrollar los derechos de los extranjeros de manera distinta al de los derechos de los españoles. Bien entendido que ese desarrollo siempre debe hacerse en el marco del contenido esencial del derecho fundamental, por lo que el tratado no podría reconocer a extranjeros contenidos no garantizados en abstracto por la norma iusfundamental. No caben diferencias entre extranjeros y españoles respecto del contenido constitucional abstracto de los derechos fundamentales no privativos de aquellos últimos. El artículo 13.1 CE no sólo es una excepción a la reserva de ley orgánica del artículo 81.1 CE al permitir que los tratados internacionales puedan desarrollar los derechos fundamentales cuando su titular son los extranjeros. El precepto también es una excepción al artículo 14 CE, ya que el contenido esencial de los derechos fundamentales es el mismo para extranjeros y españoles.

Así, no cabría imponer límites a los derechos fundamentales de los extranjeros que no serían admisibles de ser su titular un español aunque ese límite estuviese comprendido en un tratado internacional. Por tanto, por ejemplo, la moral pública como límite a la libertad de expresión, prevista en el artículo 10.2 CEDH no sería un límite de esa libertad ni para españoles ni para extranjeros (véase, no obstante, la STC 62/1982, único caso en el que el TC aplicó este límite a un español). Por otro lado, si se considera que el derecho a la vida familiar es un *desarrollo* del derecho a la intimidad familiar del artículo 18.1 CE, y en esa medida el derecho al reagrupamiento familiar se convertiría en su corolario, no se podría afirmar que ese mismo derecho a la vida familiar y al reagrupamiento no puede ser reconocido a los españoles.

Pero los tratados también son un capital instrumento interpretativo en la concreción de los derechos fundamentales de la CE en virtud de lo dispuesto en el artículo 10.2 CE. El TC ha empleado en multitud de ocasiones normas internacionales para interpretar los derechos fundamentales. En unos casos para asegurarse de que el contenido del derecho fundamental se corresponde con el protegido internacionalmente creando así una especie de estándar básico y universal de protección que en la Sentencia 91/2000 el TC denominó «contenido absoluto» (FFJJ 7.º, 8.º y 12) de los derechos fundamentales. En otros casos, acudió a los tratados para integrar el contenido de los derechos fundamentales incorporándole contenidos que no estaban previstos expresamente en el enunciado iusfundamental, convirtiendo a los tratados internacionales de hecho, e incorrectamente a nuestro juicio, en normas de desarrollo de los derechos fundamentales.

Esta función interpretativa ha sido utilizada por el TC para, por ejemplo, reconocer, con matices es cierto, un derecho fundamental a la doble instancia penal a la vista de lo dispuesto en el apartado 5 del artículo 14 de Pacto Internacional de Derechos Civiles y Políticos de 19 de diciembre de 1966, hecho en Nueva York, aunque el Pacto no pueda crear recursos inexistentes en el orden procesal español (SSTC 190/1994 y AATC 260/2000 y 70/2002). También lo hizo para reconocer el derecho a elegir centro docente (ATC 382/1996).

Finalmente, también el derecho europeo se ha empleado como norma internacional relativa a derechos fundamentales. Así en la STC 292/2000 (FJ 3.º), tras advertir que «tanto los tratados y acuerdos internacionales a los que se remite este precepto constitucional como el Derecho comunitario derivado no poseen rango constitucional y, por tanto, no constituyen canon de la constitucionalidad de las normas con rango de ley», señala rotundo «que sus disposiciones, a tenor del citado artículo 10.2 CE, sí constituyen valiosos criterios hermenéuticos del sentido y alcance de los derechos y libertades que la Constitución reconoce». Y así ha sucedido con las Directivas comunitarias o con los Convenios de la OIT (SSTC 38/1981, 145/1991 y 94/1998).

No se nos escapan las dificultades de integración que conllevará la aprobación de la futura Constitución de la Unión Europea y su «Declaración de Derechos», hoy anticipada en la Carta de Derechos Fundamentales de la Unión Europea, cuyo *status* jurídico sigue ignoto. Pero la respuesta a esta cuestión no está en el papel que desempeñe como norma sobre derechos fundamentales, sino en el *status* jurídico que se le otorgue (tratado internacional del art. 93 CE, auténtica norma constitucional, etc.) lo que condicionará su relación con las Constituciones estatales y, en consecuencia, con sus derechos fundamentales.

V. BIBLIOGRAFÍA

Cruz Villalón, Pedro: «Derechos fundamentales y legislación», en *Estudios de Derecho Público en homenaje a Ignacio de Otto*, Universidad de Oviedo, 1993, pp. 407 ss.

Díez-Picazo, Luis María: «Desarrollo y regulación de los derechos fundamentales», *Cuadernos Aranzadi del Tribunal Constitucional*, n.º 20, 2002, pp. 13 ss.

—*Sistema de derechos fundamentales*, Cívitas, Madrid, 2003.

GAVARA DE CARA, Juan Carlos: *Derechos fundamentales y desarrollo legislativo*, Centro de Estudios Constitucionales, Madrid, 1994.

JIMÉNEZ CAMPO, Javier: *Derechos fundamentales. Concepto y garantías*, Trotta, Madrid, 1999.

MEDINA GUERRERO, Manuel: *La vinculación negativa del legislador a los derechos fundamentales*, McGraw-Hill, Madrid, 1996.

—«El principio de proporcionalidad», *Cuadernos de Derecho Público*, n.º 5, 1998.

OTTO Y PARDO, Ignacio de: «La regulación del ejercicio de los derechos y libertades. La garantía de su contenido esencial en el artículo 53.1 de la Constitución», en Lorenzo Martín-Retortillo Baquer e Ignacio de Otto y Pardo, *Derechos fundamentales y Constitución*, Cívitas, Madrid, 1988.

TUDELA ARANDA, José: *Derechos constitucionales y autonomía política*, Cívitas, Madrid, 1994.

CAPÍTULO 8

LA EFICACIA DE LOS DERECHOS FUNDAMENTALES

I. LOS ÁMBITOS DE EFICACIA DE LOS DERECHOS FUNDAMENTALES: CONSIDERACIONES GENERALES

La eficacia de los derechos fundamentales, como la de cualquier otra norma constitucional, sólo puede ser medida en términos jurídicos a partir de la aptitud de su contenido normativo para la consecución de su objeto, la garantía de un determinado ámbito de libertad personal. Procede, pues, analizar ahora tanto los *ámbitos personal, espacial y temporal* en los que se despliega esa obligatoriedad, como el grado y tipo de vinculación que se deriva del contenido objetivo y subjetivo de los derechos fundamentales respecto de los distintos sujetos obligados por aquéllos.

Como ya se tuvo ocasión de ver con ocasión del análisis de los sujetos obligados por los derechos fundamentales, éstos no son sólo los poderes públicos, sino también, aunque sea de distinta forma, los particulares. Ciertamente es posible, en principio, aglutinar uno y otro grupo de sujetos (poderes públicos o particulares) en torno a su diferente vinculación (positiva y negativa, respectivamente) respecto de los derechos fundamentales. Sin embargo, ni siquiera dentro de uno y otro colectivo es posible hablar de un régimen uniforme de eficacia de los derechos. Ésta variará según cuál sea el poder público al que obliguen (legislador, poder judicial o Administración Pública), así como según la posición del particular y la naturaleza de la relación jurídico-privada en la que se esgriman (relaciones laborales, relaciones paterno-filiales o tutelares, relaciones escolares, etc.). De ahí que sea necesario analizar dicha eficacia tanto en las relaciones del individuo con los poderes públicos (eficacia vertical) como en las relaciones con los demás sujetos privados (eficacia horizontal) con algo más de detalle.

También se hizo referencia al hecho de que, aunque en virtud del principio de territorialidad inicialmente sólo los poderes públicos internos debieran estar obligados por los derechos fundamentales, terminan estándolo, de forma indirecta y bajo ciertas condiciones, los poderes públicos extranjeros, y de forma residual pero directa los poderes públicos de organizaciones supranacionales que ejercen funciones de soberanía en nuestro ordenamiento. Tradicionalmente se ha considerado que los derechos fundamentales regían única y exclusivamente en el territorio del Estado. El aumento de las relaciones internacionales y la cooperación entre Estados en materias muy diversas, pero sobre todo la pretensión de todo ordenamiento jurídico de tener eficacia, por lo menos parcialmente, en todo tiempo y lugar, conducen al replanteamiento de aquel axioma, y a la necesidad de que la vigencia y la eficacia de los derechos fundamentales vayan paralelas a la extensión de la capacidad de obligar de los poderes públicos más allá de las fronteras del territorio del Estado. Sin embargo, la presencia de intereses nacionales de cada Estado y el manejo del territorio como elemento de la concepción de los derechos fundamentales pugnan por frenar aquella consecuencia lógica. Buena muestra de ello ha sido la reticencia de la jurisprudencia norteamericana desde 1950 hasta la actualidad a la extensión de la eficacia de los derechos fundamentales más allá de sus fronteras tanto a nacionales estadounidenses [354 US 1 (1957), *Reid vs. Covert*] como a extranjeros no residentes [494 US 259 (1990), *US vs. Verdugo-Urquidez*].

Si, como se ha dicho, los derechos fundamentales garantizan al individuo un ámbito de libertad frente a la acción de los poderes públicos y de los particulares (binomio disponibilidad inmediata/indisponibilidad para los poderes públicos), parece lógico pensar que bajo ciertas circunstancias también deba entrar en juego dicha garantía normativa, aunque los hechos lesivos se produzcan por la acción del poder público español fuera de nuestro territorio (extraterritorialidad del poder público español). Pero también cuando sean imputables a sujetos particulares o a poderes públicos no nacionales como consecuencia de relaciones jurídicas con un punto de conexión fuera del territorio nacional, y el poder público español sea llamado a adoptar un acto jurídico interno (extraterritorialidad del punto de conexión). Sin embargo, parece igualmente adecuado, por razones de política internacional, trazar algunas matizaciones en relación con esta posible eficacia extraterritorial de los derechos fundamentales, en función de que quien actúa fuera del territorio del Estado sobre las esferas de libertad del individuo sea un sujeto nacional o extranjero, un particular o un poder público.

En primer lugar, cuando el sujeto sobre el que se pretende la eficacia extraterritorial de los derechos fundamentales es un particular, el ordenamiento jurídico español ha procurado extender la vigencia extraterritorial de las normas penales que los tutelan únicamente a determinados supuestos en los que aquél posee la nacionalidad española y se dan determinados requisitos de tipicidad y ausencia de doble sanción efectiva, o bien se afectan determinados bienes colectivos o individuales de especial importancia para el Estado (art. 23.2, 3 y 4 LOPJ). Por lo que se refiere al ámbito jurídico civil, la sujeción de los particulares a los derechos fundamentales fuera del territorio del Estado se plasma en la cláusula de orden público, de la que forman parte los derechos fundamentales conforme a reiterada jurisprudencia del Tribunal Supremo y del Tribunal Constitucional (STC 43/1986, FJ 4.º), y que condiciona tanto la aplicación del derecho extranjero que pueda corresponder según las normas de derecho internacional privado (art. 12.3 CC) como el reconocimiento de las decisiones judiciales dictadas por órganos jurisdiccionales extranjeros (arts. 952 y 954.3 LEC de 1881 o arts. 6 y 7 CVISP).

En segundo lugar, cuando el sujeto sobre el que se pretende la eficacia extraterritorial es un poder público extranjero, nuestro ordenamiento ha tomado, por idénticas razones, grandes cautelas a la hora de ponerla en práctica. La eficacia de los derechos fundamentales se predica de los poderes públicos, sin que ni el artículo 9.1 ni el artículo 53.1 CE nos aclaren de qué poderes públicos se trata.

Como ya se tuvo ocasión de analizar en relación con los sujetos obligados por los derechos fundamentales, a la luz de la STC 43/1986, FJ 4.º, y del ATC 565/1987, parece que la vinculación no se circunscribe a los poderes públicos nacionales (por oposición a los extranjeros), sino a todos los poderes públicos con funciones constitucionales, esto es, de soberanía, lo que incluiría, ciertamente, a todos los poderes públicos nacionales y excluiría a la mayor parte de los poderes públicos extranjeros (sobre todo a los de Estados extranjeros), pero permitiría incluir a los poderes públicos de naturaleza supranacional, a los que, en virtud del artículo 93 CE, se ha cedido el ejercicio de competencias derivadas de la Constitución, como los de la Unión Europea. Ello explicaría que los Tratados internacionales, actos complejos producto de la actuación de los órganos del Estado español y de otros Estados o de organizaciones internacionales, se integren, junto con el acto con fuerza de ley de las Cortes por el que se autoriza su celebración, dentro del concepto de «normas con rango de ley» susceptibles de control de constitucionalidad conforme al artículo 27.2.*c*) LOTC. Desde esta misma perspectiva, tampoco se podría exigir directamente que los poderes públicos de los Estados extranjeros respeten los derechos fundamentales garantizados por la CE de 1978, pero sí que cuando dichas decisiones extranjeras hayan de ser tenidas en cuenta por nuestro ordenamiento jurídico, es decir, allí donde rija el ejercicio de la soberanía española, nuestras autoridades, comenzando por el legislador y terminando por los órganos jurisdiccionales, no puedan reconocerlas si suponen o pueden suponer la vulneración de aquellos derechos fundamentales (arts. 954.3 LEC de 1881, arts. 6 y 7 CVISP y arts. 2 a 5 LEP), pues de hacerlo ellos mismos estarían conculcando indirectamente aquellos derechos (SSTC 11/1983, FJ 4.º; STC 13/1994, FJ 4.º, y 147/1999, FFJJ 4.º a 6.º).

En tercer y último lugar, no tendría sentido vincular indirectamente al respeto extraterritorial de los derechos fundamentales a los poderes públicos extranjeros si simultáneamente, no se afirmase esa misma eficacia de aquéllos respecto de la actuación extraterritorial de los poderes públicos españoles. Por consiguiente, la actuación de los poderes públicos españoles tanto en el territorio de otro Estado, cuando ello sea posible conforme a las normas internacionales, como en zonas no sujetas a la soberanía de ningún Estado (por ejemplo, el alta mar), se encuentra también sujeta al respeto de los derechos fundamentales en los términos en que éstos han sido garantizados por la CE de 1978 (SSTC 21/1997, FJ 2.º, y 91/2000, FJ 6.º).

En lo que se refiere al ámbito temporal de eficacia de los derechos fundamentales, cabe decir que la CE de 1978, de acuerdo con su cláusula derogatoria, regla tercera, posee, en principio, efectos hacia el futuro e implica únicamente la derogación de las normas incompatibles con su contenido material. Sin embargo, desde muy temprana jurisprudencia nuestro Tribunal Constitucional ha afirmado que la denominada inconstitucionalidad sobrevenida que produce el carácter jerárquicamente superior de aquélla, unida a su carácter de norma posterior en el tiempo, conlleva ciertos efectos retroactivos de los derechos fundamentales (STC 9/1981, FJ 3.º), que, no obstante, no se pueden generalizar a todas las disposiciones constitucionales (STC 43/1982, FJ 1.º). El hecho de que la CE tenga la significación primordial de establecer y fundamentar un orden de convivencia política general de cara al futuro, singularmente en materia de derechos fundamentales y libertades públicas, hace que en esta materia haya de tener un cierto efecto retroactivo (retroactividad en grado mínimo o medio), en el sentido de poder afectar a actos posteriores a su vigencia que se deriven de situaciones creadas con anterioridad y al amparo de leyes válidas en aquel momento, en cuanto tales actos sean contrarios a la Constitución. El propio Tribunal Constitucional es consciente de que esta doctrina de carácter general habrá de ser concretada caso por caso, teniendo en cuenta las peculiaridades del mismo, que el acto posterior pueda estar dotado de mayor o menor autonomía, que proceda o no de los poderes públicos, que afecte o no a intereses o derechos de terceras personas, y otras circunstancias que podrían pensarse (STC 9/1981, FJ 3.º). Lo que en todo caso queda excluido es una aplicación retroactiva de las disposiciones sobre derechos fundamentales «en grado máximo», esto es, a una relación jurídica básica y a sus efectos ya agotados, sin tener en cuenta que aquélla fue creada y éstos ejecutados bajo el imperio de la legalidad anterior, pues al margen de que semejante aplicación retroactiva no tendría base en ningún precepto constitucional, iría contra la seguridad jurídica que la CE garantiza en su artículo 9.3 (STC 43/1982, FJ 1.º).

II. EFICACIA EN LAS RELACIONES JURÍDICO-PÚBLICAS: LA EFICACIA VERTICAL

1. La vinculación positiva de los poderes públicos a los derechos fundamentales: el papel del legislador

1.1. *Vinculación positiva de los poderes públicos y deber positivo de protección*

Aunque los derechos fundamentales ya no pueden caracterizarse exclusivamente como derechos de reacción frente al Estado, lo cierto es que éstos siguen teniendo en los poderes públicos su principal referente y, por tanto, siguen desplegando una gran parte de su eficacia en las relaciones verticales en las que el individuo se puede ver unilateralmente obligado por aquéllos.

La superación de aquella inicial concepción reaccional tiene, sin embargo, diversas consecuencias en lo que se refiere al sentido y grado de la vinculación que poseen los derechos fundamentales respecto de los poderes públicos. De un lado, al no constituir ámbitos de libertad prejurídica anteriores al Estado —pues no existe ninguna libertad previa a la Constitución—, tampoco operan respecto de éste únicamente como límites a su actuación. De otro, como consecuencia de lo anterior, los derechos fundamentales además de derechos subjetivos frente al poder público, constituyen un sistema de valores y principios jurídicos que informa todo el ordenamiento, lo que les presta un contenido o dimensión objetiva que se despliega para reforzar la eficacia obligatoria de aquel contenido subjetivo.

Ello es lo que en buena medida explica la *vinculación positiva* a los derechos fundamentales de los poderes públicos, que se desprende del artículo 53.1 CE. De dicha fórmula de sujeción de los poderes públicos a los derechos fundamentales no sólo se deduce la prohibición para éstos de menoscabar los ámbitos de libertad iusfundamental. Además conlleva específicamente respecto de todos los poderes públicos (legislativo, ejecutivo y judicial) el mandato de optimizar la eficacia de dichas libertades en todo lo que jurídicamente les sea posible (SSTC 18/1984, FJ 6.º; STC 53/1985, FJ 4.º), lo que se manifiesta en los diversos contenidos de la *dimensión objetiva* de los derechos fundamentales, y en algunos derechos, cuyo contenido es eminentemente prestacional, en parte de su dimensión subjetiva como derechos de prestación. La aplicabilidad directa que caracteriza a los derechos fundamentales no es, pues, sinónimo de su autosuficiencia, sino únicamente de su preexistencia e inmediata disponibilidad ante la acción o la pasividad de los poderes constituidos, y por tanto su indisponibilidad, respecto a la intervención del legislador, lo que no excluye que en una sociedad jurídicamente organizada la plena eficacia del contenido subjetivo de aquéllos pueda depender, por lo menos parcialmente, del desarrollo que hagan los poderes públicos de su contenido objetivo.

Una de las concreciones de esta dimensión objetiva, el *deber positivo de protección* de los derechos fundamentales a cargo del Estado, aparece concretado en el propio texto constitucional, cuyo artículo 9.2 ordena a los poderes públicos remover los obstáculos que impiden que la libertad y la igualdad de los individuos y los grupos sean reales y efectivas. La determinación de los medios a utilizar para conseguir aquel fin (la optimización de la libertad y la igualdad) queda, sin embargo, a la discrecionalidad de los vinculados a su consecución, en función de las posibilidades económicas y sociales, así como de la concreta orientación política que en cada momento tengan los poderes públicos. De ahí se deriva que, según cuál sea el grado y el modo de realización de ese aspecto de la dimensión objetiva por parte de los poderes públicos, cabrá hablar de una o de otra política de los derechos fundamentales, desarrolladas en el marco de una norma abierta como la CE de 1978 que no impone un determinado grado o modelo de cumplimiento de ese deber positivo de protección, pero se respete el modelo dogmático constitucionalmente adecuado.

1.2. *El papel del legislador en el cumplimiento del deber positivo de protección*

En el cumplimiento de este deber positivo de protección y, por consiguiente, en la determinación de qué medios se han de utilizar para ello, los distintos poderes públicos no pueden alterar el orden competencial constitucionalmente previsto, y éste atribuye un papel preponderante al legislador. En efecto, una cosa es que la eficacia directa de los derechos fundamentales conlleve que el contenido del derecho fundamental sea indisponible para el legislador y otra muy distinta es que su intervención no sea necesaria en su desarrollo, y muy especialmente en el cumplimiento del deber positivo de protección que incumbe a los poderes públicos (STC 15/1982, FJ 8.º). De hecho, la intervención del resto de los poderes públicos, se halla condicionada en muchos casos a la previa intervención del legislador prefigurador de una determinada política de derechos fundamentales, especialmente respecto de aquellos órganos que, como la Administración, se encuentran vinculados positivamente a la ley y al Derecho (art. 103 CE). Dicho papel preponderante no sólo se plasma en la reserva constitucional al legislador del tratamiento normativo de ciertos aspectos de los derechos fundamentales, sino también en la incidencia en su tarea de los efectos irradiante y recíproco, derivados de la dimensión objetiva de ellos.

En este sentido, las *reservas de ley*, tanto las generales de desarrollo de los derechos (art. 81 CE) y de regulación del ejercicio (art. 53.1 CE), como las específicas de limitación (v. gr., art. 17.1 CE) o de protección de determinados aspectos del derecho fundamental (v. gr., art. 18.4 CE), representan una garantía de la eficacia del contenido subjetivo y objetivo de los derechos fundamentales. El legislador (estatal o autonómico según su respectivo ámbito de competencias) ha pasado, así, de considerarse desvinculado de los derechos fundamentales, a constituir el poder público al que el texto constitucional, sujetándolo al respeto de aquéllos, le ha atribuido las principales funciones para dotarlos de eficacia. Ello no impide al resto de los poderes públicos, especialmente al Gobierno o a los órganos jurisdiccionales, participar en el cumplimiento de aquella función de protección a través de sus distintas potestades normativas (legales o reglamentarias y jurisdiccionales), aunque ocupen un papel secundario en relación con el atribuido al legislador, sobre todo donde, como en los ámbitos de la reserva de ley, es preceptiva su intervención previa.

Nuestro Tribunal Constitucional ha sido reacio a reconocer que forme parte del contenido de cada derecho fundamental un presunto derecho al rango legal de las disposiciones que desarrollan el contenido o regulan el ejercicio del derecho fundamental, que, no obstante, cabe deducir de algunas de sus resoluciones (SSTC 140/1986, FJ 6.º, y 88/1995, FJ 4.º), por lo que el individuo podría obtener su amparo jurisdiccional tanto ordinario como constitucional. Sin embargo, la necesidad de su intervención para reforzar la eficacia de los derechos fundamentales se pone de relieve en algunos de ellos, como el de inviolabilidad del domicilio (art. 18.2 CE) o el del secreto de las comunicaciones (art. 18.3 CE), en los que sólo es posible garantizar adecuadamente el objeto protegido por el derecho fundamental si el legislador ha configurado previamente las condiciones bajo las que puede producirse la intervención judicial limitativa de los derechos constitucionalmente prevista (SSTC 50/1995, FJ 6.º; 126/1995, FJ 3.º).

Por otro lado, el legislador, en el ejercicio de sus competencias, y especialmente al dar cumplimiento a las reservas de ley, es el principal destinatario del *efecto irradiante* que poseen los derechos fundamentales como consecuencia de su dimensión objetiva. Conforme al mismo, aquél tiene vedado desconocer su eficacia en la regulación orgánica y ordinaria tanto de las relaciones jurídico-privadas como de las jurídico-públicas. De ahí que esté obligado no sólo a no contravenir el contenido esencial de los derechos fundamentales, sino a disciplinar dichas relaciones de la forma más favorable para facilitar su observancia, y como mínimo de forma que no se desconozca su contenido esencial (STC 53/1985, FJ 4.º). Ello, como se verá más adelante es de especial importancia para dotar de eficacia (horizontal) a los derechos fundamentales en las relaciones entre particulares.

Finalmente, en lo que se refiere a la articulación de los límites a los derechos fundamentales, compete al legislador orgánico proceder a su establecimiento, pero al hacerlo aquél se encuentra obligado por *el efecto de reciprocidad* entre el derecho fundamental y la ley. Este efecto conduce respecto de los poderes ejecutivo y judicial a que su interpretación de los límites deba realizarse en términos restrictivos y siempre con el sentido más favorable a la eficacia y esencia de tales derechos (STC 159/1986, FJ 6.º). La plasmación normativa de ello es el clásico principio de proporcionalidad que les obliga a utilizar el medio limitativo idóneo, necesario y proporcionado en sentido estricto para la consecución de los fines constitucionalmente lícitos predeterminados por la ley. Sin embargo, no parece razonable aplicar al legislador democrático dicho principio de proporcionalidad con el sentido que posee respecto de la Administración o los Tribunales de Justicia, aunque la jurisprudencia del Tribunal Constitucional lo haya hecho en significadas ocasiones (SSTC 55/1996, FJ 8.º; 136/1999, FFJJ 21 y 22). La exigencia de adecuación, necesidad y proporcionalidad en sentido estricto a la configuración limitativa de los derechos fundamentales por el legislador no parece congruente con el carácter de norma abierta que posee nuestro texto constitucional. El efecto de reciprocidad requiere del legislador, además del respeto de los requisitos constitucionales formales y materiales que pesan sobre la limitación del derecho fundamental, únicamente que la misma no sea arbitraria o irrazonable y, con ello, vulneradora del principio garantizado en el artículo 9.3 CE, pero no que sea proporcional en sentido clásico del término (en este sentido parecían ir inicialmente los razonamientos de la STC 55/1996, FJ 6.º), pues de lo contrario se estaría desposeyendo al legislador de su papel preponderante en el diseño de la política de los derechos fundamentales, lo que redundaría en una merma y no en un refuerzo de su eficacia.

2. La dimensión subjetiva de los derechos: jueces y derechos fundamentales

2.1. *La tutela jurisdiccional de los derechos fundamentales*

Si los derechos fundamentales, además de constituir un sistema de principios y valores objetivos, son ante todo derechos subjetivos, y éstos se definen por la justiciabilidad de sus contenidos, los jueces y tribunales han de cumplir, en el ejercicio de su función jurisdiccional, un papel muy singular respecto de la eficacia de aquéllos. El propio texto constitucional lo ha tenido en cuenta no sólo mediante la previsión de una genérica intervención jurisdiccional para su garantía frente a la actividad de los poderes públicos (arts. 103 y 106 CE), sino mediante la atribución de específicas *funciones jurisdiccionales de garantía* a los Tribunales ordinarios y al Tribunal Constitucional (art. 53.2 CE). Aspecto éste no menos tenido en cuenta por el legislador orgánico que en el artículo 7.1 LOPJ encomienda a los juzgados y tribunales ordinarios la tutela de los derechos reconocidos en el Capítulo II del Título I de la CE de 1978. Únicamente los principios rectores de la política social y económica del Capítulo III del Título I de la CE, a los que falta la disponibilidad inmediata y, por tanto, la nota de fundamentalidad, quedan fuera de esta tutela jurisdiccional directa, pues sólo son invocables ante la jurisdicción ordinaria en los términos en los que dispongan las leyes que los desarrollen (art. 53.3 CE). Sin embargo, tanto los derechos de la Sección 1.ª del Capítulo II (arts. 15 a 29 CE) como los de la Sección 2.ª (arts. 30 a 38 CE), e incluso otros derechos que, aun dentro del Capítulo II, no están incardinados a ninguna sección, como el derecho a la igualdad del artículo 14 CE, obtienen su tutela ante los tribunales por los procedimientos jurisdiccionales ordinarios y, en su caso (el de los derechos incluidos en los arts. 14 a 30 CE), por un procedimiento especial, preferente y sumario, así como por el recurso de amparo ante el Tribunal Constitucional, una vez agotada la vía jurisdiccional ordinaria previa.

Esta función de tutela jurisdiccional se encuentra, sin embargo, doblemente mediatizada por la presencia del legislador y de la jurisdicción constitucional. De un lado, a pesar de que los derechos fundamentales no requieran la *interpositio legislatoris* para ser directamente aplicables, canalizan parte de su contenido subjetivo, como la facultad de reaccionar judicialmente frente a las intromisiones ilegítimas en su objeto, a través del ejercicio de otro derecho fundamental, el de tutela judicial efectiva, que es un derecho de configuración legal que requiere la mediación del legislador para establecer sus condiciones de ejercicio. Como ya se dijo, la disponibilidad inmediata de los derechos fundamentales y su correlativa indisponibilidad para el legislador no significan la absoluta posibilidad de prescindir de éste, habida cuenta de que la actuación judicial se halla sometida al imperio de la Ley, por lo que ni el juez ordinario ni el constitucional pueden actuar más que en el marco de los procedimientos legalmente previstos. La CE de 1978 no nace en un vacío legislativo, sino que asume un sistema legal compatible con sus prescripciones, del que forman parte esencial las disposiciones legales sobre los procedimientos judiciales. Las mismas no sólo han ido cubriendo, aunque en la mayoría de los casos sea muy recientemente, la previsión constitucional de un procedimiento especial preferente y sumario en el ámbito civil (art. 249 LEC), contencioso-administrativo (arts. 114 a 122 LJCA), laboral (arts. 175 a 182 LPL) o penal (arts. 2 a 5 LOPJDF), sino que, además, permiten a través de los procedimientos ordinarios civil, penal, contencioso-administrativo laboral o militar, dotar de eficacia a ese aspecto del contenido subjetivo de los derechos fundamentales.

De otro lado, también el Tribunal Constitucional se interpone entre la Constitución y el juez ordinario a la hora de dotar de efectividad al contenido subjetivo de los derechos fundamentales a través de su tutela jurisdiccional. El artículo 5.1 en relación con el artículo 7 LOPJ obliga al juez ordinario no sólo a dotar de efectividad en el ámbito de sus funciones legalmente regladas a los derechos fundamentales, sino, además, a hacerlo de conformidad con la interpretación que de los mismos, en tanto normas constitucionales, haya realizado su supremo intérprete, el Tribunal Constitucional. Ciertamente esta mediación no es siempre necesaria, pues cabe que nuestro más Alto Tribunal no haya sentado jurisprudencia sobre unos u otros aspectos del objeto, contenido o límites de los derechos fundamentales. Pero, de existir esta interpretación jurisprudencial, la misma siempre tiene efectos vinculantes sobre la interpretación de los derechos fundamentales que puedan realizar los tribunales ordinarios, y esta última, además, es susceptible de control a través de la revisión de las resoluciones judiciales sobre derechos fundamentales en las distintas instancias y procesos judiciales ordinarios y, en su caso, ante el propio Tribunal Constitucional a través del recurso de amparo.

2.2. *La posición del juez como garante no jurisdiccional de los derechos fundamentales*

Los órganos judiciales ocupan en nuestro ordenamiento una especial posición como garantes de los derechos fundamentales, además de la que se deriva de su función de tutela jurisdiccional, que redunda en una mayor eficacia de éstos. En primer término, los juzgados y tribunales desempeñan, por expreso mandato constitucional, un papel de garante de algunos derechos fundamentales en los distintos procesos jurisdiccionales en los que su intervención es preceptiva para poner en práctica las limitaciones de aquéllos constitucionalmente previstas. Piénsese en la necesidad de intervención judicial para prolongar una privación administrativa de la libertad personal más allá del tiempo estrictamente necesario para las averiguaciones tendentes al esclarecimiento de hechos delictivos y, en todo caso, más allá de setenta y dos horas (art. 17.2 CE), para ordenar la entrada en un domicilio fuera de los casos de flagrante delito o autorización de su titular (art. 12.2 CE), para intervenir las comunicaciones postales, telefónicas, etc. (art. 18.3 CE), para ordenar el secuestro de publicaciones (art. 20.5 CE), o en fin para disolver una asociación (art. 22.4 CE).

Pero, además, en segundo lugar, el propio texto constitucional ha previsto que el legislador contemple la intervención de aquellos órganos judiciales en procesos no jurisdiccionales con la finalidad de garantizar cualquier derecho, incluidos, por tanto, también los fundamentales (art. 117.4 CE). Éste es el caso de la presencia de vocales de origen judicial en los Jurados de Expropiación Forzosa, prevista por el artículo 32 LEF para una mayor garantía del derecho de propiedad (art. 33 CE), de la composición también parcialmente judicial de las Juntas Electorales dispuesta por los artículos 8 a 22 LOREG, que está al servicio de la eficacia del derecho de sufragio activo y pasivo (art. 23 CE), o, en fin, de los procedimientos de la mal llamada «jurisdicción voluntaria» (arts. 1.811 a 1.918 LEC de 1881), que, en el caso de los procedimientos de menores, sirven a la garantía de sus derechos fundamentales dentro de las relaciones familiares.

En unos y otros casos, la presencia del órgano judicial no obedece a que éste tenga encomendada la función de tutela jurisdiccional del contenido de los derechos fundamentales, sino a reforzar orgánicamente el respeto de la libertad que éstos garantizan. La especial configuración orgánica de los juzgados y tribunales (independencia y sometimiento exclusivo al imperio de la ley), les hace acreedores de participar en los procesos en los que, de conformidad con las leyes que desarrollan el contenido de algunos derechos fundamentales, éstos pueden ser limitados o ejercidos, con independencia de que en unas ocasiones esa intervención se inserte en el marco de un procedimiento jurisdiccional y, en otras, no lo haga.

3. Dimensión objetiva de los derechos fundamentales: las políticas de derechos fundamentales

Como ya se dijo antes, el deber positivo de protección permite al Estado, y en ocasiones le obliga, a adoptar las garantías normativas necesarias para impedir que los poderes públicos o los particulares lesionen el derecho fundamental (por ejemplo, mediante la previsión de sanciones penales). También le permite ordenar normativamente el objeto del derecho fundamental con el fin de facilitar su ejercicio (por ejemplo, mediante la ordenación del espacio público para su uso por los particulares a través de los diferentes derechos y libertades). Y, por último, le permite, en esa ordenación normativa, atribuir a los particulares un derecho de prestación, es decir, un derecho a obtener de los poderes públicos los medios materiales necesarios para poder ejercitarlo. Con todo, de este genérico deber de protección no cabe deducir que la Constitución garantice específicos derechos subjetivos de prestación (STC 120/1990, FJ 4.º). Lo que no obsta a que existan concretos derechos de prestación que formen parte del contenido subjetivo de unos u otros derechos fundamentales, sobre todo, allí donde los medios de ejercicio del derecho son absolutamente necesarios para reconocer el derecho fundamental en su contenido esencial, pero eso es algo que debe determinarse de forma específica en la interpretación constitucionalmente adecuada de cada uno de ellos. Por el contrario, donde ello no sea así, y los medios de ejercicio no formen parte del contenido esencial del derecho, la concreción legislativa del grado de protección quedará en manos de la opción del poder público por una u otra política de derechos fundamentales, lo que dependerá de la ponderación que realice de la dimensión objetiva de dichos derechos, y los distintos bienes y valores constitucionalmente garantizados.

Ciertamente, nuestro texto constitucional también otorga en el cumplimiento de esta función un papel preponderante al legislador, que define las líneas generales de la política de derechos fundamentales. Sin embargo, en la medida en que la acción de los poderes públicos no conlleve directamente la necesidad de regulación del ejercicio o desarrollo del contenido de los derechos fundamentales, la participación de otros poderes públicos, cuya capacidad de actuación es más ágil y rápida, especialmente del Gobierno y de su Administración, se hace tanto más necesaria para desarrollar una u otra política de los derechos fundamentales. El grado de participación de unos y otros poderes públicos para, aplicando el mandato del artículo 9.2 CE, dotar de eficacia a los derechos fundamentales y realizar los fines que inspiran el Estado social, no es el mismo en todos los supuestos y depende, en buena medida, de si la puesta en práctica de esta política de protección requiere o no el uso de fondos públicos.

En efecto, la potestad presupuestaria que, ejercida a través de la forma jurídica de la Ley, compete conjuntamente al Gobierno y al Parlamento (nacional o autonómico según el reparto de competencias), permite, mediante las políticas de ingresos y gastos públicos completar el diseño de una determinada política de derechos fundamentales, esto es, dotar de contenido a la orientación política, a los medios y al grado de cumplimiento que el legislador quiera dar al mandato de protección de la libertad que se encuentra tras la dimensión objetiva de cada derecho. Por tanto, en múltiples ocasiones, sólo cuando se halla respaldada por la correspondiente previsión presupuestaria, resulta posible que el Gobierno, con el uso de su potestad reglamentaria, o las Administraciones Públicas, con su actuación ejecutando las disposiciones legales o reglamentarias, pongan en práctica esa política y lleguen a fomentar eficazmente el ejercicio de los derechos fundamentales. Piénsese, por ejemplo, en el desarrollo reglamentario de un plan plurianual de infraestructuras viarias por carretera o ferrocarril (al servicio de la libertad de circulación garantizada por el art. 19 CE), o, más concretamente, en la convocatoria de ayudas para el fomento de la creación artística, científica o técnica [al servicio de dicha libertad garantizada en el art. 20.1.*b*) CE], o de subvenciones para las asociaciones de interés público (al servicio del derecho de asociación del art. 22 CE).

En otros casos, por el contrario, donde no se requiera una política de gasto público, bastará una ordenación de los medios públicos o privados ya existentes para que el legislador, el Gobierno y la Administración (según el tratamiento normativo del derecho fundamental que quieran realizar) fomenten determinados aspectos de unos u otros derechos que consideran necesarios para optimizar su protección. Piénsese, por ejemplo, en las diversas fórmulas de ordenación del sector de las telecomunicaciones [orientada al fomento del ejercicio de las libertades de expresión e información del artículo 20.1.*a*) y *d*) CE], o en buena parte de la legislación que trata de hacer efectivo el contenido normativo de ciertos derechos fundamentales en las relaciones entre particulares, como la legislación laboral o la legislación en materia de consumidores y usuarios.

III. EFICACIA EN LAS RELACIONES JURÍDICO-PRIVADAS: LA EFICACIA HORIZONTAL

1. Vinculación negativa de los particulares a los derechos fundamentales

A diferencia de los poderes públicos, los particulares se encuentran vinculados negativamente a la Constitución y al ordenamiento jurídico, conforme a la interpretación que nuestro Tribunal Constitucional le ha dado al artículo 9.1 CE (STC 101/1983, FJ 3.º). De ello cabe deducir que, superados los tiempos en los que la normatividad de la Constitución estaba total o parcialmente en entredicho, los sujetos privados están, pues, también sujetos al respeto de los derechos fundamentales, aunque sean negativamente. A ello no obsta que el artículo 53.1 CE sólo haga mención de los poderes públicos, ni tampoco que nuestro texto constitucional, a diferencia de otros como el portugués, no contenga una cláusula que expresamente declare la obligatoriedad de los derechos fundamentales respecto de los particulares. Ya se vio cómo la mención del artículo 53.1 CE ha de entenderse, en consonancia con la genérica prescripción del artículo 9.1 CE, como el establecimiento de una vinculación positiva que afecta a aquéllos y no a los particulares, nunca como la ausencia de obligatoriedad de los derechos fundamentales respecto de estos últimos (STC 177/1988, FFJJ 3.º y 4.º), por más que parte de la doctrina así lo haya pretendido.

Por tanto, los particulares, aun obligados por los derechos fundamentales, no deben maximizar el ámbito de libertad protegido por éstos, y tampoco son los destinatarios de un deber de protección de los mismos, derivado de su dimensión objetiva. Sin embargo, de su cumplimiento por parte del legislador, verdadero destinatario de este deber de protección, sí pueden nacer concretas fórmulas que, con la finalidad de dotar de eficacia a los derechos fundamentales en las relaciones entre particulares (*Drittwirkung*), es decir, de prevenir la eficacia de la obligación de respeto de los derechos que se deriva de su vinculación negativa, concreten aquella obligación mediante el establecimiento de deberes o limitaciones legales a su capacidad de actuación autónoma. Lo que procede, entonces, es desentrañar cuál es la concreta eficacia de los derechos fundamentales en las relaciones privadas, esto es, si la misma es directa o indirecta, para lo cual será necesario tener en cuenta la diversidad de posiciones jurídicas en las que se pueden encontrar los particulares en el seno de dichas relaciones y la consiguiente difuminación tanto de la vigencia de la autonomía privada como de la tradicional distinción entre derecho público y derecho privado.

El hecho de que los particulares se encuentren negativamente vinculados por los derechos fundamentales deja claro ya que éstos despliegan respecto de aquéllos algún tipo de eficacia, sea cual sea el tipo de ésta, y al mismo tiempo que esta eficacia no es idéntica a la que despliegan respecto de los poderes públicos, vinculados positivamente a ellos. No cabe, por consiguiente, seguir concibiendo a los derechos fundamentales como derechos públicos subjetivos, cuyo único destinatario es el Estado. En efecto, la eficacia de los derechos fundamentales en las relaciones entre particulares también ha encontrado su hueco en la jurisdicción ordinaria a través de los diferentes mecanismos de tutela de los derechos fundamentales regulados en la legislación procesal civil, penal o laboral, que la contemplan precisamente frente a su lesión por los particulares, e incluso ante el Tribunal Constitucional mediante el subsidiario recurso de amparo, gracias a una generosa interpretación del artículo 44 LOTC.

2. La eficacia de los derechos fundamentales entre y frente a los particulares

2.1. *Autonomía privada y derechos fundamentales*

La posición de quienes se han opuesto a que los derechos fundamentales posean algún tipo de eficacia sobre los particulares o a que, en su caso, dicha eficacia sea directa e inmediata, se apoyan en que la libertad e igualdad garantizadas por el Estado constitucional democrático sirven al disfrute de una autonomía individual de la voluntad que se vería seriamente comprometida con la eficacia horizontal de aquéllos. Sin embargo, este clásico pensamiento liberal se apoya en una serie de tópicos que se han revelado total o parcialmente falsos.

En efecto, se parte de que los individuos ocupan una posición de libertad e igualdad natural por lo que sus relaciones sociales, presididas por la autonomía privada, deben ser ajenas a la regulación jurídico-pública que conllevaría la eficacia de los derechos fundamentales con el fin de evitar la quiebra de esta paridad consustancial a la sociedad. Ha de tenerse en cuenta, no obstante, que profundas transformaciones sociales y económicas han conducido a una superación del individuo físico como unidad a la que referir la autonomía privada. Los procesos de concentración y monopolización del poder social, económico o informativo esconden la privilegiada posición de ciertos individuos u organizaciones cuyo predominio anula o compromete gravemente ese mínimo de libertad e igualdad que constituye el presupuesto de la autonomía privada. Una desnaturalización de los presupuestos de la autonomía privada que, además, amenaza con degradar el Estado liberal democrático, sustituyendo la soberanía de las generaciones vivas (libres e iguales) por una soberanía de aquellos poderes socioeconómicos hegemónicos.

Precisamente por ello nuestro texto constitucional ha concebido al Estado, además de como Estado democrático de derecho, como Estado social, y ha encomendado a su aparato la remoción de los obstáculos que hacen que dicha libertad e igualdad individual o colectiva no sean reales y efectivas (art. 9.2 CE), con el fin de evitar la desnaturalización de las otras dos características estructurales del mismo. Un primer elemento al servicio de esta tarea es sin duda la extensión de la obligatoriedad de los derechos fundamentales a las relaciones jurídico-privadas. De ahí que, aunque el texto constitucional continúe viendo en la autonomía privada una de las expresiones de la libertad e igualdad garantizadas a los individuos, e incluso dé amparo constitucional a la formación de algunas de estas situaciones de predominio socioeconómico (como en la garantía de la libertad de empresa del art. 38 CE o en la garantía del derecho de propiedad y de herencia del art. 33 CE), no sea menos cierto que dentro de dichas situaciones deben cobrar también vigencia los derechos fundamentales en tanto principios objetivos que sirven de fundamento del orden político y de la paz social (art. 10.1 CE) y de instrumento de alteración y configuración de las relaciones sociales (STC 114/1995, FJ 2.º).

2.2. *¿Eficacia directa o indirecta?: las diversas posiciones en las que se encuentran los sujetos privados en relación con los derechos fundamentales*

A la hora de atribuir eficacia a los derechos fundamentales en las relaciones entre particulares, la doctrina y la jurisprudencia constitucional, sobre todo la alemana, han barajado dos opciones. La primera, consistente en reconocer a los derechos fundamentales *eficacia directa o inmediata*, permitiría a los individuos invocar directamente ante los órganos jurisdiccionales encargados de su garantía la lesión por parte de otro particular de los derechos y libertades constitucionalmente garantizados, haciéndolos valer como auténticos derechos subjetivos ante los órganos jurisdiccionales sin necesidad de la mediación del legislador en la provisión de una posición jurídico-subjetiva que ya poseerían directamente *ex constitutione*. La segunda, por el contrario, nacida como reacción ante las severísimas limitaciones que la primera impondría a la autonomía privada, confiere a los derechos fundamentales únicamente *eficacia indirecta o mediata*, por lo que los particulares sólo obtendrían su tutela indirectamente a través de las posiciones jurídico-subjetivas que el legislador les haya atribuido al regular las relaciones privadas, esto es, sólo como consecuencia del desarrollo por parte de los poderes públicos de la dimensión objetiva de los derechos. Mientras la eficacia directa plantea en muchas ocasiones la dificultad de delimitar el contenido de los derechos fundamentales esgrimibles por los sujetos intervinientes en la relación jurídico-privada, la indirecta resulta difícilmente justiciable en caso de omisión legislativa o de una defectuosa transposición por el legislador, al considerarse las posiciones jurídico-subjetivas de un particular frente a otro como huérfanas de iusfundamentalidad.

Darle una solución a este problema no resulta nada fácil. Buena prueba de ello es que se han tratado de ver en nuestra jurisprudencia constitucional apoyos implícitos para una y otra tesis. Sin embargo, a nuestro entender, de lo expuesto anteriormente se desprende, con cierto aval del Tribunal Constitucional (SSTC 18/1984, FJ 3.º; STC 88/1985, FJ 2.º, y 55/1996, FJ 5.º), que nuestra CE de 1978 ha querido atribuir a los derechos fundamentales una *eficacia directa matizada*. Desde esta posición no cabe concluir que los mismos sólo poseen eficacia de carácter legal en los términos establecidos por el legislador, aunque tampoco que todo el contenido de cualquier derecho fundamental es directamente oponible a los particulares. Es preciso delimitar correctamente el contenido del derecho fundamental que se esgrime en cada concreta relación jurídico-privada en función de la naturaleza del propio derecho y de la relación de que se trate, pues ambos pueden hacer variar la posición en la que se encuentra el particular y, con ello, la eficacia del derecho fundamental frente a los particulares. Para clarificar el significado de esta eficacia matizada veamos la inexactitud de algunos de los argumentos utilizados por los defensores de la eficacia directa e indirecta, respectivamente.

Del lado de la eficacia indirecta, se parte de considerar en su origen a los derechos fundamentales como derechos públicos subjetivos, por lo que su eficacia entre particulares sería un efecto posterior que ha de ser derivado de su dimensión objetiva. Esto es parcialmente incierto, puesto que existen derechos fundamentales cuyo objeto es la garantía de un ámbito de libertad precisamente en las relaciones entre particulares, por lo que están concebidos para ser oponibles primordialmente frente a éstos y sólo secundariamente frente al Estado (como el derecho de huelga del art. 28.1 CE, la libertad sindical del art. 28.2 CE, o el derecho a la negociación colectiva del art. 37 CE). Al mismo tiempo existen otros derechos cuyo objeto, al ser derechos de contenido básicamente participativo, les hace oponibles casi exclusivamente ante los poderes públicos (como el derecho de sufragio y el de acceso a cargos y funciones públicas del art. 23 CE, o el derecho a la legalidad penal del art. 25 CE). En muchos otros derechos está presente una eficacia pluridireccional, lo que les hace oponibles, en principio, con igual intensidad frente al Estado y frente a los particulares (piénsese en la libertad ideológica del art. 16 CE, en la libertad de expresión del art. 20 CE, en el derecho a la intimidad del art. 18.1 CE, etc.).

Y, del lado de la eficacia directa, se parte de que su concreción judicial pasa siempre por la técnica de la ponderación entre derechos, dada la igual posición que, en lo relativo a la posesión de derechos fundamentales, ocupan los sujetos de una relación jurídico-privada. Ello también es parcialmente incierto, no sólo por lo errático que desde el punto de vista de la técnica constitucional resulta para la supremacía de la Constitución el manejo de la ponderación de bienes o derechos. Ciertamente existen relaciones privadas en las que ambos sujetos ejercen un derecho fundamental, como en las relaciones laborales por ejemplo, donde los poderes de dirección del empresario se amparan en su libertad de empresa del artículo 38 CE, mientras que la libertad sindical o de expresión del trabajador lo hacen en los artículos 28.2 CE y 20.1.*a*) CE, respectivamente. Sin embargo, son posibles otras relaciones privadas en las que un sujeto ejerza derechos fundamentales y el otro, por el contrario, no (como, por ejemplo, en las relaciones paterno-filiales, donde los padres cumplen en virtud del artículo 39.2 CE un mandato de protección del menor y no son titulares de derechos fundamentales frente a éstos, mientras que los hijos sí pueden recabar de sus padres el respeto de sus derechos durante el ejercicio de la patria potestad).

Esta última comprobación de la desigual posición jurídica iusfundamental en la que se pueden encontrar los partícipes en una relación jurídico-privada viene a desmontar también otro presupuesto en el que se asientan los partidarios de una eficacia mediata de los derechos fundamentales, concretamente el relativo a su presunta igualdad (lo que explica la calificación de eficacia horizontal). La aparición de situaciones de predominio de unos sujetos sociales (empresarios, comerciantes, padres, etc.) sobre otros más débiles (trabajadores, consumidores, hijos, etc.), termina por desmentir el mito de la libertad e igualdad naturales en el que se asienta el dogma de la autonomía privada, y convierte muchas de las relaciones jurídico-privadas en relaciones análogas a las del poder público. Estas relaciones sociales desiguales pueden servir para desconocer la vigencia de las libertades constitucionalmente reconocidas, por lo que para prevenir dicha situación en un Estado social y democrático de Derecho como el nuestro sólo queda, ante la posible insuficiencia de la acción legislativa, el reconocimiento de una eficacia directa de los derechos fundamentales.

Como se ha visto, esta diversidad de posiciones fácticas y jurídicas que pueden ocupar los particulares en las relaciones jurídico-privadas matiza la eficacia directa de los derechos fundamentales en las mismas. La capacidad de penetración de estos derechos en las relaciones privadas, y del consiguiente sacrificio de la autonomía de la voluntad, deberá ser tanto mayor cuanto más lo sea la asimetría de aquéllas, de forma análoga a lo que sucede con una relación de poder público. Tal es el caso de relaciones como la laboral, la paterno-filial o la de consumo en las que una de las partes ostenta una posición de clara superioridad fáctica frente a la otra y el objeto de la relación privada es un bien constitucionalmente garantizado por su escasez (trabajo) o por su importancia para el desarrollo social (patria potestad o consumo). La concreta eficacia que desplieguen los derechos fundamentales en las relaciones entre particulares dependerá, sin embargo, de cada derecho y de cada relación.

2.3. *La paulatina pérdida de vigencia de la distinción entre derecho privado y derecho público: las relaciones laborales y paterno-filiales*

La transformación que ha sufrido el ordenamiento como consecuencia del reconocimiento de esta eficacia directa en las relaciones privadas pone de manifiesto el progresivo *desdibujamiento de la línea divisoria* que separa la dicotomía tradicional *entre derecho público y derecho privado* (STC 18/1984, FJ 3.º), en crisis desde hace tiempo. Ciertamente, no se puede pretender la desaparición de la frontera entre las dos esferas, la pública y la privada, porque la absorción de la sociedad por el Estado sería característica de un régimen totalitario e implicaría justamente, como efecto contrario, el absoluto desconocimiento de los derechos fundamentales. Pero no puede negarse que esa frontera se ha ido difuminando y ha sido sustituida por un progresivo entrecruzamiento de ambas esferas. De un lado, el de la *privatización de la esfera pública*, aparecen fenómenos como el de la «huida» del Derecho Administrativo o la privatización de los servicios públicos. Y, de otro lado, que es el que aquí interesa, el de la *publificación de la esfera privada*, ciertas relaciones jurídicas-privadas se han visto publificadas tanto por la injerencia del poder público en la ordenación de las mismas, que ya no quedan a la libre autonomía de voluntad de las partes, como, más concretamente, por la presencia de los derechos fundamentales, instrumentos del derecho público por excelencia, con el fin de garantizar en el seno de las relaciones privadas ciertas esferas de libertad e igualdad frente a los poderes socioeconómicos.

Dos buenos campos de prueba de la difuminación de la distinción entre derecho público y derecho privado por la aplicación de esta eficacia directa matizada son los de las relaciones laborales y las relaciones paterno-filiales. Normalmente ha sido el legislador del ET o de la LOLS el encargado de concretar indirectamente la eficacia de los derechos fundamentales en el seno de las *relaciones laborales*, dando con ello desarrollo a su dimensión objetiva. Sin embargo, en los casos en los que la regulación legal no ha realizado esta publificación de las relaciones laborales, la propia jurisprudencia constitucional se ha encargado de limitar el alcance de la autonomía de la voluntad en el contrato de trabajo en beneficio del trabajador, para hacer valer la eficacia de sus derechos fundamentales no específicamente propios de la relación laboral (intimidad, propia imagen, libertad ideológica, libertad de expresión, etc.) frente a los poderes de dirección y organización del empresario. De ahí que con carácter general se pueda decir que este último sólo puede restringir el ejercicio de los derechos fundamentales del trabajador cuando ello sea necesario para la realización de los fines empresariales garantizados por el cumplimiento de las obligaciones contractuales (SSTC 120/1983, FJ 2.º; 88/1985, FJ 2.º).

Mayor margen de actuación le confiere la jurisprudencia constitucional a la eficacia de los derechos fundamentales de carácter laboral (libertad sindical y huelga), que se pueden ejercer por el trabajador incluso en oposición a los fines empresariales, sin que ello conlleve el incumplimiento de las obligaciones contractuales (SSTC 94/1995, FJ 5.º; 90/1997, FJ 4.º). Con dicho ejercicio, sin embargo, no cabe que el trabajador menoscabe los intereses empresariales con una finalidad distinta de la de defender sus intereses como trabajador en el conflicto colectivo, o la de representar a los trabajadores para la mejora de las condiciones laborales.

A nuestro modo de ver, estos parámetros debieran servir como modelo para la publificación de la *relación paterno-filial* que, aunque de contenido radicalmente diverso, formalmente se encuentra presidida por unos principios muy semejantes: la superioridad fáctica de unos sujetos, los padres (a los que, además, el texto constitucional ha encomendado la protección del menor), y la vigencia de los derechos fundamentales en el interior de la relación paterno-filial. Con todo, el movimiento legislativo dado por el CC o por la LOPJM hacia la publificación de esta relación, y el reconocimiento de eficacia directa al ejercicio de sus derechos fundamentales por parte del menor frente a sus padres o guardadores legales, es aún muy lento y está lejos de alcanzar las cotas del derecho laboral, lo que hace tanto más necesaria la labor constructiva del Tribunal Constitucional al que por el momento le cuesta pronunciarse a este respecto.

IV. BIBLIOGRAFÍA

BILBAO UBILLOS, Juan María: *La eficacia de los derechos fundamentales frente a particulares*, CEPYC, Madrid, 1997.

DÍEZ-PICAZO, Luis María: *Sistema de derechos fundamentales*, Thomson/Cívitas, Madrid, 2003.

GARCÍA TORRES, Jesús: «Reflexiones sobre la eficacia vinculante de los derechos fundamentales», *Poder Judicial*, 1988, n.º 10, pp. 11 ss.

GARCÍA TORRES, Jesús, y JIMÉNEZ-BLANCO, Antonio: *Derechos fundamentales y relaciones entre particulares*, Cívitas, Madrid, 1986.

HESSE, Konrad: *Derecho constitucional y derecho privado*, Cívitas, Madrid, 1995.

JIMÉNEZ CAMPO, Javier: *Derechos fundamentales. Concepto y garantías*, Trotta, Madrid, 1999.

MARTÍN-RETORTILLO BAQUER, Lorenzo, y OTTO Y PARDO, Ignacio de: *Derechos fundamentales y Constitución*, Cívitas, Madrid, 1988.

CAPÍTULO 9

LAS GARANTÍAS DE LOS DERECHOS FUNDAMENTALES

I. INTRODUCCIÓN

Ya el artículo 16 de la Declaración de Derechos del Hombre y el Ciudadano puso de manifiesto cómo de nada vale el reconocimiento de una serie de derechos, si no se rodea de instrumentos que aseguren su eficacia.

Un derecho no tiene la consideración de fundamental por contar con unas garantías específicas, pero lo cierto es que este refuerzo en su protección, si se compara con la que se dispensa a otras normas constitucionales, se convierte en uno de sus elementos más característicos. En la actualidad algunas de estas garantías pueden deducirse del enunciado de cada derecho, recibiendo por ello el calificativo de internas, como se ha visto al estudiar los derechos de libertad, las garantías institucionales o los derechos de prestación. Pero también existen otros preceptos constitucionales, diferentes a los que acogen singularmente a los distintos derechos, que contemplan mecanismos de protección, denominados por este motivo externos, cuyos beneficiarios son todos o gran parte de los derechos. Dejando a un lado garantías externas tan genéricas como las que se derivan de los principios estructurales de nuestro ordenamiento, nos centraremos en otras más concretas, de muy variada índole, que en su mayoría también se han estudiado ya en páginas precedentes. Nos estamos refiriendo, de un lado, a garantías sustantivas, como el respeto al contenido esencial del derecho, y, de otro, a garantías procedimentales, como la reforma agravada de la Sección 1.ª del Capítulo II del Título I de la CE, las reservas de ley sobre el desarrollo y la regulación del ejercicio de los derechos o los límites materiales a los que se somete al decreto legislativo y al decreto-ley. A fin de evitar reiteraciones innecesarias nos remitimos a lo ya dicho sobre estas cuestiones y sólo trataremos aquellas garantías externas que aún no han sido abordadas. No son otras que las llamadas garantías orgánicas, esto es, las dispensadas por instituciones, jurisdiccionales o no, a las que se les encomienda la salvaguarda de los derechos. Por tanto, en sentido estricto, los epígrafes que siguen se ocuparán más de la tutela que de las garantías de los derechos fundamentales. Una tutela que más allá del ámbito estatal se extiende a la que ofrecen en el plano internacional el Tribunal de Justicia (TJ) y el Tribunal Europeo de Derechos Humanos (TEDH), en atención al reconocimiento, no constitucional, sino convencional que reciben algunos derechos. Aún así la coincidencia entre ambos, la relevancia de la jurisprudencia de los Tribunales señalados a los efectos del artículo 10.2 CE y de la definición del contenido de los derechos fundamentales (STC 91/2000) hace que resulte obligada una referencia, aunque sea breve, a esta dimensión internacional de la tutela.

II. GARANTÍAS ORGÁNICAS NO JURISDICCIONALES

1. EL DEFENSOR DEL PUEBLO Y SUS FIGURAS AFINES EN LAS COMUNIDADES AUTÓNOMAS

Ante la insuficiencia demostrada por los mecanismos clásicos de fiscalización de los poderes públicos, los ordenamientos establecen nuevos instrumentos de control buscando una mayor eficacia. En esta línea, son muchos los sistemas jurídicos que, tanto en la órbita continental como en la del *common law*, acogen la figura escandinava del *ombudsman*, en unos casos respetando las notas que lo caracterizan (órgano auxiliar del Parlamento que realiza, de oficio o a instancia ciudadana, un control autónomo de la actuación administrativa, sin que pueda por sí solo revocarla) y en otros, por ejemplo, Francia y Gran Bretaña, desvirtuando sus elementos esenciales (órgano del Gobierno que actúa sólo a instancia parlamentaria), aunque no su tradicional objetivo de garantizar el buen funcionamiento de la Administración.

Nuestra Constitución no es ajena a la tendencia señalada y en su artículo 54 acoge la figura del Defensor del Pueblo. Se trata, pues, de un órgano constitucionalizado; de un órgano auxiliar, en tanto desarrolla funciones técnicas que, sin incidir en la creación normativa, contribuyen a una correcta actuación estatal; y, por último, de un órgano funcionalmente autónomo de las Cortes Generales, como asegura y prueba la mayoría de tres quintos exigida para su nombramiento y cese, su régimen de incompatibilidades, el disfrute de unas prerrogativas similares a las parlamentarias, una duración del mandato superior a la de la legislatura, la posibilidad de actuar cuando las Cortes no están operativas o de recurrir sus disposiciones ante el Tribunal Constitucional (art. 1 de la Ley Orgánica 3/1981, de 6 de abril, del Defensor del Pueblo —LODP—).

Pero más allá del breve recordatorio de estas cuestiones, lo que aquí interesa son las funciones que se confieren a la institución, pues es su consideración como garantía orgánica de los derechos fundamentales, lo que justifica esta referencia al Defensor del Pueblo.

El artículo 54 CE construye esta figura en torno a la protección de los derechos reconocidos en el Título I. Al Defensor del Pueblo le corresponde controlar la actuación de cualquier Administración Pública y sus agentes, empleando como parámetro principal los derechos fundamentales. Ello no empece para que la LODP, que desarrolla el artículo 54 CE, ligue en el artículo 9 su actuación a la salvaguarda del artículo 103 CE; pero la vulneración de los principios de servicio objetivo a los intereses generales, jerarquía, eficacia, descentralización, desconcentración, coordinación y legalidad, que en él se mencionan, deben ser únicamente relevantes para el Defensor del Pueblo en la medida en que afecten a algún derecho fundamental.

También hay que tener presente que, tal y como se ha apuntado, el control que realiza el Defensor del Pueblo en ningún caso es directamente sancionador.

Las competencias que se le confieren tienen una doble naturaleza: *inquisitiva* y *requirente*.

Función inquisitiva.—La fiscalización se inicia de oficio o a instancia de algún miembro u órgano del Parlamento —Diputados, Senadores, Comisiones de investigación, Comisiones para la protección de derechos, Comisión mixta de relaciones con el Defensor— o de cualquier persona, natural o jurídica con interés legítimo, que le haga llegar su queja (arts. 9 y 10 LODP). La presentación de esta queja, en el plazo de un año desde que se tiene conocimiento de los hechos que son su objeto, no requiere ningún tipo de formalidades, más que la identificación del interesado, sin que sea preceptiva asistencia letrada ni de procurador (art. 15 LODP). El Defensor, una vez que registra y acusa recibo de la queja, podrá rechazarla, si se trata de quejas anónimas, con mala fe, sin fundamento, sin pretensión o perjudiciales para los derechos de un tercero. El rechazo se realizará en escrito motivado, contra el que no cabe recurso, informando de las vías pertinentes, si las hubiera, para canalizar la acción (art. 17 LODP). Tampoco entrará en el examen individual de aquellas quejas sobre las que esté pendiente resolución judicial y lo suspenderá si, iniciada su actuación, los interesados interpusieran demanda o recurso ante los tribunales ordinarios o el Tribunal Constitucional (art. 17 LODP). Si, por el contrario, tramita la queja, se inicia una investigación tendente al esclarecimiento de los hechos. Una vez recibidos los informes que el jefe del organismo afectado o el superior jerárquico del funcionario implicado deben proporcionarle a riesgo de incurrir en delito de desobediencia, oído el presunto causante de la lesión y practicadas una serie de pesquisas sumarias e informales en las que todos deben colaborar, el Defensor del Pueblo puede constatar lo fundado de la queja. De ser así, lo comunicará a los implicados, realizando las advertencias y sugerencias que estime adecuadas, por ejemplo, la revocación o modificación de la disposición o acto lesivo del derecho (arts. 18 ss. LODP).

Función requirente.—Cuando injustificadamente tales recomendaciones no encuentran acogida, el Defensor del Pueblo, al carecer por sí mismo de potestad sancionadora, ejercerá su competencia *requirente*, esto es, transmitirá la existencia de la lesión a quiénes puedan adoptar las medidas oportunas para el restablecimiento del derecho —órganos administrativos correspondientes, Fiscal General del Estado, Parlamento, Tribunal Constitucional, según el caso— (arts. 29 y 30 LODP). Quizás sean estos dos últimos supuestos los que revistan una mayor importancia. De un lado, el Parlamento, como órgano fiscalizador de la actuación gubernativa, ofrecerá a la labor del Defensor una mayor publicidad cuando presente su informe anual ordinario, en el que dará cuenta del número de quejas, del resultado de las investigaciones, del contenido de sus recomendaciones y de los obstáculos que haya encontrado en el ejercicio de sus funciones, sin perjuicio de la elaboración de otros informes extraordinarios al hilo de asuntos que requieran una respuesta inmediata (art. 32 LODP). De otro lado, la legitimación del Defensor del Pueblo ante el Tribunal Constitucional (art. 162 CE) puede servir, en el recurso de inconstitucionalidad, como una vía que permita a los ciudadanos impulsar indirectamente este procedimiento con el fin de expulsar del ordenamiento a aquellas normas con rango de ley que lesionen cualquier derecho del Título I o cualquier otro precepto constitucional. En el recurso de amparo, sin embargo, el papel del Defensor del Pueblo se restringe en cuanto al objeto de protección, sólo los derechos contenidos en los artículos 14 a 30 CE, y al ámbito de su actuación, sólo si el afectado se inhibe, no así en cuanto al objeto del recurso que se amplía a toda disposición infralegal, acto o vía de hecho de los poderes públicos. Un acceso que, sin embargo, paradójicamente se le niega en el ámbito contencioso-administrativo, vía jurisdiccional previa al recurso de amparo cuando la vulneración del derecho es imputable a la Administración (art. 19 de la Ley 29/1998, de 13 de julio, reguladora de la Jurisdicción Contencioso-administrativa —LJCA—); de lo que se deduce que la legitimación del Defensor del Pueblo ante la jurisdicción constitucional queda condicionada a que aquellos que tengan un interés legítimo acudan a la jurisdicción ordinaria, pero desistan en su empeño ante el Tribunal Constitucional. En definitiva, no se puede exigir al Defensor del Pueblo que sea parte en el proceso judicial previo, pero éste tiene que haber tenido lugar si el *Ombudsman* quiere recurrir en amparo (STC 86/1985).

La relevancia de la institución, como garante del sometimiento de la actuación administrativa a los derechos fundamentales, y su calado entre los ciudadanos, llevó a algunas *Comunidades Autónomas* a introducir, mayoritariamente a través de sus respectivos Estatutos de Autonomía, una *figura equivalente*, que reproduce en gran medida el modelo estatal, en tanto persigue la defensa de los derechos del Título I CE y el control de la Administración autonómica e, incluso, en ciertos casos, de la local. Las indudables ventajas que pudiera proporcionar este mecanismo adicional de control se ponen en entredicho con el solapamiento funcional que provoca la ausencia de un reparto claro de competencias o de, al menos, alguna fórmula de coordinación entre estas instituciones. La Ley 36/1985, de 6 de noviembre, por la que se regulan las relaciones entre la institución del Defensor del Pueblo y las figuras similares en las distintas Comunidades Autónomas, las leyes reguladoras de los *Ombudsmen* autonómicos y las SSTC 142/1988 y 157/1988 intentaron sin mucha fortuna articular instrumentos de colaboración. Teóricamente el Defensor del Pueblo estatal y los autonómicos deben delimitar en un Acuerdo los términos de sus respectivas actuaciones cuando supervisen a los entes antedichos. No obstante, en la práctica, el Defensor del Pueblo permite que los *Ombudsmen* autonómicos controlen en exclusiva a la Administración local. Respecto de la Administración autonómica hay concurrencia competencial, pues, puede realizar esa función cualquiera de los dos órganos, remitiendo el expediente del caso al Comisionado territorial, si es el Defensor del Pueblo quien se encarga de la fiscalización. Cuando el asunto incide tanto en la Administración central como en la autonómica, se es más proclive a que cada uno se circunscriba a lo que afecte a su ámbito respectivo. Por último, el control de la Administración periférica del Estado correspondería al Defensor del Pueblo. Este grado de indefinición en el alcance de las competencias respectivas merma considerablemente la eficacia que la existencia de un doble mecanismo de control orgánico no jurisdiccional hacía presagiar.

2. El Ministerio Fiscal

El Ministerio Fiscal tiene por misión promover la acción de la justicia en defensa de la legalidad, de los derechos de los ciudadanos y del interés público tutelado por la ley, de oficio o a petición de los interesados, así como velar por la independencia de los tribunales y procurar ante éstos la satisfacción del interés social (arts. 124 CE y 1 de la Ley 50/1981, de 30 de diciembre, por la que se regula el Estatuto Orgánico del Ministerio Fiscal —LEOMF—). Para el cumplimiento de su función de garante de los derechos de los ciudadanos se le encomiendan una serie de competencias específicas como la de vigilar que se respeten las instituciones constitucionales y los derechos fundamentales y libertades públicas con cuantas actuaciones exija su defensa; intervenir en los procesos judiciales de amparo; interponer recurso de amparo constitucional y participar en todo caso en este procedimiento como defensor de la legalidad. En otros supuestos también desarrollará indirectamente el mismo papel, asegurando que los órganos jurisdiccionales puedan dispensar una protección a los derechos fundamentales con todas las garantías. Ello se desprende del encargo de adoptar las medidas oportunas en defensa de la independencia de los jueces y tribunales o de velar por un ejercicio eficaz de la función jurisdiccional conforme a las leyes y por el cumplimiento de las resoluciones judiciales que afecten al interés público y social. También el Ministerio Fiscal podrá ejercitar las acciones penales y civiles dominantes; recibir denuncias, enviándolas a la autoridad judicial; intervenir en el proceso penal instando la adopción de medidas cautelares o la práctica de diligencias; instruir el procedimiento de responsabilidad penal de menores; asumir o promover la representación y defensa en juicio y fuera de él de quienes no puedan actuar por sí mismos y fomentar el auxilio judicial internacional (arts. 3 a 5 LEOMF). En definitiva es la especial posición institucional que la Constitución confiere al Ministerio Fiscal la que permite, tal y como pone de relieve la STC 86/1985 refiriéndose al amparo, que este órgano sea una pieza fundamental en la defensa de los derechos fundamentales «no porque ostente su titularidad, sino como portador del interés público en la integridad y efectividad de tales derechos».

3. Las funciones no jurisdiccionales de los órganos judiciales

El artículo 117.4 CE amplía las funciones de los juzgados y tribunales, admitiendo que fuera del ejercicio de la potestad jurisdiccional, puedan asumir otras que la ley les confiera en garantía de cualquier derecho. Este precepto alude entonces al papel que los jueces desempeñan no cuando tutelan, sino cuando salvaguardan los derechos fundamentales, lo que, por ejemplo, podría suceder, dependiendo del concepto de jurisdicción que se maneje, en aquellos supuestos en los que la intervención judicial resulta obligada para que operen ciertas limitaciones sobre los mismos. A esta finalidad responde, de una parte, la necesaria puesta a disposición judicial del detenido tan pronto se hayan realizado las averiguaciones tendentes al esclarecimiento de los hechos y, en todo caso, nunca más tarde de setenta y dos horas (art. 17.2 CE) y, de otra, el que sólo por resolución judicial se pueda ordenar la entrada en un domicilio sin que medie consentimiento del titular o se esté cometiendo un delito flagrante (art. 18.2 CE); intervenir comunicaciones (art. 18.3 CE); secuestrar publicaciones, grabaciones y otros medios de información (art. 20.5 CE) y suspender o disolver asociaciones (art. 22.4 CE).

Pero el artículo 117.4 CE sirve especialmente de cobertura a otros casos en los que en atención al estatuto de los miembros del Poder Judicial, especialmente a su independencia, se cuenta con su intervención en procesos no jurisdiccionales para ofrecer una mejor garantía de ciertos derechos fundamentales. Es lo que sucede respecto del derecho de propiedad (art. 33 CE) en los Jurados de Expropiación Forzosa, que, aunque de naturaleza administrativa, son presididos por un Magistrado designado por el Presidente de cada Audiencia Provincial (art. 32 de la Ley de 16 de diciembre de 1954 de Expropiación Forzosa —LEF—) o respecto del derecho de sufragio (art. 23 CE) en las Juntas Electorales, que, como se verá en el siguiente epígrafe, cumpliendo también funciones de índole administrativa, están parcialmente integradas por jueces o, por último, respecto de los derechos de los menores en lo que se conoce como «jurisdicción» voluntaria.

4. Otras garantías orgánicas especiales

Más allá de la tutela que ofrece el Defensor del Pueblo y sus equivalentes autonómicos a cualquier derecho del Título I y del papel que desempeña el Ministerio Fiscal, existen derechos que cuentan con una garantía orgánica específica. Sin ánimo de ser exhaustivos, pues su estudio particular se realizará al hilo del análisis del derecho fundamental que en cada caso proceda, puede destacarse, a título de ejemplo, por su importancia la Agencia de Protección de Datos y la Administración electoral.

La *Agencia de Protección de Datos*, ente de derecho público con personalidad jurídica propia y plena independencia de las Administraciones Públicas, persigue asegurar el respeto al derecho fundamental a la protección de datos personales, que se deriva del artículo 18.4 CE, según se desprende de una reiterada jurisprudencia constitucional (SSTC 290/2000 y 292/2000). Este derecho garantiza a su titular un poder de control y disposición sobre sus datos personales, confiriéndole un haz de facultades que le permitirá consentir la recogida y uso de los mismos, ser informado de quién posee sus datos y con qué finalidad u oponerse y poner fin a esa posesión y uso. El establecimiento de la Agencia facilita el ejercicio de estos derechos, pues con este fin inscribe en su Registro, a efectos de publicidad, los ficheros de titularidad pública y privada; previene cualquier vulneración de la normativa vigente mediante el dictado de instrucciones; llegado el caso, fiscaliza, de oficio o a instancia de los afectados, los ficheros para recabar cuanta información precise; requiere a los responsables y encargados de los mismos la adopción de las medidas pertinentes; ejerce, en último término, la potestad sancionadora e insta la incoación de expedientes disciplinarios si las infracciones fueron cometidas en ficheros de la Administración Pública y, por último, redacta una Memoria anual de sus actividades para las Cortes Generales (arts. 37 ss. de la Ley Orgánica 15/1999, de 13 de diciembre, de protección de datos de carácter personal —LPDCP— y arts. 3 ss. del Real Decreto 428/1993, de 26 de marzo, por el que se aprueba el Estatuto de la Agencia de Protección de Datos). Algunas de estas funciones, cuando afectan a ficheros de datos creados o gestionados por las Comunidades Autónomas o por la Administración local, pueden ser desarrolladas por órganos autonómicos; de ahí que resulte imprescindible que estas instituciones cooperen, intercambiándose información o coordinando sus criterios y procedimientos de actuación (art. 41 LPDCP).

La *Administración electoral* está al servicio de la transparencia y la objetividad del proceso electoral, así como del principio de igualdad; por ello, ofrece una garantía más a los derechos reconocidos en el artículo 23 CE (STC 154/1988). Desde esta perspectiva funcional, la Oficina del Censo desarrolla un papel capital cuando lo elabora y actualiza, pues la aparición en el mismo es indispensable para ejercer el derecho de sufragio activo (arts. 29 ss. de la Ley Orgánica de Régimen Electoral General —LOREG—). También las Mesas Electorales protegen la libertad y el secreto del voto, así como su carácter personal y directo (arts. 25 ss. LOREG); mientras que las Juntas Electorales, entre otras muchas tareas, imparten instrucciones, solucionan dudas e interpretan la normativa electoral; resuelven quejas, reclamaciones y recursos en este ámbito; corrigen infracciones (arts. 19 ss. LOREG); proclaman a los candidatos, una vez comprobado que cumplen todos los requisitos exigidos (arts. 44 ss. LOREG); declaran inelegibles a candidatos ya proclamados a los que de modo sobrevenido una sentencia judicial firme les haya privado de su capacidad jurídica electoral (STC 144/1999); distribuyen espacios electorales (arts. 59 ss. LOREG); levantan acta de escrutinio y proclaman a los candidatos electos (arts. 103 ss. LOREG), buscando siempre el recto ejercicio de los derechos de sufragio activo y pasivo. Fuera de los casos en que la LOREG prevea un procedimiento específico de revisión judicial, los acuerdos de las Juntas son recurribles ante la Junta de superior categoría, cuya resolución no es susceptible de recurso administrativo alguno (art. 21 LOREG). La composición de estas Juntas Electorales, en las que junto a profesores universitarios encontramos a integrantes de la judicatura, es buena muestra, aunque haya otras —por ejemplo, los Jurados de Expropiación, a los que ya aludimos—, de cómo el Poder Judicial compatibiliza el ejercicio de la función jurisdiccional o, lo que es lo mismo, la adopción de decisiones potencialmente irrevocables, con cualquier otra función, incluso de naturaleza administrativa, que le atribuya la ley en garantía de algún derecho, no necesariamente fundamental (art. 117.4 CE), tal y como se ha visto en el anterior epígrafe.

Conscientes de que las garantías apuntadas requieren un tratamiento en profundidad al abordar el estudio de cada derecho en singular y de que otras quedan en el tintero —quizá la más reseñable, aunque de ámbito autonómico, sea el *Consejo del Audiovisual de Cataluña* y su relación con los derechos del artículo 20 CE—, esta somera descripción de sus competencias sólo ha querido destacar la idea, tantas veces ignorada, de que, si bien el Defensor del Pueblo y el Ministerio Fiscal son las instituciones más significativas por su espectro general de actuación, no son la únicas merecedoras de atención, pues comparten con las señaladas el calificativo de garantía orgánica de los derechos fundamentales.

III. GARANTÍAS ORGÁNICAS JURISDICCIONALES

1. Las garantías ante la jurisdicción ordinaria

1.1. *Introducción*

La Constitución, como norma suprema, obliga en todos sus extremos con carácter *erga omnes*. A los órganos jurisdiccionales les corresponde hacer valer esta supremacía, sancionando las lesiones provocadas por el legislador, el resto de poderes públicos o los particulares. Si el monopolio de rechazo de las leyes inconstitucionales se deja en nuestro sistema en manos del Tribunal Constitucional, en los demás casos el control de constitucionalidad también corresponde a los tribunales ordinarios. Por eso, cualquiera, con base en el artículo 24 CE, puede instarles a que ofrezcan la primera y principal tutela a los derechos y libertades reconocidos en el Título I de la CE. Esta garantía siempre se puede llevar a cabo a través del procedimiento ordinario propio de cada orden jurisdiccional; pero el artículo 53 CE prevé un procedimiento preferente y sumario que protegerá adicionalmente al principio de igualdad y a los derechos contenidos en la Sección 1.ª del Capítulo II del Título I, así como a otros derechos —refugio, asilo— gracias a una discutible extensión legal, que puede poner en cuestión la especialidad y la celeridad que se pretende.

Mientras que a la hora de responder frente a ataques dirigidos contra derechos regulados en los artículos 31 a 38 CE, el directamente afectado o el que ostente un interés legítimo sólo puede hacer uso del procedimiento ordinario, cuando se lesionan derechos reconocidos en los artículos 14 a 30 CE, cabe reaccionar a través del procedimiento ordinario, del especial, preferente y sumario o de ambos a la vez. En el caso de que se active únicamente el procedimiento ordinario, la ausencia de límites en la cognición permite que su objeto pueda incidir tanto en la dimensión constitucional de la vulneración de los derechos fundamentales mencionados, como en aspectos de alcance legal. Sin embargo, la sola puesta en marcha del procedimiento especial hasta hace poco obligaba a centrarse exclusivamente en los aspectos de relevancia constitucional relacionados con la lesión del derecho fundamental. Si bien algún sector de la doctrina administrativista sigue defendiendo la continuidad de dicha cognición limitada en la vigente LJCA, ésta admite en su artículo 69 y en su Exposición de Motivos, a nuestro juicio, sin género de dudas, que se recurra por este camino cualquier infracción del ordenamiento que suponga una violación del derecho; lo que parece descartar la utilidad de acudir de modo complementario al procedimiento ordinario.

Por el contrario, si se parte de una restricción en el objeto del procedimiento especial, la combinación de las dos vías adquiere pleno sentido. Su activación simultánea parece la opción más probable en detrimento de la activación sucesiva, pues esperar a que se resuelva uno de los procedimientos para iniciar el otro resulta arriesgado, en tanto la interposición del primero no suspende el plazo de interposición del segundo (STC 84/1987). Esta duplicidad también obliga a diferenciar los motivos en que se fundamentan ambos procesos; distinción siempre difícil, especialmente cuando estén implicados derechos de configuración legal. El procedimiento especial garantizaría la protección de los derechos fundamentales en su dimensión constitucional y el procedimiento ordinario se circunscribiría sólo a las cuestiones de mera legalidad que pudieran plantearse al hilo de la lesión, ya que, de reiterarse los motivos desestimados en el procedimiento especial, el órgano judicial podría rechazar su análisis, al haber identidad de sujetos, objeto y causa de pedir (SSTC 84/1987, 42/1989 y 98/1989). En cualquier caso, una vez concluido el procedimiento especial se entenderá agotada la vía judicial previa a la posible interposición de un recurso de amparo.

Hasta el momento el mandato al legislador del artículo 53.2 CE se ha concretado en los ámbitos contencioso-administrativo, civil y laboral, mientras que en el penal tras la derogación de la Ley preconstitucional 62/1978, de 26 de diciembre, de protección jurisdiccional de los derechos fundamentales de la persona (LPJDF), que establecía un procedimiento preferente y sumario, la protección de los derechos se reconduce a los procedimientos de la Ley de Enjuiciamiento Criminal (LECrim).

Analicemos a continuación cada uno de estos procedimientos especiales de protección de los derechos fundamentales en los distintos órdenes jurisdiccionales, haciendo especial hincapié en el contencioso-administrativo.

1.2. *La protección en el orden contencioso-administrativo: la Ley 29/1998*

La LJCA deja sin efecto el procedimiento establecido por la LPJDF frente a la Administración Pública, corrigiendo algunos desajustes que ya se habían apreciado e intentado subsanar doctrinal y jurisprudencialmente. La actual regulación del procedimiento de garantía de los derechos junto al procedimiento ordinario de lo contencioso-administrativo y la continua remisión a las normas generales hace que pasen desapercibidos o incluso desaparezcan alguno de los rasgos hasta entonces más señeros, como, por ejemplo, el carácter potestativo de los recursos administrativos previos o la suspensión del acto recurrido.

El nuevo procedimiento se caracteriza por su especialidad, preferencia y sumariedad (art. 114 LJCA). Especial, porque se introducen en el procedimiento ordinario unas especificidades procesales que lo diferencian de éste, aunque en ambos casos se puedan sostener las mismas pretensiones. Preferente, porque el juez contencioso ha de conocer este procedimiento antes que cualquier otro. Y sumario, por la rapidez a la que conduce la simplificación de los trámites y la brevedad de los plazos; lo que ya se observa en la misma interposición, sujeta a un plazo, un tanto confuso, que oscila de veinte a diez días en función del objeto del recurso, de si hubo requerimiento a la Administración o de si se optó por activar una vía administrativa potestativa (art. 115 LJCA). El recurrente, cualquiera con interés legítimo, tiene que sopesar si le interesa más acudir directamente al tribunal que proceda o, por el contrario, conseguir primero de la Administración una contestación que satisfaga sus expectativas o le ayude a reforzar sus argumentos cuando ponga en marcha un procedimiento judicial que actuará como un mecanismo adicional de garantía. Después de lo dicho es obvio que la nueva ley no identifica sumariedad con cognición limitada. Buena prueba de ello es que, ante la dificultad práctica de reconocer cuándo estamos ante una cuestión de alcance constitucional o ante una cuestión de mera legalidad, se permite que ambas se aborden a través de este procedimiento siempre que «la disposición, la actuación o el acto incurran en cualquier infracción del ordenamiento jurídico, incluso la desviación de poder, y como consecuencia de la misma vulneren un derecho de los susceptibles de amparo» (art. 121 LJCA). Si en la antigua LJCA estos supuestos en los que se mezclan aspectos legales y constitucionales sólo podían ser resueltos de manera unitaria por el procedimiento ordinario o bien acudiendo simultáneamente a los procedimientos ordinario y especial, parece que ahora también cabe su resolución conjunta a través del procedimiento preferente y sumario, si la infracción de la legalidad lleva aparejada una lesión del derecho. Sólo tal conexión podrá justificar una extensión de la preferencia y la sumariedad, que deberá descartarse cuando se plantee cualquier otro aspecto legal que carezca de esa dimensión constitucional indirecta.

Una vez que se ha solicitado al órgano administrativo que realice los emplazamientos oportunos y el envío urgente del expediente, cuyo retraso o falta novedosamente será objeto de sanción y no interrumpirá el curso del procedimiento, el tribunal, previa audiencia a los interesados, abrirá la fase de la admisión a trámite del recurso (arts. 116 y 117 LJCA). La admisión tendrá lugar, tal y como se venía haciendo en la práctica judicial a pesar del silencio de la LPJDF, si, formalismos aparte, del escrito de interposición se deduce la adecuación del procedimiento elegido, al haber aparentemente lesionado la Administración un derecho fundamental. Su inclusión indudablemente alarga un proceso que debe caracterizarse por su rapidez, pero la posible inadmisión supone a la larga un considerable ahorro de tiempo para los tribunales, a la vez que hace desistir a aquellos demandantes dispuestos a activar esta vía sin fundamento sólo para lograr la suspensión del objeto recurrido.

El juez, al igual que en el proceso de amparo constitucional, puede acordar en pieza separada la suspensión de la disposición, acto, vía de hecho o inactividad lesiva del derecho, si de seguir vigente el recurso pierde su finalidad al verse afectados derechos e intereses legítimos de modo irreversible; y la denegará, si con la suspensión se lesionan intereses generales o de terceros, sin perjuicio de que la decisión que se adopte pueda ser revisada o revocada a lo largo del proceso por un cambio de las circunstancias que la motivaron. En su momento la suspensión prevista por la LPJDF fue toda una innovación frente a la regla general de la ejecutividad del acto sentada en la Ley de la Jurisdicción Contencioso-administrativa de 1956. Sin embargo, la opción actual de no establecer diferencia alguna, en lo que a medidas cautelares se refiere, entre el procedimiento contencioso ordinario y el procedimiento especial de tutela de los derechos fundamentales, haciendo depender siempre su adopción de una ponderación en la que el juez disfruta de un gran margen de maniobra, no parece ofrecer al derecho las mismas garantías que la derogada presunción en favor de la suspensión. En todo caso es indudable que la nueva normativa potencia la justicia cautelar como expresión de la tutela judicial efectiva, pues, junto a la comentada suspensión, también prevé otras medidas de contenido diverso que desgraciadamente el legislador no concreta, pero parecen destinadas a dar respuesta a aquellos supuestos en los que la lesión fue provocada por una inactividad o por una vía de hecho administrativa. Todas ellas no pueden ya ser vistas como algo excepcional, sino de aplicación normal, incluso antes de la interposición del recurso si razones de urgencia lo aconsejan, siempre que sean necesarias para contrarrestar el riesgo de una merma en la eficacia de la eventual sentencia estimatoria que concluya el proceso judicial (arts. 129 ss. LJCA).

Formalizada la demanda, sin que se produzca la entrega del expediente, sino su mera puesta de manifiesto —lo que, junto a la brevedad del plazo, pone en cuestión las garantías del recurrente en estos procesos—, se realizarán las alegaciones escritas y podrá celebrarse, si hay disconformidad sobre hechos trascendentes para la resolución del litigio, una fase de recibimiento a prueba conforme a las reglas generales que rara vez se lleva a efecto (arts. 119 y 120 LJCA).

La sentencia, estimatoria cuando la disposición, acto, vía de hecho u omisión incurran en cualquier infracción del ordenamiento y como consecuencia de la misma vulneren un derecho amparable, coincidirá en su contenido con las del proceso ordinario, puesto que, como ya hemos indicado, las pretensiones que se pueden sostener son las mismas, a fin de que la tutela judicial efectiva no se vea mermada en esta clase de procesos (arts. 71 y 121 LJCA). Aunque se admiten excepciones, a la hora de determinar quién se hará cargo del pago de las costas se atenderá a la temeridad o mala fe en primera o única instancia y al vencimiento en instancias superiores, dejando en manos del juez un cierto margen en la decisión (art. 139 LJCA).

Contra la sentencia que ponga fin al procedimiento siempre se puede plantear recurso de apelación, así como recurso de casación con independencia de la cuantía del litigio, cuando la sentencia haya sido dictada en única instancia por la Audiencia Nacional o los Tribunales Superiores de Justicia. El recurso de apelación será en un solo efecto, esto es, devolutivo, pues el tribunal competente para resolver la apelación de modo preferente y sumario será el encargado de pronunciarse sobre el fondo (art. 121 LJCA). La inexistencia de un doble efecto hace que recobre su vigencia la disposición o acto, cuya suspensión haya sido acordada en primera instancia, con el inconveniente de que, al menos temporalmente, el objetivo perseguido con esta medida cautelar se verá frustrado. Aun así, la aparición de este nuevo recurso confiere al interesado una oportunidad más de ver satisfecha su pretensión ante la jurisdicción ordinaria, reforzando la idea de considerar al amparo constitucional como un cauce extraordinario de protección de los derechos fundamentales.

1.3. *La protección en el orden militar: la Ley 2/1989*

No es descartable que la vulneración de los derechos fundamentales pueda producirse con ocasión de la imposición de una sanción disciplinaria por la Administración militar. En este supuesto la sanción puede ser objeto de recurso contencioso-disciplinario militar ante la jurisdicción militar, según dispone la Ley Orgánica 2/1989, de 13 de abril, Procesal militar (LOPM) y confirma la STC 113/1995, dejando sin efecto la atribución que el artículo 53.2 CE realiza a favor de los tribunales ordinarios a través de una interpretación extensiva del artículo 117.5 CE. Esta vía, aunque sigue las líneas maestras del procedimiento ordinario, introduce ciertas especialidades dirigidas, en su mayoría, a reforzar su naturaleza urgente, preferente y sumaria. Entre las más destacables se encuentran la necesaria intervención como parte de la Fiscalía; la posibilidad de no agotar la vía administrativa previa para acceder al cauce jurisdiccional; la prohibición de allanamiento a la demanda y de acumulación de pretensiones, salvo que todas sean objeto de este tipo de procedimiento; la ponderación de la defensa del derecho y de los intereses militares a la hora de acordar la suspensión de la sanción; la continuación del procedimiento, aunque el expediente no haya sido remitido dentro de plazo; la sustitución de la vista por un trámite de conclusiones y de la puesta de manifiesto de las actuaciones por una entrega de una copia cotejada de las mismas y, por último, una considerable reducción en la duración de los plazos que no sobrepasarán los cinco días, a excepción del relativo al período de prueba que podrá llegar a los diez (art. 518 LOPM).

1.4. *La protección en el orden penal: la Ley 28/2002*

Aunque la tutela de derechos individuales no parece el objeto propio de un proceso penal, normalmente encaminado a sancionar delitos y faltas lesivos de bienes respecto de los que existe un interés público en su protección, lo cierto es que también se atribuye al orden jurisdiccional penal el conocimiento de aquellos asuntos en los que un derecho fundamental resulta vulnerado por una acción tipificada como ilícito criminal. La Ley 28/2002, de 24 de octubre, de reforma parcial de la Ley de Enjuiciamiento Criminal, sobre procedimiento para el enjuiciamiento rápido e inmediato de determinados delitos y faltas, y de modificación del procedimiento abreviado, deroga el procedimiento preferente y sumario, hasta entonces vigente, regulado por la LPJDF. Nos quedamos, pues, sin una norma específica que se ocupe de concretar el procedimiento especial de defensa de los derechos fundamentales. Se opta, como en otros órdenes jurisdiccionales, por remitir a la norma procesal general, en este caso la LECrim, sin que tampoco ella establezca de modo expreso un procedimiento que se deba seguir para cumplir en exclusiva ese objetivo. Por el contrario, la protección de los derechos fundamentales se puede reconducir a un procedimiento especial, el abreviado, no en atención a la coincidencia del bien penalmente protegido con el objeto de un derecho fundamental, sino en atención a la sanción que se pueda imponer por la comisión del ilícito que vulneró el derecho. Por tanto, el procedimiento abreviado se aplicará en todo caso al enjuiciamiento de los delitos castigados con pena privativa de libertad no superior a nueve años o con otras penas de distinta naturaleza bien sean únicas, conjuntas o alternativas, cualquiera que sea su cuantía o duración, al margen de que con la comisión del delito se lesione o no un derecho fundamental. A pesar de su denominación resulta cuando menos cuestionable que la abreviación del procedimiento previsto en los Títulos II y III del Libro IV de la LECrim satisfaga las exigencias de sumariedad y preferencia del artículo 53 CE, puesto que con ella lo que se pretende no es garantizar los derechos fundamentales, sino, como pone de manifiesto la Exposición de Motivos, evitar que la dilación en la tramitación de los procesos penales sea aprovechada por los imputados para ponerse fuera del alcance de la autoridad judicial o para reiterar conductas delictivas, con la consiguiente impresión social de impunidad e indefensión. Por último, dejar constancia de que la LECrim también prevé otros procedimientos especiales que pueden resultar de aplicación cuando se vulneren ciertos derechos, relacionados con el honor o intimidad de las personas; nos estamos refiriendo al procedimiento por delitos de injurias y calumnias contra particulares (Libro IV, Título IV, LECrim) y al procedimiento por delitos cometidos por medio de la imprenta, el grabado u otro medio mecánico de publicación (Libro IV, Título V, LECrim).

1.5. *La protección en el orden civil: la Ley 1/2000*

La presencia de los derechos fundamentales en las relaciones entre particulares dependerá de la concreta configuración que el legislador realice de los mismos. Esta eficacia horizontal se garantiza atribuyendo su tutela a los tribunales del orden civil. Tal competencia se establece *a sensu contrario*, pues a ellos les corresponde la resolución de aquellos asuntos en que la lesión del derecho no sea encuadrable en la jurisdicción penal por no ser constitutiva de ilícito criminal, ni en la social por no haberse producido en el seno de una relación laboral, ni en la contencioso-administrativa por haber sido provocada por un particular.

Como en otros casos se opta por mantener el procedimiento previsto para el juicio ordinario con ciertas especialidades, por ejemplo, la preferencia en su tramitación y la intervención del Ministerio Fiscal siempre como parte (art. 249 de la Ley de Enjuiciamiento Civil —LEC—). Llama la atención, sin embargo, la ausencia de sumariedad, pues, a diferencia de lo que sucedía en la anterior regulación, en la que se establecían plazos comunes para la contestación de la demanda y se prohibía plazo extraordinario para la práctica de pruebas, en ésta no se omite ninguna fase —presentación de la demanda, admisión a trámite, contestación de la demanda, audiencia previa, juicio con práctica de prueba, conclusiones orales y, por último, sentencia—, discurriendo todas ellas sujetas a sus plazos habituales. Tras la sentencia tampoco se observa ninguna adaptación de las instancias sucesivas —apelación, recurso extraordinario por infracción procesal, casación, revisión— a las exigencias constitucionales en materia de tutela jurisdiccional de los derechos fundamentales, tal y como ocurría en el pasado con la reducción del período de prueba y de celebración de la vista en el recurso de apelación. De todo ello se desprende que se han querido reforzar los instrumentos de defensa de los derechos en el ámbito civil, acudiendo, en detrimento del juicio verbal, al procedimiento ordinario sin mayores peculiaridades. Sin embargo con ello se sacrifica una de las garantías que el artículo 53 CE impone, la sumariedad, dilatándose la resolución del asunto, sin que la introducción de la preferencia actúe como un correctivo suficiente.

1.6. *La protección en el orden social: el Real Decreto Legislativo 2/1995*

Si la vulneración de un derecho fundamental tiene lugar en el ámbito de las relaciones jurídicas atribuidas al conocimiento del orden jurisdiccional social, el procedimiento debido es el previsto en los artículos175 y siguientes del Real Decreto Legislativo 2/1995, de 7 de abril, por el que se aprueba el Texto Refundido de la Ley de Procedimiento Laboral (LPL).

Esta norma establece un procedimiento preferente y urgente, que parece ser aplicable *a sensu contrario* cuando la lesión del derecho a la libertad sindical o cualquier otro no haya sido provocada con ocasión de una demanda de despido u otra causa de extinción del contrato de trabajo, del disfrute de vacaciones, de procesos electorales o de la impugnación de estatutos de los sindicatos y de convenios colectivos. En esos casos habría que atender a las modalidades procesales destinadas a cada uno de esos supuestos concretos (arts. 177 y 182 LPL). Esta interpretación tan restrictiva que descarta como regla general el empleo del procedimiento especial, choca con la regulación constitucional. Una lectura *pro* derechos aconseja, por el contrario, considerar que también en ellos han de estar presentes las especialidades que se verán a continuación —intervención del Ministerio Fiscal, coadyuvancia sindical, posibilidad de suspensión, reducción de plazos, preferencia...—, pero sin olvidar el respeto a sus propias peculiaridades procesales.

El procedimiento de tutela de los derechos fundamentales puede ser activado individual o conjuntamente por los trabajadores y sindicatos con derecho o interés legítimo, así como por el Ministerio Fiscal, que en todo caso será parte en el proceso (art. 175 LPL). La interposición de la demanda puede excepcionalmente suspender la vigencia del acto recurrido, si así se solicita, siempre que el juez, oídas las partes y el Ministerio Fiscal, estime que su aplicación afectaría a la participación de candidatos en el proceso electoral o al ejercicio de la función representativa en la negociación colectiva o en otros asuntos que incidan en el interés general de los trabajadores, causando daños de imposible reparación que habrá de probar el recurrente (art. 178 LPL). Una vez concluida la rigurosa fase de admisión y citadas las partes para los actos de conciliación y juicio, pues no existe aquí trámite de conciliación previa, éstos se celebrarán en un plazo de cinco días. Mientras bastan meros indicios para constatar que la lesión ha tenido lugar, el demandado debe justificar de modo razonable, objetivo y probado la proporcionalidad de las medidas adoptadas, con la consiguiente inversión de la carga de la prueba (art. 179 LPL). La sentencia, si es estimatoria, declarará radicalmente nula la conducta recurrida, ordenará su cese inmediato, la reposición de la situación al momento anterior a producirse la lesión y adoptará las medidas oportunas para la reparación de los perjuicios causados. Si, por el contrario, fuera desestimatoria, el juez levantará la suspensión del acto o de cualquier otra medida cautelar que hubiera adoptado (art. 180 LPL). De todos modos, las sentencias que resuelven esta clase de procesos serán ejecutivas desde que se dicten, según la naturaleza de la pretensión reconocida, aunque se pueda interponer contra ellas recurso que también se tramitará con igual preferencia (arts. 177 y 301 LPL).

1.7. *Otros procedimientos especiales de protección de los derechos fundamentales*

Junto a los ya mencionados, existen otros procedimientos preferentes y sumarios que se articulan exclusivamente para proteger ciertos derechos fundamentales y cuyo análisis en profundidad deberá realizarse al hilo de su estudio específico.

—*Amparo electoral:*

Si existe una lesión de los derechos reconocidos en el artículo 23 CE, la LOREG ha establecido un procedimiento preferente y sumario, que se puede calificar en sentido amplio como contencioso-electoral y que habrá de utilizarse en los siguientes casos.

En primer lugar, para impugnar las resoluciones de las Delegaciones de la Oficina del Censo Electoral en período electoral ante el juez de primera instancia (art. 40 LOREG), y no ante el contencioso-administrativo, como parece derivarse de la competencia que el artículo 1.3.*c*) LJCA le confiere. Así, todo el procedimiento será el previsto en la LJCA con las especialidades que el propio artículo 40 LOREG establece (plazo de cinco días para interponer el recurso y también para dictar sentencia, que deberá comunicarse al Ayuntamiento, Consulado y Delegación Provincial de la Oficina del Censo, poniendo fin a la vía judicial), según se desprende de la remisión que el artículo 116.2 LOREG efectúa en su favor y de la propia naturaleza de la controversia. Los mismos argumentos permitirían atribuir al orden y al procedimiento contencioso-administrativo las impugnaciones realizadas fuera del período electoral, con mayor motivo, cuando en este caso el legislador nada dice sobre a quién corresponde la jurisdicción (art. 38 LOREG).

En segundo lugar, para atacar los acuerdos de proclamación de candidatos realizados por las Juntas Electorales ante el juzgado contencioso-administrativo, de acuerdo con un procedimiento abreviado y sumarísimo en el que el candidato excluido y los representantes de las candidaturas proclamadas, como portadores de un interés legítimo, interpondrán el recurso y presentarán alegaciones y pruebas en dos días desde la publicación de los candidatos. El juez, en el mismo plazo, dictará sentencia, tras haber recibido el expediente y haber dado audiencia a los interesados y al Ministerio Fiscal. La decisión, firme e inapelable, agota la vía jurisdiccional previa, por lo que contra ella sólo cabe interponer en dos días un recurso de amparo electoral ante el Tribunal Constitucional, que deberá resolverlo en un plazo reducidísimo de tres días (art. 49 LOREG). El procedimiento descrito también será de aplicación a la proclamación o exclusión de candidaturas presentadas por agrupaciones de electores que parezcan suceder a un partido ya disuelto. En este supuesto, el recurso se tramitará ante la Sala especial del Tribunal Supremo, encargada igualmente de declarar la disolución de los partidos políticos, y la legitimación para su interposición se amplía a los mismos sujetos que pueden instar esa disolución, esto es, el Gobierno y el Ministerio Fiscal (art. 49.5 LOREG).

Y, en tercer lugar, para impugnar los acuerdos de proclamación de candidatos electos efectuados por las Juntas Electorales ante la Sala contenciosa del Tribunal Supremo, en caso de elecciones generales o europeas, o ante las Salas de los Tribunales Superiores de Justicia, para las elecciones autonómicas o locales, siguiendo un procedimiento preferente, urgente y abreviado, tanto en los plazos como, por ejemplo, en el modo de unificar la interposición del recurso y el planteamiento de demanda, en la imposibilidad de realizar alegaciones previas, en el carácter potestativo de la prueba o en la supresión de la fase de conclusiones (arts. 109 ss. LOREG). La legitimación para interponer el recurso recae no sólo en los titulares del derecho afectado —candidatos proclamados o no—, sino también sobre otros sujetos que ostentan un interés legítimo como son los representantes de las candidaturas concurrentes en la circunscripción y los partidos, asociaciones, federaciones y coaliciones que hayan presentado candidaturas en la misma (art. 110 LOREG). El Ministerio Fiscal se hará cargo, por su parte, de la representación pública y de la defensa de la legalidad (art. 111 LOREG). Como hemos adelantado, el procedimiento se caracteriza por su celeridad. El recurso se interpone ante la Junta Electoral correspondiente en tres días desde la proclamación de electos, siendo remitido al día siguiente al Tribunal competente, junto con el expediente electoral y un informe de la Junta sobre el fundamento de su acuerdo. Una vez emplazados por la Junta, los representantes de las candidaturas concurrentes en la circunscripción comparecen ante la Sala, que traslada al Ministerio Fiscal y a las partes el escrito de interposición y documentos anexos para que en cuatro días formulen alegaciones, tras lo cual cabe que en cinco días se desarrolle una fase de prueba acordada de oficio o a instancia de parte (art. 112 LOREG). La sentencia, dictada en un plazo máximo de cuatro días, podrá inadmitir el recurso al faltar algún presupuesto procesal; declarar la validez de la elección de la proclamación de electos, con expresión de la lista más votada; declarar la nulidad del acuerdo de proclamación de uno o varios electos y proclamar a aquel o aquellos a quienes corresponda; declarar la nulidad de la elección celebrada en una o varias Mesas afectadas de irregularidades invalidantes, efectuando una nueva convocatoria electoral en las mismas, que podrá circunscribirse al acto de votación, en el plazo de tres meses a partir de la sentencia, salvo que el resultado de la invalidez de la votación no afecte a la atribución de escaños en la circunscripción (art. 113 LOREG). La sentencia agota la vía judicial ordinaria, pues contra ella no cabe más recurso contencioso, ordinario o extraordinario, que el de aclaración. Queda abierta, de este modo, la vía del recurso de amparo constitucional, que deberá ser interpuesto en tres días y resuelto en quince (art. 114 LOREG).

—*Habeas Corpus:*

La Ley Orgánica 6/1984, de 24 de mayo, reguladora del *Habeas Corpus* (LORHC), da respuesta a la urgencia que requiere su obtención para conseguir que toda persona detenida ilegalmente sea puesta a disposición de la autoridad competente o que cese la ilegalidad en las condiciones de la detención (art. 1 LORHC). Este procedimiento se inicia de oficio o a instancia de parte por medio de comparecencia o escrito, sin formalidades, realizado por el privado de libertad, sus familiares, representantes, el Ministerio Fiscal o el Defensor del Pueblo, en el que indicarán sus datos y los del detenido, dónde se encuentra éste, bajo la custodia de qué autoridad y los motivos por los que solicitan el *habeas corpus* (arts. 3 y 4 LORHC). Una vez que el juez competente, esto es, el juez de instrucción del lugar donde esté el detenido o donde se haya practicado su detención o se haya tenido noticias suyas por última vez (art. 2 LORHC), constate la concurrencia de los requisitos exigidos para su tramitación, dictará un auto de incoación del procedimiento, en el que ordenará que el privado de libertad sea puesto de manifiesto (arts. 6 y 7 LORHC). En un plazo de veinticuatro horas escuchará a todos los implicados, admitirá las pruebas que estime pertinentes y resolverá en un auto en el que declarará conforme a derecho la privación de libertad o, en caso contrario, ordenará bien la puesta en libertad, bien el mantenimiento de la privación de libertad, pero con respeto al ordenamiento, bien la puesta a disposición judicial, si ya pasó el plazo legal de detención (art. 8 LORHC). Dicho auto, como también el que impide incoar el procedimiento, es directamente impugnable ante el Tribunal Constitucional a través del recurso de amparo.

—Derecho de reunión:
Si se vulnera el derecho de reunión en lugar de tránsito público cuando se modifica o prohíbe una manifestación por considerar que altera el orden público con peligro para personas o bienes, el artículo 122 LJCA establece un procedimiento que potencia al máximo su carácter preferente, urgente y oral. En este caso se permite que los promotores de la manifestación puedan interponer un recurso contencioso ante el Tribunal Superior de Justicia correspondiente en las cuarenta y ocho horas siguientes a la notificación de la prohibición o de los cambios en los términos de la reunión. Comunicada a la Administración la existencia de recurso en su contra, remitido el expediente y concedida audiencia a las partes y al Ministerio Fiscal, respetando las reglas impuestas por el derecho a la tutela judicial efectiva —contradicción, igualdad, no indefensión...—, el juez resolverá si mantiene o revoca la prohibición o los cambios introducidos por la Delegación de Gobierno, sin que sea posible interponer en su contra otro recurso que no sea el de amparo constitucional.

—Derecho de rectificación:
Para la defensa de los derechos al honor, a la intimidad personal y familiar y a la propia imagen, la Ley Orgánica 2/1984, de 26 de marzo, reguladora del Derecho de Rectificación (LORDR), permite que el aludido por una información inexacta y perjudicial, su representante o sus herederos, si hubiera fallecido, puedan ejercer en un plazo de siete días el derecho de rectificación (arts. 1 y 2 LORDR). Si el director o responsable del medio de comunicación que hubiera difundido la información se negara a hacer lo propio con la rectificación o la divulgara sin respetar los términos de la ley, es posible activar un procedimiento ante el Juez de Primera Instancia del domicilio del perjudicado o del lugar donde radique la dirección del medio (art. 4 LORDR). Constatada la corrección de la acción y realizada la convocatoria urgente de los interesados, se celebrará en siete días un juicio verbal conforme el procedimiento previsto en el Título III del Libro II de la LEC, aunque con ciertas modificaciones dirigidas a abreviarlo en lo posible. Así el Juez puede pedir de oficio la remisión de la información enjuiciada, sólo se admi-

ten pruebas que se practiquen en el acto y la sentencia que deniegue la rectificación u ordene su divulgación será dictada en el mismo juicio o al día siguiente, siendo susceptible de recurso de apelación en un solo efecto (arts. 6 y 8 LORDR).

2. Las garantías ante la jurisdicción constitucional: el recurso de amparo

La tutela que el Tribunal Constitucional ofrece a los derechos fundamentales se puede llevar a cabo a través de diferentes procedimientos, según cuál sea la disposición o el acto objeto de enjuiciamiento. Si el recurso y la cuestión de inconstitucionalidad controlan que las leyes y otras normas o actos con fuerza de ley no contradigan el texto constitucional en su integridad, derechos incluidos (arts. 161 y 163 CE y 27 ss. de la Ley Orgánica del Tribunal Constitucional —LOTC—); el recurso de amparo se configura como el único cauce ante el Tribunal Constitucional de protección específica de los derechos fundamentales reconocidos en los artículos 14 a 30 CE frente a disposiciones, actos y vías de hecho de cualquier poder público (arts. 161 ss. CE y 41 ss. LOTC). Veamos a continuación cuáles son los elementos caracterizadores de este mecanismo excepcional y subsidiario de protección adicional de los derechos fundamentales.

2.1. *Derechos amparables*

El procedimiento de amparo constitucional tiene un ámbito de protección limitado, pues, según los artículos 53.2 CE y 41.1 LOTC, sólo permite salvaguardar los derechos reconocidos en la Sección 1.ª del Capítulo II del Título I de la CE (arts. 15 a 29 CE), más el principio de igualdad previsto en el artículo 14 CE y el derecho a la objeción de conciencia del artículo 30 CE. Caen fuera del amparo, por tanto, los derechos del Capítulo I del Título I de la CE, los derechos de la Sección 2.ª del Capítulo II del Título I de la CE y los derechos del Capítulo III del mismo Título, quedando su garantía jurisdiccional exclusivamente en manos de los tribunales ordinarios. Si bien la «lista» de derechos amparables es taxativa, y la interpretación que la jurisprudencia constitucional ha efectuado de la misma suele ser muy estricta, excepcionalmente el Tribunal ha extendido el amparo a otros contenidos constitucionales vinculados con los derechos amparables. Así sucede, por ejemplo, cuando hace derivar el derecho a crear partidos políticos del derecho de asociación (SSTC 10/1983 y 85/1986), aunque en otros supuestos la extensión pretendida por el recurrente se ha visto rechazada. Es el caso del intento de integrar los principios del artículo 9.3 CE dentro del principio de legalidad penal del artículo 25 CE (STC 10/1989).

2.2. *Objeto del recurso*

El recurso de amparo se interpone frente a las violaciones de los derechos fundamentales provocadas por disposiciones, actos jurídicos o simple vía de hecho de los poderes públicos (legislativo, ejecutivo o judicial), de sus funcionarios o agentes, independientemente de su incardinación en el Estado, las Comunidades Autónomas o en cualquier otro ente público de carácter territorial, corporativo o institucional (art. 41.2 LOTC).

Dependiendo del sujeto concreto del que emanen habrá que precisar su alcance y someter al recurso de amparo a unos requisitos específicos.

—Decisiones o actos sin valor de ley de los órganos legislativos:

Cuando la lesión tenga su origen en las Cortes, las Asambleas legislativas autonómicas o sus órganos respectivos, el objeto del recurso habrá de ser decisiones o actos sin valor de ley. Entre ellos cabe incluir los de mero trámite, los interlocutorios y los interna *corporis acta*, pero, en ningún caso, los actos en materia de administración, personal y gestión patrimonial, ni tampoco los Reglamentos parlamentarios o el Estatuto del Personal de las Cámaras, que, bien por su especial naturaleza, bien por la posición que ocupan en el ordenamiento, serán controlados respectivamente a través del recurso de amparo, como si de un acto administrativo se tratara, o a través del recurso de inconstitucionalidad. Para poder impugnar en amparo una decisión o un acto parlamentario sin valor de ley basta con que no hayan transcurrido tres meses desde que sea firme conforme a las reglas internas de las Cámaras; firmeza en muchos casos adquirida con la mera denegación de la solicitud de reconsideración del acto. Se introduce así una excepción a la regla general de subsidiariedad del amparo, respecto de los procedimientos ante la jurisdicción ordinaria ya descritos, como un residuo muy minorado de la tradicional autonomía de las Asambleas legislativas frente al Poder Judicial (art. 42 LOTC).

—Disposiciones, actos o vías de hecho de las Administraciones Públicas:

La infracción de los derechos amparables también puede llevarse a cabo a través de disposiciones, actos o vías de hecho del Gobierno, del Ejecutivo autonómico o de cualquier otro ente territorial, corporativo o institucional, así como de sus autoridades, funcionarios y agentes. El término disposiciones alude a aquellos reglamentos a los que quepa imputar directamente la lesión y sólo de modo excepcional a normas con rango de ley en todo caso autoaplicativas (ATC 291/1997). Los actos, por su parte, se entienden en sentido amplio, englobando tanto a los definitivos, como a los de trámite, a los de gobierno, a los presuntos, tácitos u omisivos... Y, por último, las vías de hecho se refieren a cualquier actuación sin cobertura jurídica. Ante una vulneración de este tipo son los tribunales ordinarios, y no el Constitucional, los encargados de dispensar, a través del procedimiento ordinario, preferente y sumario o de ambos combinadamente, la protección primera a los derechos y satisfacer las expectativas de los ciudadanos, pues también están sujetos a la Constitución, debiendo aplicarla y asegurar su respeto. Sólo una vez interpuestos en tiempo y forma los recursos normales claramente ejercitables y agotada esta vía jurisdiccional previa sin ver satisfecha la pretensión, es posible acudir al Tribunal Constitucional en un plazo de veinte días a partir de la notificación de la resolución que puso fin al proceso judicial. De ahí el carácter subsidiario y extraordinario de un recurso de amparo que se activará contra la actuación administrativa que presuntamente causó la lesión del derecho y no contra las sentencias que denegaron su tutela judicial (art. 43 LOTC).

—Actos y omisiones de órganos judiciales:

Una acción, es decir, cualquier resolución, u omisión de un órgano judicial también puede violar algún derecho amparable. A la hora de su impugnación ante el Tribunal Constitucional, en el mismo plazo de veinte días señalado en el apartado anterior, la naturaleza subsidiaria del amparo de nuevo hace imprescindible agotar la vía jurisdiccional previa. Así se habrán de interponer todos los recursos procedentes y razonablemente exigibles para recabar la tutela ordinaria dentro de la vía en que se realizó la vulneración. Además, con el fin de que el juez pueda reparar la lesión cuanto antes, se debe invocar el derecho vulnerado, aunque sea de modo implícito y sin citar el precepto que lo reconoce o su contenido concreto, nada más producida la violación y siempre que haya lugar, sin perjuicio de que luego se pueda reiterar en los sucesivos recursos. Y, por último, la lesión debe atribuirse directa e inmediatamente a un órgano judicial independientemente de los hechos que dieron lugar al proceso y no al recurrente o a otros sujetos que intervengan en el mismo (art. 44 LOTC). Este último requisito se excepciona, por razones de justicia, en el supuesto de que la vulneración del derecho sea provocada por un particular, admitiéndose el recurso de amparo contra la decisión judicial que no ha restablecido al lesionado en su derecho.

2.3. *Legitimación*

La iniciación del procedimiento corresponde a toda persona física, nacional o extranjera; a las personas jurídico-privadas en defensa de intereses propios que afecten a los de sus miembros y también a las personas jurídico-públicas, en tanto se les atribuye la titularidad de ciertos derechos, eminentemente procesales, con los matices señalados en Capítulos anteriores. En cualquier caso la reparación del derecho lesionado ha de reportarles algún beneficio, de modo que ostenten un interés legítimo, concreto y cualificado en su preservación [art. 162.1.*b*) CE]. Esto ocurre, según dispone el artículo 46.1 LOTC, cuando han sido directamente afectados por el acto parlamentario que recurren o cuando han sido parte, o debieran haberlo sido, en la vía jurisdiccional previa activada contra el acto administrativo o judicial ahora objeto de amparo, sin que hayan visto satisfecha su pretensión.

Si bien no son titulares del derecho lesionado ni han participado en la vía jurisdiccional previa, también están legitimados, en atención a la función que constitucionalmente se les confiere como garantes de los derechos fundamentales, el Defensor del Pueblo y el Ministerio Fiscal. La presencia de este último está, en todo caso, asegurada, aunque no sea parte, en defensa de la legalidad, de los derechos de los ciudadanos y del interés público (arts. 46 y 47 LOTC). La actuación del Defensor del Pueblo y del Ministerio Fiscal parece estar pensada para aquellos supuestos de pasividad de los agraviados por la vulneración del derecho, pues el artículo 46 LOTC prevé que la Sala les comunique, en caso de ser conocidos, la interposición del recurso y que también se dé publicidad a la misma en el *Boletín Oficial del Estado* a efectos de comparecencia de otros interesados.

2.4. *Procedimiento*

El recurso de amparo constitucional, cuyo conocimiento corresponde a las Salas del Tribunal Constitucional, salvo que el Pleno lo recabe para sí (arts. 48 y 10 LOTC), se inicia mediante la interposición de demanda en el Registro del Tribunal o en el correspondiente Juzgado de Guardia de Madrid, en la que con claridad y concisión se expondrán los hechos, la fundamentación jurídica y el amparo que se solicita (art. 49 LOTC). El demandante actuará asistido por Abogado y Procurador, salvo que sea licenciado en Derecho, en cuyo caso podrá recurrir por sí mismo (art. 81.1 LOTC).

Una Sección podrá declarar por unanimidad en providencia la admisión o la inadmisión de la demanda a trámite. Esta última decisión, recurrible en súplica en un plazo de tres días por el Ministerio Fiscal para contrarrestar la falta de audiencia, será resuelta por auto irrecurrible. En el supuesto de no lograr la unanimidad requerida, la Sección por mayoría, previa audiencia del demandante y del Ministerio Fiscal, podrá inadmitir la demanda en auto, contra el que no cabe recurso alguno o admitirla por providencia (art. 50 LOTC).

La inadmisión procederá si la demanda incumple de modo insubsanable alguno de los requisitos ya comentados contenidos en los artículos 41 a 46 LOTC; si existe falta de jurisdicción del Tribunal; si la demanda se refiere a derechos no amparables; si el Tribunal ya desestimó o inadmitió en el fondo un recurso de amparo o de inconstitucionalidad o una cuestión de inconstitucionalidad sobre un supuesto sustancialmente igual, a no ser que el Tribunal quiera cambiar su doctrina; y, por último, si la demanda carece de contenido que justifique una resolución sobre el fondo, lo que puede servir de cobertura, tanto a una interpretación subjetiva del recurso que requiera para su interposición la mera existencia de lesión, como a una interpretación objetiva que exija además una relevancia constitucional al caso.

La posible admisión de la demanda no supone la suspensión automática de lo recurrido. La Sala, de oficio o en cualquier momento a instancia de parte, resolverá sobre la misma, oídas las partes y al Ministerio Fiscal y vistos los informes de las autoridades responsables de la ejecución, ponderando, no tanto la probabilidad de que el amparo culmine en una sentencia estimatoria cuyos efectos se quieren asegurar, sino, sobre todo, si el mantenimiento del objeto del recurso genera daños de difícil o imposible reparación, a no ser que con ello se perturben intereses generales o derechos fundamentales de terceros (art. 56 LOTC). En todo caso, siempre cabe modificar luego el sentido de lo acordado ante un cambio de las circunstancias (art. 57 LOTC). La suspensión puede requerir la constitución de fianza para afrontar la indemnización que cualquier perjudicado por la suspensión, y no sólo los que hubieran sido parte en el proceso, solicite ante los tribunales ordinarios en el año siguiente a la publicación de la sentencia a quienes hubieran instado la adopción de esta medida cautelar (arts. 56 y 58 LOTC).

Una vez que la Sala en diez días recibe las actuaciones del órgano del que emanó el objeto del recurso o del tribunal que conoció la vía judicial y éstos realizan los emplazamientos pertinentes a quienes fueran parte en el procedimiento precedente (art. 51 LOTC), se da vista al demandante, a los personados en el procedimiento previo, al Abogado del Estado, si procede, y en todo caso al Ministerio Fiscal para que realicen en veinte días sus alegaciones por escrito o en vista oral, tras las cuales el Tribunal dictará sentencia en un plazo de diez días (art. 52 LOTC).

2.5. *Sentencia: contenido y efectos*

Aunque es posible encontrar sentencias que no entren en el fondo del asunto, por ejemplo porque se aprecie en el momento de dictarlas la existencia de una causa de inadmisión, lo habitual será que denieguen u otorguen el amparo (art. 53 LOTC).

En el supuesto de que la sentencia desestime la pretensión, declarando la constitucionalidad de la disposición o acto recurrido por no vulnerar el derecho fundamental invocado, dicha resolución tendrá efectos de cosa juzgada y *erga omnes*. De ahí, como hemos comentado, que se deba inadmitir cualquier nuevo recurso de amparo sustancialmente igual al que ya ha sido rechazado.

En el supuesto de que la sentencia sea estimatoria, podrá contener todos o alguno de los pronunciamientos siguientes (art. 55.1 LOTC).

En primer lugar, el reconocimiento del derecho vulnerado de conformidad con su contenido constitucionalmente declarado, lo que suele aparecer siempre y con mayor motivo cuando la lesión ya ha agotado todos sus efectos.

En segundo lugar, la declaración de nulidad del objeto del recurso con indicación de sus efectos. Si lo que se pretende anular es una decisión judicial, el Tribunal Constitucional circunscribirá su actuación al análisis de la vulneración del derecho, absteniéndose de cualquier otra consideración sobre la actuación de los órganos judiciales (art. 54 LOTC). Con ello se reconduce a sus justos términos la repetida afirmación de que el Constitucional, cuando conoce el amparo, no se comporta como una tercera instancia, pues en la práctica revisa las decisiones judiciales, pero eso sí, sólo en aquello que haya causado una lesión a un derecho amparable.

Y, por último, el restablecimiento del recurrente en la integridad de su derecho mediante la adopción de las medidas oportunas, si aún fuera posible. Cuáles sean éstas dependerá de cuál sea el derecho infringido y el objeto de enjuiciamiento. Por ejemplo, si se impugna una decisión judicial por vulnerar algún derecho de los contenidos en el artículo 24 CE, el Tribunal puede retrotraer lo actuado hasta el momento en el que la lesión tuvo lugar; pero si a la vulneración de derechos procesales se le suma como motivo impugnatorio la de derechos sustantivos, sólo se entrará a conocer éstos en el caso de que se desestimen los primeros.

Sea cual sea su contenido concreto, las sentencias que otorgan el amparo tienen efectos de cosa juzgada e *inter partes*, pues, tal y como dispone *a sensu contrario* el artículo 164 CE, tal es el alcance de las sentencias que se limitan a la estimación subjetiva de un derecho. Por ese motivo cualquiera que se encuentre en las mismas circunstancias que el demandante no podrá beneficiarse de la sentencia estimatoria y deberá interponer nuevo recurso de amparo. Sólo excepcionalmente, cuando el amparo declare nula una disposición general lesiva de un derecho amparable, se alteraría el efecto normal de las sentencias estimativas, convirtiéndose en *erga omnes*.

Todas las sentencias que ponen fin al amparo, irrecurribles, salvo solicitud de aclaración, son publicadas en el *Boletín Oficial del Estado* junto a los votos particulares que pudieran haberse formulado a las mismas (art. 164 CE).

Después de lo visto, cabe destacar que el recurso de amparo ofrece una protección adicional y excepcional a los derechos, puesto que son los jueces y tribunales ordinarios quienes desempeñan en primer lugar esa tarea con todas las garantías. Si en su momento la aparición del amparo constitucional se justificaba desde el interés a que la mencionada protección fuera dispensada por un órgano que no despertara ningún recelo en lo que a su talante democrático se refiere, hoy este temor resulta infundado. De ahí que en la actualidad pueda ponerse en tela de juicio el mantenimiento de un procedimiento de este tipo tal cual ha sido caracterizado y se proponen alternativas varias. Desde una modificación que potencie la dimensión objetiva del recurso, reservándolo sólo para cuestiones de especial relevancia, hasta la inclusión de figuras como el contraamparo para responder al reconocimiento de un derecho no contenido en una norma constitucional que ha sido incorrectamente interpretada o aplicada, pasando por un amparo frente a leyes para reparar singularmente la lesión del derecho antes que conseguir la depuración objetiva del ordenamiento. Pero lo cierto es que hoy por hoy cualquier intento de remodelar el amparo, sin introducir ningún cambio normativo, debe compatibilizarse con su función más tradicional de protección de situaciones subjetivas, al hilo de la cual pueden llevarse a cabo las innovaciones que se pretendan sobre la configuración del recurso.

3. Las garantías ante la jurisdicción internacional

Como es sabido, la Constitución española posibilita la firma de Tratados internacionales de distinto alcance. En unos casos su ratificación supone la transferencia de competencias a un ente supranacional, por ejemplo, la Unión Europea, cuyos órganos y sistema de fuentes pasarán desde ese momento también a ser los nuestros y al que no le es ajeno la cuestión de los derechos. En otros casos éstos se convierten en el propio objeto del Tratado, estableciendo un catálogo o, incluso, un sistema jurisdiccional de control e interpretación de los mismos, tal y como sucede con el Convenio Europeo para la Protección de los Derechos y Libertades Fundamentales (CEDH) y el TEDH.

3.1. *El Tribunal de Justicia*

El artículo 93 CE permite que en nuestro ordenamiento se integren junto a las normas de origen interno otras de origen comunitario. Todas ellas deberán respetar los derechos fundamentales, pero diferirán en el modo y en los órganos encargados de asegurar que esto sea así.

Cuando se trata de derecho comunitario originario el órgano encargado de su enjuiciamiento es el Tribunal Constitucional y el parámetro que ha de utilizar con este fin son los derechos fundamentales constitucionalmente reconocidos. Para realizar ese control dispone de distintos mecanismos: desde un control previo de los Tratados, que desembocará, si se constata la infracción, bien en la reforma de la Constitución, bien en un desistimiento en la firma del Tratado (arts. 95 CE y 78 ss. LOTC), hasta un control *a posteriori* a través del recurso y de la cuestión de inconstitucionalidad (arts. 161 ss. CE y 27 ss. LOTC). En este caso la sentencia estimatoria del Tribunal Constitucional declarará la vulneración del derecho fundamental y la consiguiente inaplicación del Tratado en nuestro territorio, sin perjuicio de la responsabilidad por incumplimiento que tal decisión pudiera generar en la órbita comunitaria, debido a la imposibilidad de denunciar este tipo de tratados y a la interpretación absoluta del principio de primacía que viene realizando el Tribunal de Justicia (TJ) (arts. 226 a 228 del Tratado Constitutivo de la Comunidad Europea —TCE—).

Sin embargo, cuando se trata de derecho comunitario derivado será el TJ el órgano que determine su validez y eficacia, tomando como referencia el derecho comunitario originario. Si bien es cierto que no existe una enumeración sistemática de los derechos en los Tratados, ello no significa que se prescinda de los mismos. El artículo 6.2 del Tratado de la Unión Europea (TUE) considera principios generales del derecho comunitario a los derechos fundamentales, tal y como se garantizan en el CEDH y tal y como resultan de las tradiciones constitucionales comunes. Se configuran de este modo como fuentes del derecho comunitario, cuya vulneración puede ser sancionada por el TJ a través del recurso de anulación (arts. 230 a 231 TCE), de la excepción de ilegalidad (art. 241 TCE) o de la cuestión prejudicial (art. 234 TCE). El primero permite que el TJ controle los actos y decisiones de las instituciones comunitarias que produzcan efectos jurídicos, a instancia del Consejo, la Comisión, el Parlamento Europeo, el Tribunal de Cuentas, el Banco Central, los Estados miembros o las personas físicas o jurídicas destinatarias o afectadas directa e individualmente por el objeto de enjuiciamiento, declarándolos nulos con efecto retroactivo y *erga omnes* si violan los Tratados o cualquier norma relativa a su ejecución. La excepción de ilegalidad, por su parte, abre a los particulares la posibilidad de instar el control incidental de la adecuación de una disposición general con el Tratado en el marco de un litigio en el que se enjuicia su acto de aplicación. Por último, la cuestión prejudicial permite que los órganos jurisdiccionales comunitarios nacionales puedan o deban acudir al TJ a fin de que interprete o se pronuncie sobre la validez de la norma comunitaria que deberían aplicar para resolver el asunto concreto que están conociendo y que queda en suspenso hasta que el TJ no dicte sentencia.

En gran medida esta salvaguarda indirecta de los derechos fundamentales por parte del TJ se debe a la presión que en su momento ejercieron los Tribunales Constitucionales alemán e italiano. El primero en la *Sentencia Solange I* y el segundo en las *Sentencias Frontini* y *Granital* manifestaron sus dudas sobre la efectividad de la protección dispensada por el TJ, reservándose el control del derecho comunitario contrario a sus derechos fundamentales, en tanto el ofrecido por el TJ no reuniera todas las garantías. La considerable mejora de la normativa y de la jurisprudencia comunitaria en este sentido llevó a estos Tribunales a modificar su actitud, renunciando, como expresamente se señala en la *Sentencia Solange II*, a «decidir sobre la aplicabilidad del derecho comunitario derivado» contrario a sus derechos.

En la actualidad la aparición de una Carta de los derechos fundamentales de la Unión Europea no trastoca nada de lo dicho, pues, con independencia de la repercusión que pudiera llegar a tener, su valor es hoy el de una declaración política, sin fuerza jurídica vinculante, que explicita los derechos ya vigentes a la espera de lo que se decida en el 2004.

3.2. *El Tribunal Europeo de Derechos Humanos*

El artículo 94 CE hace posible la ratificación del CEDH. El CEDH, como el resto de Convenciones en esa materia, no sólo sienta un catálogo de derechos que se incorporan a nuestro ordenamiento con el mismo rango que el Tratado que les da cobertura y sirven de criterio interpretativo de las normas constitucionales sobre derechos fundamentales (art. 10.2 CE). También, y en lo que aquí interesa, establece un sistema de control jurisdiccional relativo a la aplicación del Pacto, al que quedarán sometidos los Estados que así lo hayan dispuesto, entre ellos España. De este modo el TEDH se convierte, gracias a la apertura constitucional, en un órgano que viene a incrementar la protección que ya dispensaban a los derechos otros tribunales de origen interno, en tanto es capaz de declarar la vulneración de los derechos contenidos en el Título I del CEDH por los poderes públicos nacionales, a través de un procedimiento instado por los Estados que hayan suscrito el Tratado o por las personas físicas o jurídicas víctimas de la lesión (art. 34 CEDH), una vez que se hayan agotado las vías internas de solución jurisdiccional del conflicto (art. 35 CEDH). La sentencia estimatoria del TEDH que contradiga lo previamente resuelto por los órganos jurisdiccionales internos resulta vinculante para los poderes públicos nacionales que deberán llevar a cabo su ejecución mediante la oportuna reparación o, de no ser posible, la adopción de una satisfacción equitativa (art. 41 CEDH). Por tanto, las resoluciones del Tribunal de Estrasburgo son meramente declarativas; no generan por sí mismas la nulidad de las sentencias de los tribunales internos o de cualquier acto de la Administración que contravenga el Convenio, siendo necesario que el Estado infractor adopte las medidas pertinentes para hacerlas efectivas. En nuestro ordenamiento tal ejecución se encuentra con la dificultad añadida de la inexistencia de remedios procesales que permitan a la jurisdicción ordinaria revisar procesos concluidos por sentencia firme a causa de una sentencia condenatoria del TEDH. Por ello, mientras aquéllos no se establezcan, el recurso de amparo se convierte, aún a riesgo de desvirtuar su naturaleza, en la única vía a través de la cual, hoy por hoy, se puede lograr la nulidad de una resolución judicial, que, tras haber adquirido firmeza, se advierte que ha lesionado un derecho constitucional y convencionalmente reconocido (STC 245/1991). Indudablemente este camino no es el más adecuado, pues no está exento de problemas la determinación del objeto del recurso —¿es el acto del poder público que vulneró el derecho o la sentencia que lícitamente deniega la ejecución de la decisión del TEDH por no ser ésta causa de revisión?— y del plazo de interposición —¿se computa desde la notificación de la resolución recaída en el proceso judicial o desde que se conoce la sentencia del TEDH?—, pero, en espera de que el legislador adopte las medidas procesales oportunas, lo cierto es que no hay otro modo de lograr en nuestro ordenamiento una verdadera reparación del derecho infringido que no consista, tal y como sugiere en último término el CEDH, en una indemnización económica que no siempre satisface el daño causado.

Obviamente a parte del CEDH, España ha ratificado otros muchos Tratados en esta materia con idéntico valor. Además de la Declaración Universal de Derechos Humanos, a la que hace referencia expresa el artículo 10.2 CE, puede aludirse al Pacto Internacional de Derechos Civiles y Políticos. Como pone de manifiesto el ATC 260/2000, la lesión de algunos de los derechos humanos que reconoce «puede acreditar la posible vulneración de los correspondientes derechos fundamentales, puesto que el contenido de aquéllos constituye parte también del de éstos» a través del artículo 10.2 CE. Así, con base en su artículo 14.5, el derecho a un doble grado de jurisdicción en materia penal ha venido a integrarse en nuestro derecho fundamental a un proceso con todas las garantías. Pero la importancia del Pacto no queda ahí. Los Dictámenes del Comité de Derechos Humanos de las Naciones Unidas, que vela por su respeto, han sido utilizados por recurrentes en amparo como argumento para cuestionar la idoneidad de nuestro sistema de recursos a la hora de garantizar el mencionado derecho a la doble instancia penal e incluso la propia ejecución del Dictamen. Aunque el Tribunal Constitucional, STC 70/2002, niega que estos Dictámenes sean resoluciones judiciales ni interpretaciones auténticas del Pacto y además considera que responden a un caso concreto y no obligan al Estado a reformar su legislación, no es menos cierto que en algunas ocasiones los ha tenido en cuenta con un distinto alcance a la hora de resolver. Si en el ATC 260/2000 ha reconocido que asegurar la ejecución de esos Dictámenes, entendiendo, por ejemplo, que puedan ser tenidos por «hecho nuevo» a los efectos del recurso de revisión, es tanto como asegurar la reparación de un derecho fundamental lesionado, en la STC 70/2002 ha intentado demostrar cómo una interpretación amplia del recurso de casación, en la línea que el propio Tribunal sugiere, satisface las exigencias de doble instancia impuestas por los Dictámenes, en tanto permitiría revisar no sólo cuestiones jurídicas y formales, sino también los hechos probados.

IV. BIBLIOGRAFÍA

CAAMAÑO DOMÍNGUEZ, Francisco y otros: *Jurisdicción y procesos constitucionales*, McGraw-Hill, Madrid, 1997.

CARRILLO LÓPEZ, Marc: *La tutela de los derechos fundamentales por los tribunales ordinarios*, CEC, Madrid, 1995.

—«La protección jurisdiccional de los derechos fundamentales: la nueva regulación en la Ley de la Jurisdicción Contencioso-Administrativa», *Cuadernos de Derecho Público*, n.º 7, 1999.

DÍEZ-PICAZO, Luis María: *Sistema de derechos fundamentales*, Cívitas, Madrid, 2003.

FAIRÉN GUILLÉN, Víctor: *El Defensor del Pueblo —ombudsman—*, CEC, Madrid, 1982.

REQUEJO PAGÉS, Juan Luis (coord.): *Comentarios a la Ley Orgánica del Tribunal Constitucional*, Tribunal Constitucional/BOE, Madrid, 2001.

—«La articulación de las jurisdicciones internacional, constitucional y ordinaria en la defensa de los derechos fundamentales», *REDC*, n.º 35, 1992.

VVAA: *La protección de los derechos fundamentales en la Unión Europea*, Dykinson, Madrid, 2002.

CAPÍTULO 10

LA SUSPENSIÓN DE LOS DERECHOS FUNDAMENTALES

I. LA SUSPENSIÓN DE LOS DERECHOS FUNDAMENTALES COMO MANIFESTACIÓN DEL DERECHO DE EXCEPCIÓN

En ocasiones surgen acontecimientos imprevisibles y extraordinarios que pueden poner en riesgo la existencia de la Constitución o de la propia comunidad; nos estamos refiriendo, por ejemplo, a supuestos tales como los Estados de excepción y sitio (art. 116 CE) o la actuación de grupos terroristas (art. 55.2 CE), que nuestro propio ordenamiento contempla. Ante tales circunstancias las respuestas que la Constitución ofrece para situaciones de normalidad resultan ineficaces, por lo que se impone articular otros instrumentos que contribuyan a zanjar la crisis.

Hay ordenamientos que se niegan a prever este derecho de excepción, trasladando la resolución de la crisis al ámbito de lo fáctico. Así, en el Reino Unido una costumbre constitucional permite que el Gobierno vulnere en caso de necesidad la legislación vigente, siendo exonerado *a posteriori* de toda responsabilidad mediante la aprobación de una ley de indemnidad por un Parlamento, que también puede intervenir *a priori* regulando el uso de los poderes extraordinarios en lo que a la suspensión legal de derechos se refiere. Otros ordenamientos con Constitución formalizada, como Bélgica o Luxemburgo, omiten del mismo modo cualquier alusión a estas situaciones excepcionales, por lo que cualquier acción del Ejecutivo que afectara a los derechos sólo podría ser limitativa y nunca suspensiva, salvo reforma constitucional, dada la explícita prohibición que pesa sobre una medida de este tipo (art. 187 de la Constitución belga y art. 113 de la Constitución de Luxemburgo).

Pero si en palabras de Carl Schmitt «soberano es quien decide sobre el estado de excepción», es conveniente que el constituyente, si quiere continuar siéndolo, no renuncie a juridificar la actuación del poder público en esas especiales circunstancias, debiendo pronunciarse sobre qué debe entenderse por crisis, quién ha de enfrentarse a ella y con qué medios.

A la hora de afrontar esta tarea, los distintos ordenamientos se decantan por diversas fórmulas.

Una de ellas, característica de sistemas presidencialistas o semipresidencialistas, consiste en concentrar durante la crisis los poderes constitucionales en manos de un Jefe del Estado, que habitualmente ya tiene atribuidas relevantes funciones ejecutivas y de *indirizzo politico*. Buen ejemplo es el artículo 16 de la

Constitución francesa, que habilita al Jefe del Estado a adoptar en supuestos graves de crisis interna o externa medidas excepcionales que no se precisan. Entre ellas se podría encontrar una suspensión de los derechos fundamentales, entendida como mera limitación de los mismos, cuya razonabilidad y proporcionalidad, en conexión con el restablecimiento de la normalidad perdida, sería controlable por el Consejo Constitucional.

En otros casos se prefiere detallar los presupuestos y efectos jurídicos de la crisis, así como los mecanismos para su superación. Es lo que ocurre, en diferente grado, en la Ley Fundamental de Bonn (LFB) o en nuestra Constitución. La primera ha optado durante la crisis provocada por un estado de necesidad interno (arts. 35; 87a.4 y 91 LFB) o externo (arts. 80a y 115a-115m LFB) por agravar las limitaciones de los derechos fundamentales, aún con mayor intensidad que la que en períodos de normalidad ya propicia la existencia de una reserva general de limitación, pero siempre respetando el contenido esencial de los derechos.

Sin embargo, la Constitución española, en su artículo 55 CE, junto a la Constitución holandesa (art. 103) o la portuguesa (art. 19), da un paso más ante la insuficiencia de su régimen limitativo de derechos habitual para abordar las exigencias que imponen las nuevas situaciones excepcionales. Nuestra Constitución permite una suspensión, y no una mera limitación, de los derechos fundamentales, es decir, una supresión temporal de la vigencia de la norma constitucional que los acoge. El artículo 55 no sólo «desfundamentaliza» los derechos que señala, aceptando que los poderes públicos puedan afectar a esos ámbitos de libertad sin respetar su contenido esencial, también los «desconstitucionaliza», admitiendo que el poder público pueda regularlos como desee, hasta el extremo de eliminarlos lícitamente por completo, al no contar con la cobertura de una norma iusfundamental que transitoriamente ha perdido su operatividad. Como es obvio, la regulación constitucional no es un cheque en blanco en manos de los poderes públicos, pues vincula de manera finalista la adopción de estas medidas a la superación de un estado de excepción o de sitio válidamente declarado o al desarrollo de investigaciones antiterroristas. Pero indudablemente el legislador orgánico, al que la Constitución remite para concretar el alcance de la suspensión, dispone de un gran margen de maniobra, en tanto no cuenta con más límite que el respeto a un principio de razonabilidad, entendido no en sentido técnico, ni tal y como lo configura la jurisprudencia constitucional, sino como sinónimo de prohibición de la arbitrariedad (art. 9.3 CE). Este respeto se satisface con una mera declaración que manifieste la ligazón entre las medidas suspensivas y los supuestos previstos en el artículo 55 CE, sin que el Tribunal Constitucional pueda ir más allá de controlar la existencia de esa mínima argumentación formal.

No obstante, a pesar de las posibilidades que ofrece la regulación constitucional, hoy por hoy el legislador se ha decantado en líneas generales por la opción menos gravosa. El nuevo régimen jurídico, al que estarán sometidos durante la suspensión, no tendrá por qué ajustarse a su contenido esencial, pero tampoco podrá prescindir del derecho mismo. La ineludible vigencia del derecho en su doble dimensión, subjetiva y, sobre todo, en lo que aquí nos interesa, objetiva, obligará a someter a un juicio de proporcionalidad clásico (necesidad, idoneidad y proporcionalidad en sentido estricto) tanto a las medidas suspensivas que se adopten, como a la propia regulación legal de las situaciones de crisis que pasaremos a analizar a continuación.

II. LA SUSPENSIÓN GENERAL DE LOS DERECHOS FUNDAMENTALES

La suspensión general de los derechos fundamentales es una medida prevista por el artículo 55.1 CE para salvar la crisis provocada por ciertos estados excepcionales y volver a la normalidad dentro de los cauces establecidos por una Constitución que, como tal, nunca queda en suspenso. Por contraposición a la regulada en el artículo 55.2, esta suspensión se suele denominar general, atendiendo a sus destinatarios, pues puede afectar a cualquiera que se encuentre en el ámbito territorial marcado por la declaración del estado de crisis, siempre y cuando ello contribuya a su superación.

1. Presupuesto necesario: declaración de estado de excepción o de sitio

Los artículos 116 y 55 CE realizan una regulación genérica del derecho de excepción, que es desarrollada en profundidad por la Ley Orgánica 4/1981, de 1 de junio, de los estados de alarma, excepción y sitio (LOEAES). La existencia de un estado de excepción o de sitio se convierte en el presupuesto constitucionalmente necesario para que la suspensión de los derechos fundamentales pueda ponerse en práctica.

Los hechos desencadenantes del estado de excepción son situaciones ante las que no valen respuestas ordinarias, como alteraciones graves del orden público, del libre ejercicio de los derechos fundamentales, del normal funcionamiento de las instituciones democráticas o de servicios públicos esenciales (art. 13 LOEAES). El estado de excepción es declarado *pro forma* por el Gobierno mediante decreto, pues previamente el Pleno del Congreso, o su Diputación Permanente, si estuviera disuelto o hubiera expirado su mandato, ha tenido que autorizar no sólo que la declaración se pueda realizar, sino también que se lleve a cabo en los términos que se solicita, pudiendo alterar el ámbito territorial, duración, efectos y medidas propuestas en el sentido que considere oportuno y debiendo dar su visto bueno si en el futuro se quisiera introducir alguna modificación (arts. 13, 14 y 15 LOEAES).

En el estado de sitio es el Congreso el que, a propuesta del Gobierno, declara por mayoría absoluta este estado de crisis y determina su ámbito territorial, duración y condiciones, cuando hay amenaza o tiene lugar una insurrección o acto de fuerza contra la soberanía e independencia de España, su integridad territorial o el orden constitucional (art. 32 LOEAES). Si en el primer supuesto se sobreentiende que la agresión vendrá del exterior, en los dos últimos nos encontraríamos ante agresiones internas que se traducen en una secesión de parte del territorio o en atentados contra instituciones básicas del Estado. En el estado de sitio las facultades extraordinarias también recaen en el Gobierno, mientras que la autoridad militar que el mismo designe sólo ejecutará las medidas procedentes, eso sí, con un margen amplio de discrecionalidad (art. 33 LOEAES).

La suspensión de derechos queda constitucionalmente descartada en el supuesto de que el Gobierno declare un estado de alarma ante catástrofes, accidentes de gran magnitud, crisis sanitarias, paralización de servicios públicos esenciales para la comunidad y situaciones de desabastecimiento de productos de primera necesidad (art. 4 LOEAES). Aun así, lo cierto es que si prescindimos de aspectos formales que exigen ubicar la suspensión en los estados de excepción y sitio y atendemos, por el contrario, a un aspecto material, como es el efecto que provoca su adopción, vemos la semejanza que es posible trazar con algunas de las medidas, en principio, limitativas, que puede tomar la autoridad competente durante el estado de alarma, pues en ambos casos suponen una negación transitoria del ejercicio del derecho a su titular. La lícita y justificable limitación del derecho ante las circunstancias descritas se convierte materialmente en una suspensión en toda regla, igual que las que se reservan en exclusiva a los estados de excepción y de sitio. A título de ejemplo baste señalar como la movilización del personal de industrias, empresas o servicios previamente intervenidos y la consiguiente imposición de prestaciones obligatorias parecen dejar en suspenso los derechos de huelga y de adopción de medidas de conflicto colectivo.

Como principio general, cualquier medida que se tome con ocasión de la declaración de un estado de crisis, incluida la relativa a la suspensión de derechos, deberá ser necesaria, adecuada y proporcional con el fin que se pretende, es decir, la recuperación de la normalidad perdida (art. 1.2 LOEAES). Este finalismo también condiciona la temporalidad de la medida que, una vez que adquiera vigencia desde su publicación, durará el tiempo que dentro de los márgenes constitucionales la declaración del estado de crisis considere imprescindible para superarla, transcurrido el cual dejará de aplicarse (art. 1.3 LOEAES). A pesar de lo excepcional de la situación y del refuerzo del Ejecutivo, las demás instituciones continúan funcionando (arts. 116.5 CE y 1.4 LOEAES). Buena prueba de ello es que, mientras esté declarado un estado de crisis, no se podrá disolver el Congreso, quedando automáticamente convocadas las Cámaras si no estuvieran en período de sesiones o, en último término, la Diputación Permanente asumiría sus competencias, si el Congreso ya estuviera disuelto o hubiera expirado su mandato (arts. 116.5 CE y 165 RC). Además, las jurisdicciones ordinaria y constitucional están plenamente operativas y se podrá exigir, según proceda, responsabilidades por los daños y perjuicios que la adopción de las medidas descritas y, sobre todo, su puesta en práctica pudieran acarrear (arts. 116.6 CE y 3 LOEAES), pues no ha decaído la fuerza normativa de los artículos 9.1 y 103 CE.

2. Derechos susceptibles de suspensión durante el estado de excepción

Pasemos ahora a analizar cuáles son los derechos susceptibles de ser expresamente suspendidos por el Gobierno en la declaración del estado de excepción, de entre aquellos que la Constitución señala, y qué medidas concretas materializan tal suspensión.

2.1. *Libertad personal*

La Constitución admite la suspensión del derecho a la libertad personal (art. 17.1), del plazo máximo de la detención preventiva (art. 17.2), del procedimiento de *habeas corpus* y de la duración de la prisión provisional (art. 17.4). No obstante, la LOEAES omite toda referencia al *habeas corpus*, lo que también debería haber hecho el constituyente, pues si, como se ha señalado, la declaración de un estado excepcional no significa ni la desaparición ni la mengua de los instrumentos normales de fiscalización del poder público, la naturaleza de garantía procedimental del *habeas corpus* frente a privaciones arbitrarias de libertad debiera haber bastado para mantenerla plenamente operativa, sin restricciones que pudieran menoscabar el control dirigido a terminar con las detenciones realizadas durante el estado excepcional contraviniendo el nuevo régimen jurídico o el anterior en lo que aún fuera de aplicación.

La libertad personal y la detención preventiva son los verdaderos protagonistas de la regulación, al permitir que la detención gubernativa del que se sospeche vaya a alterar el orden público pueda llegar hasta diez días, presumiblemente con el objeto de evitar que se sume a los desórdenes y mantenerlo bajo control (art. 16 LOEAES).

La suspensión consiste en este caso en la prórroga de la duración de la detención preventiva más allá del plazo máximo de setenta y dos horas establecido en el artículo 17.2 CE; en la introducción de un nuevo supuesto de naturaleza preventiva que justifica la detención, distinto al esclarecimiento de los hechos previsto en el artículo 17.2 CE y en una intervención judicial devaluada puesto que, en vez de autorizar al menos *a priori* la prórroga antes de que transcurra el plazo normal de setenta y dos horas, si hay causa que la justifica, se limita a recibir durante las primeras veinticuatro horas la comunicación de que la detención se ha producido y en poder requerir información sobre la situación del detenido.

La mención a la prisión provisional en el artículo 30 LOEAES es breve. Se reduce a precisar la competencia judicial para decretar esta medida cuando existan hechos contrarios al orden público o a la seguridad ciudadana que puedan ser constitutivos de delito, sin las limitaciones materiales previstas en la Ley de Enjuiciamiento Criminal (LECrim). También se deja en manos del juez la determinación de su duración, pues podrá mantenerla a su arbitrio en lo que esté vigente el estado de excepción.

En definitiva, el legislador, de una parte, opta por introducir un nuevo fin constitucionalmente lícito que justifique la adopción de la prisión provisional, a sumar, entre otros, a los de evitar la obstrucción de la justicia, la reiteración delictiva, la alarma social o la sustracción a la acción de la justicia (arts. 502 ss. LECrim). Esto sacrifica innecesariamente la reserva a favor de legislador, pues la propia LOEAES podría haber fijado el límite máximo al que el juez debiera atender cuando concrete la duración de la prisión provisional. Con la actual regulación la lesión al derecho a la libertad sólo dependerá de si uno se encuentra en tal situación más tiempo de lo objetivamente razonable según las circunstancias del caso concreto.

2.2. *Inviolabilidad del domicilio*

Igualmente puede quedar en suspenso el derecho a la inviolabilidad del domicilio (art. 18.2 CE), permitiéndose la entrada en el mismo, aunque no exista consentimiento del titular ni autorización judicial, cuando sea necesaria para esclarecer hechos delictivos relacionados con el estado de crisis o para el mantenimiento del orden público. Aun así, la intromisión se rodea de ciertas garantías, como la exigencia de que venga avalada por orden formal y escrita; que el registro se realice ante testigos —el titular, su familia y obligatoriamente dos vecinos—; o que se levante acta del mismo y se comunique *a posteriori* al juez sus causas y resultados (art. 17 LOEAES). Del mismo modo, se admite la entrada sin autorización judicial en locales donde se estuvieran celebrando reuniones, pero aquí el requisito de la orden formal y escrita se excepciona en caso de que haya una alteración del orden público, agresiones a las Fuerzas de Seguridad u otros supuestos de flagrante delito, lo que en último término supone una vuelta al contenido habitual del derecho, suponiendo que la reunión se desarrolle en un domicilio social o particular (art. 22.4 LOEAS).

2.3. *Secreto de las comunicaciones*

Con el mismo fin es posible suspender el secreto de las comunicaciones (art. 18.3 CE), sea cual sea el medio escogido para realizarla, siempre que, efectuada la intervención gubernativa, se dé cuenta al juez (art. 18 LOEAES).

El talante restrictivo que debe presidir todo lo relativo a la suspensión ha llevado a no prescindir por completo de la presencia judicial, pero, en contra de lo que obliga el contenido esencial de estos derechos en situaciones de normalidad, ésta se produce una vez que se ha entrado en el domicilio o se han intervenido las comunicaciones y no *a priori,* como quizás hubiera sido posible tan sólo cambiando las formalidades exigidas o retrasando la motivación. La comunicación al juez no persigue una ratificación de lo actuado, aunque asegura un control jurisdiccional sobre intervenciones que hubieran incurrido en excesos en cuanto a su pertinencia o al modo de realización.

2.4. *Circulación y residencia*

También cabe suspender la libertad de circulación y de residencia (art. 19 CE). Con carácter general la ley, en su artículo 20, permite delimitar zonas de protección o seguridad, prohibir la circulación en ciertos momentos y lugares o la presencia de personas que puedan dificultar la acción de la fuerza pública y solicitar que acrediten su identidad aquellos que se trasladen. Además es posible restringir específicamente el ejercicio de estos derechos a determinadas personas peligrosas para el orden público, obligándoles a comunicar con dos días de antelación sus desplazamientos o, incluso, imponiéndoles cambiar su lugar de residencia.

El Gobierno puede tomar medidas que supongan la intervención y el control del transporte (art. 19 LOEAES) y, sobre todo, puede establecer nuevos criterios de residencia y obligaciones de comparecencia aplicables de modo indiscriminado por el mero hecho de ser extranjero (art. 24 LOEAES). Su incumplimiento se sanciona con la expulsión, eso sí, sumariamente motivada, pero sin tener por qué vincularla directamente con el supuesto que desencadenó la crisis, puesto que no sólo afectará a quien actúe en connivencia con los perturbadores del orden publico, sino también a todo aquel que contravenga la nueva normativa.

2.5. *Libertad de expresión, derecho a comunicar y a recibir información, cláusula de conciencia y secreto profesional*

La libertad de expresión, el derecho a comunicar y a recibir información, la cláusula de conciencia y el secreto profesional (art. 20 CE) también pueden verse afectados. Por eso, la ley admite expresamente la suspensión de publicaciones, emisiones, proyecciones cinematográficas y representaciones teatrales, así como su secuestro por la autoridad gubernativa, aunque prohibiéndose en todo caso censuras previas que coarten la elaboración y difusión de una obra al hacerla depender de modo sistemático del examen oficial de su contenido (art. 21 LOEAES). Sobre el secreto profesional y la cláusula de conciencia nada se concreta. Si respecto del primero no es descartable que en circunstancias excepcionales se pueda exigir al profesional que revele sus fuentes, la suspensión de la cláusula de conciencia no parece que pueda tener lugar, al operar exclusivamente en las relaciones entre particulares, en definitiva, entre el periodista y el medio de información.

2.6. *Reunión y manifestación*

La libertad de reunión y de manifestación (art. 21 CE) ve alterado su contenido esencial ante la posible exigencia de autorización gubernativa previa (art. 22 LOEAES). No se trata, por tanto, de comunicar a la autoridad competente la futura celebración de una manifestación para que adopte las medidas oportunas que aseguren el ejercicio del derecho por sus titulares y la salvaguarda de los derechos y bienes de terceros, tal y como ocurre en el régimen normal del derecho (art. 21 CE). En la suspensión nos encontramos ante una verdadera autorización, cuya denegación impediría en todo caso la celebración de la manifestación, por lo que el principio de proporcionalidad exigiría, al menos, la existencia de un riesgo cierto de que pueda alterar el orden público o pueda dificultar o frustrar la vuelta a la normalidad.

Un tanto excesiva parece la otra opción que el artículo 22 LOEAES permite, esto es, la total prohibición del ejercicio de estos derechos con carácter general y la consiguiente disolución de cualquier reunión o manifestación que se celebre en esa tesitura. Sin embargo, nada de lo dicho resulta aplicable a las reuniones que celebren partidos, sindicatos y asociaciones empresariales conforme a sus

Estatutos y para el logro de sus fines, ya que, de lo contrario, se estaría incidiendo indirectamente en un derecho fundamental, como el de asociación, no susceptible de restricción alguna.

2.7. *Huelga y adopción de medidas de conflicto colectivo*

El derecho de huelga y la adopción de medidas de conflicto colectivo (arts. 28.2 y 37.2 CE) pueden ser suspendidos en el estado de excepción. La consecuencia de la medida suspensiva es su prohibición de raíz (art. 23 LOEAES), por lo que para salvar en lo posible el ejercicio del derecho hubiera resultado más aconsejable someterlo en ambos casos a autorización gubernativa previa.

3. Derechos susceptibles de suspensión durante el estado de sitio

Junto a los derechos analizados, en la declaración del estado de sitio también cabe suspender los reconocidos en el artículo 17.3 CE. Se entiende, por tanto, que puede contribuir al restablecimiento de la normalidad el que se prive al detenido de la asistencia letrada, incluso de oficio, el que se le oculten los motivos de su detención y sus derechos o el que se le pueda obligar a declarar, aunque, evidentemente, en tanto el artículo 15 CE no ha perdido su vigencia, sean cuales sean las circunstancias nunca sería posible practicar torturas ni tratos inhumanos o degradantes que pongan en riesgo la integridad física y psíquica o la vida del detenido (art. 32 LOEAES).

III. LA SUSPENSIÓN INDIVIDUAL DE LOS DERECHOS FUNDAMENTALES

El artículo 55.2 CE permite, que no impone, al legislador establecer la forma y los casos en que puede tener lugar la suspensión de una serie de derechos fundamentales —duración máxima de la detención preventiva, inviolabilidad del domicilio y secreto de las comunicaciones— con el fin de contribuir a la investigación de la actuación de bandas armadas o de elementos terroristas. Esta suspensión, tal y como explicita la STC 25/1981, «sólo se justifica en aras de la defensa de los propios derechos fundamentales cuando determinadas acciones, por una parte, limitan o impiden de hecho su ejercicio en cuanto derechos subjetivos para la mayoría de los ciudadanos, y, por otra, ponen en peligro el ordenamiento objetivo de la comunidad nacional, es decir, el Estado democrático».

La aparición de esta regulación en la norma jurídica suprema no contaba con precedente alguno ni en el constitucionalismo español ni en el comparado, aunque la medida en sí misma considerada, su ámbito de aplicación o el objetivo que persigue ya eran conocidos a nivel legislativo en España (Decreto-Ley 10/1975, Decreto-Ley 21/1978, Ley 56/1978) y en otros países de nuestro entorno (Reino Unido, Alemania, Italia).

1. Supuestos de suspensión individual

La habitual calificación de la suspensión prevista en el artículo 55.2 CE como suspensión individual pone el acento en los sujetos pasivos llamados a sufrir la modificación del régimen jurídico habitual del derecho. Se trata de personas determinadas en relación con las investigaciones correspondientes a la actuación de bandas armadas o de elementos terroristas.

Doctrinalmente se discute el alcance de los términos «banda armada» y «elemento», así como del adjetivo «terrorista». Este último debe entenderse referido a los dos sustantivos que lo preceden; por ello, ambos actúan para subvertir el ordenamiento constitucional, lesionando de forma continuada bienes jurídicos fundamentales —vida, integridad física y psíquica, libertad...—. La diferencia estriba en que, mientras las bandas armadas lo hacen desde la pertenencia a un grupo estable y jerárquicamente organizado, el elemento terrorista lleva a cabo su actividad a título individual o, al menos, sin conexión con la estructura organizativa de la banda. No obstante, y en contra de esta lectura restrictiva más acorde a la trascendencia de la medida suspensiva, la STC 199/1987 ofrece una definición de terrorismo que, al identificarlo con «el propósito, o en todo caso el efecto, de difundir una situación de alarma como consecuencia del carácter sistemático, reiterado y muy frecuentemente indiscriminado, de esta actividad delictiva», deja abierta la posibilidad de extender también la suspensión a otros supuestos de actuación de grupos criminales que, al margen del fin que pretendan, regularmente atenten contra la seguridad pública con gran repercusión social. Asimismo propugna la aplicación de la suspensión también a un delito diferente e instantáneo, el de rebelión. A pesar de que su acción típica consiste en el violento y público alzamiento para desobedecer a la autoridad o imponerle un comportamiento no querido a fin de alterar el orden constitucional, sin que sea imprescindible para ello una organización, la pertenencia a banda armada o la comisión de delitos comunes, el Tribunal entiende que, aunque «el artículo 55.2 no ha mencionado expresamente a los rebeldes [...] no cabe duda de que [...] la rebelión se realiza por un grupo que tiene propósito de uso ilegítimo de armas de guerra o explosivos, con una finalidad de producir la destrucción o aversión del orden constitucional [...] a tales rebeldes, en cuanto integran el concepto de banda armada del artículo 55.2 CE, les resulta legítimamente aplicable la suspensión de derechos a que habilita el precepto constitucional».

El artículo 55.2 CE exige que sea una ley orgánica la norma que determine el procedimiento y los supuestos en los que es posible la suspensión individual de los derechos. Si en un primer momento se optó por fijar la suspensión en normas específicas —como las Leyes Orgánicas «antiterroristas» 11/1980 y 9/1984—, en la actualidad se encargan de esta tarea normas, como el Código Penal (CP) y la LECrim, de contenido más amplio y de eficacia potencialmente permanente, confiriendo a lo excepcional una apariencia de normalidad. Aunque lo temporal debe ser la suspensión y no tanto la ley que establezca los casos y la forma en que ha de aplicarse, pudiera parecer que la suspensión está operativa mientras la norma que le sirve de cobertura conserva su vigencia y no tanto mientras se mantienen las circunstancias que constitucionalmente la justifican, puesto que ni siquiera se fija ningún mecanismo que permita realizar su control periódico. Por eso parece más adecuado a la naturaleza de la suspensión entender que no cualquier ley orgánica satisface la reserva del artículo 55.2, sino tan sólo una ley específica que circunscriba expresamente su objeto a esta materia.

2. Derechos susceptibles de suspensión

Los derechos fundamentales susceptibles de suspensión individual se limitan a los previstos en los artículos 17.2, 18.2 y 18.3 CE.

2.1. *Detención preventiva*

En el artículo 17.2 CE se establece un plazo de setenta y dos horas como duración máxima de la detención preventiva. La suspensión de este derecho consiste en la posibilidad de que el detenido excepcionalmente pueda permanecer más tiempo a disposición de la autoridad gubernativa y sus agentes, en caso de ser necesario para realizar las averiguaciones pertinentes de cara al esclarecimiento de los hechos. En las primeras cuarenta y ocho horas a partir de la detención se ha de presentar la solicitud de prórroga y el juez deberá autorizarla o denegarla motivadamente en las veinticuatro horas siguientes. De este modo, antes de que transcurra el plazo normal de setenta y dos horas, ya se conocerá la situación en la que va a quedar el detenido, es decir, si va a seguir en manos de los Cuerpos de Seguridad o si ha de pasar a disposición judicial. El legislador orgánico escoge, porque así lo permite la naturaleza del derecho, la opción menos gravosa y que ofrece mayores garantías, esto es, que el juez intervenga con carácter previo, autorizando la prórroga y no ratificándola o controlando su corrección una vez recibida la comunicación gubernativa de que se ha llevado a cabo.

Aunque en un principio la prórroga alcanzaba los siete días, el Tribunal Constitucional, en su STC 199/1987, considera esta duración excesiva, por lo que en la actualidad se ha visto reducida a dos días (art. 520 bis.1 LECrim). Como resulta evidente, la suspensión sólo permite alterar la duración de la detención preventiva, pero no da respaldo a modificaciones sustanciales en lo que se refiere a las condiciones de la detención o a las garantías y derechos del detenido; de ahí que el juez pueda informarse y conocer cuál es su situación mientras dure la detención. No obstante, lo cierto es que ese régimen normal resulta alterado, en algunos casos con el aval de la jurisprudencia constitucional (SSTC 196/1987, 199/1987 y 46/1988), por ejemplo, admitiéndose la incomunicación gubernativa y provisional del detenido hasta que el juez en veinticuatro horas confirme la procedencia de una actuación que, a pesar del tenor de la ley, él todo lo más puede levantar, pero no decretar (art. 520 bis.2 LECrim); prohibiendo que el incomunicado avise de su detención o del lugar en el que se encuentra; o, en lo que dura tal situación, impidiendo que reciba una asistencia letrada distinta a la de oficio y, en todo caso, de carácter limitado, pues no podrá celebrar con ella entrevista reservada tras las diligencias (art. 527 LECrim).

2.2. *Inviolabilidad del domicilio*

Uno de los elementos nucleares del derecho a la inviolabilidad del domicilio es la previa y necesaria autorización judicial para que se pueda entrar en el mismo, allí donde no medie consentimiento del titular o flagrante delito. Una lectura de la suspensión de este derecho aparentemente ajustada va a permitir que sólo en casos de excepcional o urgente necesidad sea posible entrar sin mandato judicial previo en cualquier domicilio, incluso en el de alguien ajeno a la actividad terrorista, para detener a presuntos responsables de acciones delictivas cometidas por personas integradas o relacionadas con bandas armadas, individuos terroristas y rebeldes (art. 553 LECrim). Al hilo de la detención se puede registrar el lugar con ocupación de los efectos vinculados al delito perseguido y, aunque nada se dice expresamente, se sobreentiende el respeto a las garantías habituales establecidas por la ley para este tipo de actuaciones.

La diferente naturaleza de este derecho podría hacer pensar que, al contrario, de lo que ocurría en el artículo 17.2 CE, aquí la autorización judicial previa tiene que ser suplida por una orden de la autoridad gubernativa, pues, de no ser así, reproduciríamos el contenido esencial de la inviolabilidad del domicilio, sin que existiera diferencia alguna con su régimen normal. De este modo lo entiende el legislador, que durante la suspensión sólo garantiza la intervención judicial *a posteriori*, debiendo comunicar inmediatamente al juez las causas y los resultados del registro y las detenciones practicadas, no sólo para que tenga conocimiento de los mismos, sino para que pueda enjuiciar atendiendo al caso concreto lo justificado de una entrada sin autorización judicial y si una vez allí se cometió alguna irregularidad. Pero nada hubiera impedido que la referencia del artículo 55.2 a la necesaria intervención judicial se interpretara más que como un recordatorio del control que en todo caso corresponde a los tribunales, como una habilitación para que se pudieran modificar las exigencias a las que se somete la intervención judicial previa en períodos de normalidad, admitiéndose, por ejemplo, una autorización con una motivación más tardía en atención a la urgencia. Una urgencia que, por otra parte, debiera ser el único supuesto que justificara las modificaciones descritas y no un concepto vago como el de excepcional necesidad que, todo lo más, sería admisible a título de complemento, pero no en los términos disyuntivos en que está formulado en el artículo 553 LECrim.

2.3. *Secreto de las comunicaciones*

El secreto de las comunicaciones es otro de los derechos susceptible de suspensión y también en este caso, como en el de la inviolabilidad del domicilio, es posible que se vean afectados sujetos que, no estando vinculados con las actividades terroristas, resultan decisivos en la investigación, porque se sirvan de sus comunicaciones para realizar hechos delictivos. La necesaria autorización judicial previa para intervenir las comunicaciones forma parte del contenido esencial del derecho, pero cuando está en suspenso es el Ministro del Interior o, en su defecto, el Director General de la Seguridad del Estado, quienes ordenan la medida (art. 579 LECrim).

Con una interpretación de la suspensión que parece favorecer al derecho, la ley establece que esta sustitución de la autorización judicial por la gubernativa sólo tenga lugar si razones de urgencia lo aconsejan. El argumento también aquí resulta endeble, pues, igual que se dispone de tiempo suficiente para recabar la orden de la autoridad administrativa, también se podría haber acudido al juez para que, al menos, diera una autorización verbal que luego habría de motivar. Sin embargo, se ha optado por satisfacer la exigencia de necesaria intervención judicial, impuesta por el artículo 55.2 CE, con una actuación *a posteriori* en diferentes momentos. Primero, tras serle comunicada de modo inmediato y motivado la intervención, revocando o ratificando ésta en un plazo de setenta y dos horas desde que se decretó. Segundo, prorrogando la observación por períodos de tres meses, en tanto la urgencia ya ha desaparecido. Y tercero, aunque no se diga expresamente, controlando que no haya abusos a la hora de efectuar la intervención de las comunicaciones.

2.4. *Otros derechos*

Si bien el artículo 55.2 CE no puede ser más taxativo en la enumeración de los derechos fundamentales susceptibles de suspensión, el legislador no ha dudado en impedir transitoriamente el ejercicio de otros derechos a sujetos vinculados con delitos de rebelión y terrorismo. Aunque desde una perspectiva formal de suspensión, como la que en gran medida se ha manejado, estos supuestos encajarían mejor en la idea de limitación que en la de suspensión en sentido estricto, desde una perspectiva material, lo cierto es que las consecuencias en uno y otro caso son coincidentes, pues se sacrifica temporalmente la realización del derecho por su titular.

Así, por ejemplo, el artículo 39 CP enumera una serie de penas privativas de derechos, como el acceso y la permanencia en cargos y funciones públicas, el sufragio pasivo o la libertad de residencia, entre las que, sin embargo, ya no se encuentra la privación del sufragio activo; el artículo 6.2 LOREG restringe el derecho de sufragio pasivo a aquellos que han sido condenados por un delito de rebelión o a los integrantes de organizaciones terroristas condenados por delitos contra la vida, la integridad física o la libertad de las personas, sin necesidad de que haya sentencia firme, y el artículo 384 bis LECrim contempla la suspensión automática del ejercicio de funciones y cargos públicos al procesado en auto firme y en situación de prisión provisional por delito vinculado con actividades terroristas o rebeldes. Si el artículo 25.2 CE explica la primera de estas restricciones en atención al contenido del fallo condenatorio, la STC 71/1994 considera la última medida mencionada consustancial a la pérdida de libertad que conlleva una prisión provisional decretada por la presunta comisión de una actividad criminal que «puede ser vista como incompatible con la concesión de cualquier permiso de salida de prisión para la eventual realización de actos concretos que supongan ejercicio de tal función o cargo». Sin embargo, el supuesto previsto en el artículo 6.2 LOREG resulta más dudoso, pues, al no haber tampoco aquí sentencia firme, se adelanta ilícitamente la ejecución de la pena accesoria, cuando la principal de privación de libertad no ha podido ser aún ejecutada (art. 3 CP). No obstante, como ya apuntamos, otras privaciones de derechos también difícilmente justificables han sido eliminadas. Así, el vigente Código Penal suprime como pena principal o accesoria la privación del derecho de sufragio activo a los condenados por sentencia firme, a la que también alude el artículo 3.1.*a*) LOREG, puesto que ninguna razón capacitaria ni técnica puede avalar una medida de este tipo, si el condenado goza de discernimiento y existe el voto por correo.

3. Control de la suspensión individual

Junto al control jurisdiccional que puedan efectuar, según proceda, el Tribunal Constitucional y los Tribunales ordinarios sobre las normas que determinan el alcance de la suspensión y sobre sus actos de aplicación, el artículo 55.2 prevé expresamente un mecanismo adicional de fiscalización, al que califica de «adecuado» control parlamentario. Tal instrumento, en palabras de la STC 71/1994, constituye

> una garantía que no preserva tanto la corrección jurídica de los actos singulares de aplicación de la Ley orgánica, cuanto la posibilidad de que el Parlamento conozca y evalúe las medidas adoptadas a este respecto, al igual que aprecie, desde criterios de oportunidad, necesidad y eficacia, la conveniencia de mantener en vigor una ley orgánica que no es de existencia necesaria en el ordenamiento.

Esta expresión, si no quiere correr el riesgo de convertirse en un mero recordatorio, ha de significar algo más que el empleo, como ahora ocurre, de los mecanismos ordinarios de control parlamentario —preguntas, interpelaciones, comisiones de investigación—. Se impone, por tanto, el establecimiento, en la ley orgánica que adopte las medidas suspensivas o en los propios Reglamentos parlamentarios, de un procedimiento específico a través del cual, más allá de la mera comparecencia informativa del Gobierno, el Pleno, la Comisión de Justicia e Interior o, incluso, una Comisión mixta especial no permanente, pueda efectuar un juicio político

> que asegure, en todo momento, el conocimiento y la supervisión parlamentaria de la actuación llevada a cabo a tal efecto por el Gobierno y, bajo su autoridad, por las Fuerzas y Cuerpos de Seguridad [STC 71/1994].

En resumen, la imprecisión del artículo 55.2 introduce algunos interrogantes en torno a la forma, los destinatarios, la finalidad, el alcance, el control o el objeto mismo de la suspensión a los que se han intentado dar respuesta. Según se ha ido comprobando, al hilo del análisis de los distintos elementos que integran la suspensión individual, parece claro que ésta no siempre se articula en la práctica del modo más beneficioso para el derecho y su titular. De ahí que resulte imprescindible un replanteamiento de la misma en favor de una interpretación restrictiva, como la que aquí se ha propuesto, que, sin hacerle perder su finalidad, impida su empleo como coartada para la comisión de abusos que cercenen la propia supremacía de la norma constitucional.

IV. BIBLIOGRAFÍA

CRUZ VILLALÓN, Pedro: *Estados excepcionales y suspensión de garantías*, Tecnos, Madrid, 1984.
—«El nuevo derecho de excepción (Ley Orgánica 4/1981, de 1 de junio)», *REDC*, n.º 2, 1981.
DÍEZ-PICAZO, Luis María: *Sistema de Derechos fundamentales*, Cívitas, Madrid, 2003.
FERNÁNDEZ SEGADO, Francisco: «Artículo 55», en Óscar Alzaga y otros, *Comentarios a la Constitución española de 1978*, Edersa, Madrid, 1996.
QUADRA SALCEDO, Tomás de la: «La naturaleza de los derechos fundamentales en situaciones de suspensión», *Anuario de Derechos Humanos*, n.º 2, 1983.
REMOTTI CARBONELL, José Carlos: *Constitución y medidas contra el terrorismo*, Colex, Madrid, 1999.
VÍRGALA FORURIA, Eduardo: «La suspensión de derechos por terrorismo en el ordenamiento español», *REDC*, n.º 40, 1994.